博士论文
出版项目

民国西安城市道路系统演变研究

Study on the Revolution of Urban Road System in Xi'an in the Period of the Republic of China

郭世强　著

中国社会科学出版社

图书在版编目（CIP）数据

民国西安城市道路系统演变研究／郭世强著 . —北京：中国社会科学
出版社，2020.9

ISBN 978 – 7 – 5203 – 6833 – 9

Ⅰ. ①民… Ⅱ. ①郭… Ⅲ. ①城市道路—城市史—研究—
西安—民国 Ⅳ. ①K924. 11

中国版本图书馆 CIP 数据核字（2020）第 126848 号

出 版 人	赵剑英
责任编辑	刘 芳
责任校对	李 剑
责任印制	李寡寡

出 版	中国社会科学出版社
社 址	北京鼓楼西大街甲 158 号
邮 编	100720
网 址	http://www.csspw.cn
发 行 部	010 – 84083685
门 市 部	010 – 84029450
经 销	新华书店及其他书店

印 刷	北京君升印刷有限公司
装 订	廊坊市广阳区广增装订厂
版 次	2020 年 9 月第 1 版
印 次	2020 年 9 月第 1 次印刷

开 本	710 × 1000 1/16
印 张	20.25
字 数	281 千字
定 价	108.00 元

出 版 说 明

  为进一步加大对哲学社会科学领域青年人才扶持力度，促进优秀青年学者更快更好成长，国家社科基金设立博士论文出版项目，重点资助学术基础扎实、具有创新意识和发展潜力的青年学者。2019年经组织申报、专家评审、社会公示，评选出首批博士论文项目。按照"统一标识、统一封面、统一版式、统一标准"的总体要求，现予出版，以飨读者。

全国哲学社会科学工作办公室

2020 年 7 月

序

  本书是郭世强在其博士学位论文基础上修改完成的专著。作为他的博士生指导老师，我参与了他博士论文的选题、开题、初稿写作、修改定稿以及最后答辩的整个过程，有义务在此给大家分享一下本书成文的过程、基本内容及其成功原因。

  郭世强本科就读于西北大学经济管理学院，毕业后考到陕西师范大学西北研究院攻读历史地理专业硕士研究生，师从史红帅研究员。因为学习与科研成绩突出，他荣获国家奖学金，并达到硕博连读的条件。我给他带过课，而且指导过他小论文的写作。课堂交流时知道他是徐州的，跟我属于大老乡，同时他又与我的硕士研究生武颖华走到了一起。这样就接触得多，对其了解也更为深入。我认为他在历史地理学方面具有培养潜力，所以就很自然地接受他成为我的博士研究生。

  郭世强硕士学位论文的选题是民国时期西安城市道路空间的专题，博士论文应该与这个衔接并有所扩展。当时考虑到以下几个方面：一是研究专题。道路是城市基础设施，也是公共服务空间。而城市公共空间是利用最广、内涵丰富的地块，故决定把专题由道路扩展到公共空间的范畴，开题报告时曾考虑把公园、戏院等纳入研究的范围。二是研究广度。受城市社会学的影响，研究内容除了道路系统本体的时空特征以外，更扩展到上层建筑的管理制度层面。同时，在实际应用过程中的路、车、人冲突及其解决则是制度演变的现实，也是道路交通功能得以发挥的表现。这三个方面的综合研究也成为其学位论文体例的三层结构。三是研究深度。受城市形态学影响，道路本体研究过程中要更加细致，包括各种类型道路的平面与立体规制，要考证清楚并画出图来。好在这个有各种档案的数据甚至蓝图作支撑。同时还特别强调，民国时期西安城市公共空间当然包括道路交通是一个由传统向现代转型的发展阶段，所以要用空间社会转型的视角来综合研究上述内容。

博士论文的设计思路，就是在这种指导思想下完成的。在实际写作过程中，随着资料的查阅尤其是档案的丰富，认识到民国城市道路系统这个专题就已经很宏大，于是成稿舍弃了上述设计中的第一部分内容。

在陕西师范大学西北研究院学习 6 年后，郭世强顺利通过博士生毕业答辩，其博士学位论文也被评为学校优秀博士学位论文。2019 年，听闻郭世强的论文入选国家社科基金第一批资助的优博出版计划，作为他的博士生导师，非常欣喜，这也说明这篇博士论文的学术水平得到了各位专家的广泛认可。

在博士论文的基础上，郭世强又查阅了大量资料对其进行修订。由于毕业后在广州工作，而研究的对象却是西安，他克服困难，经常在南京、西安、广州三地查阅档案、写作，这也是他踏实认真做研究的一种体现。

本书共八章，内容分三个层面。

前五章为第一层面，也是主体内容，复原民国西安城区道路演进过程，分析道路演进特征，探察其对于城市近代化转型的作用与意义。主要涉及以下几方面内容：一是时间上的发展。作者依据道路演进的特征分成三个阶段：中华民国成立至 1930 年年底；1931 年至全面抗战爆发的 1937 年年底；1938 年至 1949 年西安解放前夕。二是道路系统的结构，包括主体的各类路面通道也包含基本的配套设施。本书把下水道排水系统、路灯、行道树与公共厕所视作城区道路的配套设施，研究其时间上的发展和空间上的差异。三是在道路本体形态规制、材料技术、组合功能等基本特征的研究方面，引入了城市形态学关注平面细节的基本方法，画出各类道路、桥涵的平面图。当然，空间的布局与演进是历史地理学最基本的研究内容，不可缺失。

具体而言，前四章按时代具体研究了民国西安道路系统本体演进的时空规制特点，第五章专论道路附属设施的建设。

第六章为第二层面的内容，论述西安道路管理制度的建设与发展，主要研究道路市政管理机关的设置、道路建设管理流程与道路养护制度的普及。

第七章为第三个层面的内容，探讨城市道路利用过程中路车人之间的冲突和管理，以反映城市治理转型。

第八章作为全书结语，总结了西安城市道路特征及其原因，分析了道路系统演变对城市社会经济发展的影响，并探讨了西安城市近代化演变的动力。

本书立足于民国西安城市地理研究的基础，从城市近代转型视角出发，以道路这一城市变革的先导性物质要素为切入点，主要通过历史地理学与城市形态学的研究方法复原民国西安城市道路系统的演变过程；结合城市社会学与公共空间等相关的理论与方法，探讨与城市道路系统演变相关的市政管理变迁和道路利用的冲突及管理。这样就基本实现了从物质建设到上层制度演变，再到社会变迁的研究路径，拓展了城市历史地理研究的基本体系，推动了相关交叉学科的融合发展。

郭世强跟我攻读博士只有 3 年时间，在交流与探讨中，我认为他个人的努力是非常重要的。从论文选题到写作修改，他都能够广泛地阅读城市社会学、城市形态学与公共空间等相关学科的经典，学习其理论方法。在查阅原始档案资料的时候下了很大功夫。耗时近 3 年在陕西省及西安市档案馆、图书馆等处，收集整理民国西安城区道路建设档案约 7000 份、民国报刊资料近 2000 份。并把相关档案根据不同的类型与内容做成电子资料库。在此基础上仔细分析资料，透过文字理解现实，还进行力所能及的实地考察，从而产生较为深入系统的认识。

这本书给我深刻印象的有两点。一是由具体专题入手进行实证研究能够做到深入细致，出好成果。注意一定要"小题大做"，具体专题研究一定要盯着重大的学术问题。本书就是以城市道路这样一个实体为切入点，而其系统深入的研究却是展现城市近代转型的一个侧面。

二是我认为充分利用不同学科的研究方法是不错的，但必须把它们纳入到自己擅长的专业领域来统筹处理，这才是成功的学科交叉或者说融合。早前一段时间，历史地理学研究者特别关注社会学、环境史等学科的理论与方法，这当然是值得肯定的。但也往往出现多学科研究方法并列或者"耕了别人田却荒了自家地"的现象，更有甚者还找理由说，历史地理学就是一个没有自己理论的学科。确实，历史地理的理论建设尚有待加强，但研究方法却是不可替代的，而且理念上也是可以融合其他相关学科的。在指导这篇博士论文写作过程中遇到了这种情况，而且有了解决方案。我们学习城市形态学的方法，记得曾经一起去西安建筑科技大学听学科创建者的讲座。因为城市形态学特别契合城市历史地理学深层发展的理念。而要重点参考的城市社会学与公共空间专业是现代学界的热点，如何成功借鉴他山之石而又避免邯郸学步确实值得注意。我们在团队例会上还专门研讨过王笛教授关于成都茶馆的论著，郭世强在小论文写作中写过民国西安人力车夫的生活状态，这里也就产生了如何将人纳入城市历史地理学科体系的问题。人在公共空间的活动一般会被看作社会学的范畴，我认为实际上也可看作一种地理行为，历史地理学也可统筹。以城市历史地理学为例，城市设施利用的主体是人，于是人的利用行为（而且有时候类型不同还会发生冲突，如马路上机动车、人力车与行人等的需求与空间配置）就涉及管理制度的制定、实际冲突及其处理等上层建筑的内容，这些内容也都与空间密切相关而且变化无穷。我认为城市空间实体因为人的利用这个社会属性具有了生命力，也让城市历史地理的研究充满了活力。历史地理学在融合其他学科理论与方法中发展完善，应该成为我们不断的学术追求。

以上是对本书的积极评价，其实在研究内容上本书还是有许多可以深入的地方。比如在道路体系变迁研究中各等级道路选址、通达与其城市功能区的配置关系，近代城市道路系统转型的对比研究等，尤其是专题研究越深入，问题也会越多。这当然都是今后要继续做下去的工作。

博士论文往往是学者学术生涯的一个高峰，当然也可能是某些人学术的唯一高峰，甚至仅是他个人的高峰，在学术领域都显露不出高度来（如此则这个人也就不能够称得上学者）。本书的出版说明了郭世强的学术起点挺高，我希望在未来的历史地理学研究中，他能够继续努力，不断有所拓展和创新，攀登上更高更多的山峰。这样可以实现他自己的人生价值，也可以为中国历史地理学做出一定的贡献。

李令福

2020 年 5 月于西安陕西师范大学

摘　　要

　　民国时期是西安城市由传统向近代转型的重要阶段，道路作为城市重要的基础设施之一，其发展演变是城市变革的先导。基于此种认识，为深入理解民国时期西安城市近代转型的过程，本书运用历史地理学及相关学科的理论方法，以民国西安城市道路系统演变为切入点，从三个层面展开论述。

　　第一层面即复原民国西安城市道路体系的演进过程。

　　民国西安城市道路系统的演进先后有三个发展阶段。第一阶段为中华民国成立至1930年西安市政工程处成立，该阶段西安城区道路演变最主要的成就是东大街的恢复，改变了城市道路交通格局，以及冯玉祥主政陕西时期对于新市区道路的初步规划和建设奠定了日后东北城区发展的基础。第二阶段自1931年至1938年，民国西安城市碎石马路道路体系绝大部分在该时段修筑完成，作为城市主干道路最重要的构成部分，碎石马路道路体系改变了西安城市干道空间格局，使城市道路演变具有明显的外向型发展特征。第三阶段自1938年至1949年，该时段西安城区道路演进的主要内容是修筑煤渣路、平治土路和养护已有道路等。煤渣路作为碎石马路道路体系的重要补充，与碎石马路一起构成民国西安城市道路体系的主体。

　　道路不仅仅包括作为主体的各类路面通道，也包含相应的配套设施。在这些配套设施中，城区道路排水设施、路灯、行道树与公共厕所等，与道路路面一道构建起路上、路面、路下一个有机结合的综合立体空间结构。

第二层面即分析道路系统演变与市政管理变革的关系。

随着以城市道路体系建设为代表的市政建设的不断推进，民国西安市政建设和管理职能逐渐独立并纳入近代管理机制中，形成了专业化、独立化的市政管理机构。与之相关的职能部门和管理的规章制度不断完善，实现了对道路建设前、中、后三个时段的有效管理。道路养护制度作为管理制度建设的另一个方面，在民国后期成为当局城市道路管理的主要内容。

第三个层面即探察道路利用过程中路、车、人之间的冲突和管理。

由于民国特殊的经济社会条件和时代背景，围绕道路的利用，以铁轮大车为代表的传统车辆对道路使用和道路养护之间产生了矛盾；新式人力车和公共汽车为争夺公共交通运营空间产生了利益冲突；基于道路扩展，产生了人力车夫群体的城市治理问题等。西安城市治理当局通过对上述问题的解决，一方面构建起现代交通秩序，另一方面也在一定程度上实现了城市治理的近代转型。

关键词：民国；西安；道路；近代化；城市转型

Abstract

The period of theRepublic of China is an important stage for Xi'an city to transform from tradition to modern times. The road is one of the most important infrastructure in a city, whose development is always the guide of city revolution. In order to have a thorough understanding of this process, this essay choose the evolution process as a starting point and uses theoretical method of historical geography and other related subjects. This paper analyzes the relationship between the evolution of road system and the reform of municipal management, probes into the conflict among roads, vehicles and people in the process of road utilization, and discusses the transformation of urban governance embodied in management.

The first level is to restore the evolution process of the urban road system in Xi'an in the Republic of China.

The evolution of urban road system in Xi'an has three stages. The first stage was from the establishment of the Republic of China to the establishment of the Xi'an Municipal Engineering Agency in 1930. At this stage, the major achievement of the urban road evolution in Xi'an was the restoration of Dongda Road, which changed the urban road traffic pattern, and the preliminary planning and construction of the new urban road in Shanxi under the administration of FengYuxiang, laying the foundation for the future development of the northeast urban area. In the second stage, from 1931 to 1938, most of the road system of crushed stone in Xi'an in the Republic of China were completed in this period. As the most important component of the main urban roads, the crushed stone road system changed the spatial pattern of the main urban roads in Xi'an, making the evolution of the urban roads have obvious outward development characteristics. In the third stage, from 1938 to the eve of the liberation of Xi'an in 1949, the main contents of road evolution in Xi'an during this period were the construction of cinder roads, leveling of soil roads and maintaining of existing roads. Cinder road, as an important supplement to the gravel road system, formed the main body of the urban road system in the Republic of China.

The road not only includes all kinds of pavement channels as the main body, but also contains corresponding supporting facilities. Among these supporting facilities, urban road drainage facilities, street lamps, street trees and public toilets, etc., together with the road surface, construct an organic combination of road under the comprehensive three-dimensional space structure.

The second level is to analyze the relationship between the evolution of road system and the change of municipal management.

With the advancement of the municipal construction of Xi'an represented by urban road system construction, Xi'an municipal construction and the management function of the Republic of China gradually gained independence and were included into the modern management mechanism, forming specialized and independent municipal administration. Relevant functional departments and management rules and regulations had been constantly improved to achieve the effective management of the three periods before, during and after road construction. As another aspect of management system construction, road maintenance system became the main content of urban road management in the later period of the Republic of China.

The third level is to explore the conflict and management among roads, vehicles and people in the process of road utilization.

Due to the special conditions and economic and social background of the Republic of China, there were many conflicts around the road use, such as the conflicts between traditional vehicles represented by iron-wheel carts for road use and road maintenance, the interests conflicts between new rickshaw and buses for competing for public transport operation space, and urban governance issues based on expanded rickshaw pullers due to the development of roads. By solving the above problems, the administration authorities of Xi'an built up the modern traffic order on the one hand, and realized the modern transformation of urban governance to a certain extent on the other hand.

Key Words: Repulic of China; Xi'an; road; modernization; urban transformation

目　　录

第一章　绪论 ……………………………………………………（1）

　第一节　选题缘由及意义 ………………………………………（1）

　　一　选题缘由 …………………………………………………（1）

　　二　选题意义 …………………………………………………（3）

　第二节　学术史回顾 ……………………………………………（6）

　第三节　研究视角与内容 ……………………………………（11）

　第四节　资料基础、研究方法与概念厘定 …………………（17）

　　一　资料基础 ………………………………………………（17）

　　二　研究方法 ………………………………………………（18）

　　三　概念厘定 ………………………………………………（19）

第二章　民国前期西安城市道路系统的初步发展

　　　　（1912—1930） …………………………………………（21）

　第一节　民国西安城市道路系统演变的社会经济背景………（22）

　第二节　晚清至民国前期西安城市道路概况…………………（28）

　　一　晚清西安道路系统格局及街巷景观……………………（29）

　　二　民国前期西安城区主要街道……………………………（31）

　第三节　民国前期西安城市道路系统的初步变革……………（34）

　　一　东大街——民国西安城市道路系统演变的开端………（34）

　二　20世纪20年代西安城市道路建设 ……………………（36）
　本章小结…………………………………………………………（39）

第三章　西安城市碎石马路道路系统的形成
　　　　（1931—1938）………………………………………（41）
　第一节　基于城市现代功能分区的道路系统规划设计………（42）
　　一　西安市政工程处对城市道路系统的初步规划设计……（42）
　　二　西京市政建设委员会对城市道路系统的规划设计……（48）
　　三　西京市政建设委员会规划城市道路系统空间分布
　　　　特征分析………………………………………………（57）
　第二节　西安城市碎石马路道路系统的建立………………（60）
　　一　西大街碎石马路的修建…………………………………（60）
　　二　碎石马路道路系统的形成………………………………（66）
　第三节　碎石马路道路系统演变的时空特征分析…………（80）
　　一　碎石马路道路系统演变的时间特征分析………………（80）
　　二　碎石马路道路系统的等级划分…………………………（82）
　　三　碎石马路道路系统的空间分布特征……………………（84）
　　四　碎石马路道路系统建设对西安社会经济发展的
　　　　影响……………………………………………………（88）
　本章小结…………………………………………………………（91）

第四章　1938—1949年西安城市道路系统的发展演变………（94）
　第一节　1938—1941年西安城市道路系统的发展演变……（95）
　　一　西京市政建设委员会对于城区煤渣路的修筑………（95）
　　二　煤渣马路在西安城区的空间分布………………………（100）
　　三　城区已有碎石马路的养护工作…………………………（103）
　　四　碎砖路与土路的修治……………………………………（106）

第二节　西京市政建设委员会时期西安城市道路系统
　　　　演变特征分析 ……………………………………（112）
　　一　西京市政建设委员会城市道路系统建设的成果 ……（112）
　　二　西京市政建设委员会修筑城市道路系统的空间
　　　　分布 ……………………………………………………（114）
　　三　西京市政建设委员会新修道路体系对于城市内部
　　　　空间构建 ………………………………………………（115）
第三节　1942—1949 年西安城市道路系统的发展演变 ……（120）
　　一　碎石马路的新筑及翻修 ………………………………（120）
　　二　煤渣马路道路系统的扩展 ……………………………（124）
　　三　《西安市分区及道路系统计划书》对西安城区道路的
　　　　规划 ……………………………………………………（127）
　　四　民国中后期城市道路系统演变与社会经济
　　　　发展的关系 ……………………………………………（129）
　　本章小结 ………………………………………………………（131）

第五章　民国西安城市道路系统配套设施的发展演变 ………（133）
第一节　基于城市道路排水的下水道管网构建 ……………（133）
　　一　基于城市道路排水目的的下水道修筑缘起 ………（134）
　　二　水准测量与全市城区道路下水道设计 ……………（136）
　　三　城区道路下水道排水管网建设 ……………………（140）
　　四　城区道路下水道排水系统建设的影响 ……………（151）
第二节　下水道道路排水系统对于城市转型的意义
　　　　分析 ……………………………………………………（153）
　　一　作为新型道路排水设施下水道的引入 ……………（154）
　　二　新型城市道路排水系统管理制度的建立 …………（156）
　　三　下水道与新型城市排水行为的形成 ………………（159）

四　西安城区道路下水道排水近代转型的阻力 ············ (161)

第三节　路灯、行道树与公共厕所等道路配套设施

建设 ·· (164)

一　路灯——道路照明系统的发展 ···················· (164)

二　城区道路行道树的栽植 ·························· (171)

三　城区公共厕所的建设 ···························· (174)

本章小结 ·· (177)

第六章　城市道路系统建设与市政管理变革 ················ (178)

第一节　道路相关市政管理机构变迁及建设流程管理 ······ (179)

一　道路相关市政管理机构变迁 ···················· (179)

二　民国西安城市道路系统建设管理流程 ············ (183)

第二节　城市道路系统建设中的市政养护管理 ············ (186)

一　民国西安城市道路养护制度 ···················· (186)

二　民国西安城市道路的清洁管理 ·················· (188)

第三节　城市道路系统演变中的近代交通秩序转变 ········ (192)

本章小结 ·· (195)

第七章　道路利用冲突与管理 ···························· (196)

第一节　传统车辆与新式道路的管理 ···················· (196)

第二节　新式交通工具的管理 ·························· (200)

一　西安新式交通工具变迁 ·························· (200)

二　人力车与公共汽车的冲突及当局的管理 ·········· (203)

三　与人力车夫相关的道路交通秩序管理 ············ (206)

第三节　从对人力车夫的管理看近代城市治理的转型 ······ (208)

一　人力车夫带来的城市问题 ······················ (208)

二　对于人力车夫的管理举措 ······················ (210)

　　三　对人力车夫救济的原因分析 ……………………（218）

　　四　西安当局对人力车夫救济的举措 ………………（222）

　　五　从人力车夫管理看近代西安的城市治理转型 ………（227）

　本章小结 ……………………………………………（230）

第八章　结语 ……………………………………………（232）

　　一　民国西安城市道路系统演变的特征及原因 …………（232）

　　二　民国西安城市道路演变的近代化表征 …………（235）

　　三　道路系统演变对城市社会经济发展的影响 …………（237）

　　四　西安城市道路系统近代化演变的动力分析 …………（240）

附录　民国西安城市道路建设档案选辑 ………………（244）

参考文献 …………………………………………………（265）

索　引 ……………………………………………………（288）

后　记 ……………………………………………………（292）

Contents

Chapter 1 Introduction ·· (1)

  Section 1   The Reason and Significance of the Research ········· (1)

    1. The Reason of the Research ································· (1)

    2. The Significance of the Research ······················· (3)

  Section 2   Review of the Academic History ····················· (6)

  Section 3   Research Perspective and Content ··················· (11)

  Section 4   Data Base, Research Method and Concept

             Determination ································· (17)

    1. Data Base ··· (17)

    2. Research Method ··· (18)

    3. Concept Determination ····································· (19)

Chapter 2 Preliminary Development of Urban Road System
in Xi'an in the Early Period of the Republic of
China (1912 – 1930) ······························· (21)

  Section 1   Social and Economic Background of Urban Road

           System Evolution in Xi'an During the Republic of

           China ··· (22)

  Section 2   An Overview of Urban Roads in Xi'an from the Late

           Qing Dynasty to the Early Republic of China ········· (28)

    1. Road System Pattern and Street Landscape in Xi'an in
       Late Qing Dynasty ·· (29)
    2. Main Streets in Xi'an City in the Early Period of the
       Republic of China ·· (31)
  Section 3   Preliminary Reform of Urban Road System in Xi'an
           in the Early Period of the Republic of China ········· (34)
    1. East Street—the Beginning of the Evolution of Urban
       Road System in Xi'an During the Republic of China ······ (34)
    2. Urban Road Construction in Xi'an in the 1920s ············ (36)
  Chapter Summery ·· (39)

Chapter 3   The Formation of Gravel Road System in
             Xi'an City (1931 – 1938) ··························· (41)
  Section 1   Planning and Design of Road System Based on
           Urban Modern Function Zoning ······················ (42)
    1. Preliminary Planning and Design of Urban Road System
       by Xi'an Municipal Engineering Office ······················ (42)
    2. Planning and Design of Urban Road System byXijing
       Municipal Construction Committee ······················· (48)
    3. Analysis of Spatial Distribution Characteristics of Urban
       Road System Planned by Xijing Municipal Construction
       Committee ·· (57)
  Section 2   The Establishment of Gravel Road System in
           Xi'an City ·· (60)
    1. The Construction of Gravel Road on West Street ············ (60)
    2. The Formation of a Gravel Road System ·················· (66)
  Section 3   Spatial and Temporal Characteristics Analysis of
           the Evolution of Gravel Road System ··············· (80)

1. Time Feature Analysis of the Evolution of Gravel

Road System ··· (80)

2. Grading of the Gravel Road System ························· (82)

3. Spatial Distribution Characteristics of Gravel Road

System ··· (84)

4. Impact of Gravel Road System Construction on Social

and Economic Development of Xi'an City ·················· (88)

Chapter Summary ·· (91)

Chapter 4   Development and Evolution of Urban Road

System in Xi'an from 1938 to 1949 ·············· (94)

Section 1   Development and Evolution of Urban Road System

in Xi'an from 1938 to 1949 ························· (95)

1. Construction of Cinder Road byXijing Municipal

Construction Committee ·································· (95)

2. The Spatial Distribution of Cinder Road in Xi'an

Urban Area ·· (100)

3. The Maintenance of Existing Gravel Roads in

Urban Areas ··· (103)

4. Repair of Broken Brick Roads and Dirt Roads ··········· (106)

Section 2   Analysis on Characteristics of Urban Road System

Evolution in Xi'an during the Period of Xijing

Municipal Construction Committee ················· (112)

1. Achievements of Urban Road System Construction of Xijing

Municipal Construction Committee ···················· (112)

2. Spatial Distribution of Urban Road System Constructed

by Xijing Municipal Construction Committee ············· (114)

3. The Construction of the Inner Space of the City by
The New Road System ofXijing Municipal
Construction Committee ················· (115)

Section 3　Development and Evolution of Urban Road
System in Xi'an from 1942 to 1949 ··········· (120)

1. New Construction and Renovation of Gravel Roads ······ (120)

2. Expansion of the Cinder Road System ·················· (124)

3. Planning of Urban Roads in Xi'an by*Plan for District
and Road System of Xi'an City* ··················· (127)

4. The Relationship Between Urban Road System Evolution
and Social and Economic Development in the Middle and
Late Period of the Republic of China ················ (129)

Chapter Summary ·································· (131)

Chapter 5　**The Development and Evolution of Supporting
Facilities of Urban Road System in Xi'an
during the Republic of China** ··········· (133)

Section 1　Construction of Sewer Network Based on Urban
Road Drainage ······························· (133)

1. Reasons of the Construction of Sewers Based on the
Purpose of Urban Road Drainage ················· (134)

2. Leveling and Design of Municipal Urban Roads and
Sewers ································· (136)

3. Construction of Urban Road Sewer and Drainage Pipe
Network ······························· (140)

4. The Influence of Construction of Urban Road Sewer
and Drainage Pipe Network ··················· (151)

Section 2   Analysis of the Significance of the Sewer and Road

Drainage System to the Urban Transformation ······ (153)

1. The Introduction of Sewers as New Road Drainage

Facilities ··· (154)

2. The Establishment of a New Management System for

Urban Road Drainage System ······················ (156)

3. The Formation of Sewer and New Urban Drainage

Behavior ··· (159)

4. The Resistance of Modern Transformation of Road

and Sewer Drainage in Xi'an Urban Area ·············· (161)

Section 3   Construction of Supporting Facilities such as Street

Lamps, Street Trees and Public Toilets ············ (164)

1. Street Lamp—the Development of Road Lighting

System ··· (164)

2. Planting of Street Trees in Urban Areas ·················· (171)

3. Construction of Public Toilets in Urban Areas ············ (174)

Chapter Summary ··· (177)

Chapter 6   Construction of Urban Road System and

Reform of Municipal Management ················· (178)

Section 1   The Change and Construction Process Management

of Road-related Municipal Administration

Organizations ·· (179)

1. Changes of Road-related Municipal Administration

Organizations ·· (179)

2. Construction Process Management of Urban Road

System in Xi'an of the Republic of China ·············· (183)

Section 2   Municipal Maintenance and Management in the
            Construction of Urban Road System ················ (186)
    1. Road Maintenance System in Xi'an of the Republic
       of China ·· (186)
    2. Clean Management of Urban Roads in Xi'an of the
       Republic of China ·· (188)
Section 3   The Transformation of Modern Traffic Order in
            the Evolution of Urban Road System ············ (192)
Chapter Summary ··· (195)

Chapter 7   Road Use Conflict and Management ·············· (196)
Section 1   Traditional Vehicles and New Ways of Road
            Management ·· (196)
Section 2   Management of New Vehicles ····················· (200)
    1. Changes of New Transportation Vehicles in Xi'an ········· (200)
    2. Conflict between Rickshaws and Buses and
       Management by the Authorities ·························· (203)
    3. Road Traffic Order Management Related to Rickshaw
       Pullers ··· (206)
Section 3   Examine the Transformation of Modern Urban
            Governance from Perspective of the
            Management of Rickshaw Pullers ················ (208)
    1. Urban Problems Caused by Rickshaw Pullers ············· (208)
    2. The Management of Rickshaw Pullers ··················· (210)
    3. An Analysis of the Causes of Rickshaw Pullers'
       Relief ··· (218)
    4. Measures of Rickshaw Pullers' Relief taken by Xi'an
       Authorities ··· (222)

5. The Transformation of Modern Xi'an Urban Governance

    from the Perspective of Rickshaw Puller Management   ⋯ (227)

Chapter Summary ·· (230)

Chapter 8   Epilogue ·· (232)

Section 1   Characteristics and Reasons of Urban Road

             System Evolution in Xi'an during the

             Republic of China ································· (232)

Section 2   Modernization of Urban Road Evolution in Xi'an

             during the Republic of China   ······················ (235)

Section 3   The Influence of Road System Evolution on Urban

             Social and Economic Development   ··············· (237)

Section 4   Dynamic Analysis of Modernization Evolution of

             Urban Road System in Xi'an ······················ (240)

Appendix   Xi'an Urban Road Construction Archives of the

             Republic of China ······························ (244)

References ··· (265)

Index ·· (288)

Postscript ··· (292)

第 一 章

绪　　论

第一节　选题缘由及意义

一　选题缘由

自 20 世纪中叶历史地理学兴起之后，历史城市地理学作为该学科的重要分支，一直为学界所关注。历史城市地理学的研究，主要集中在历史时期城市的起源、发展、演变及其与地理环境之间的关系，还包括城市内部空间结构，城市区域空间组织等方面。[①] 近年来，关于近代以来城市的转型问题日益被学者重视，尤其是沿海、沿江开埠城市的近代化转型研究，涵盖城市政治变革、社会生活、文化变迁、商贸金融、市政建设、城市规划等各方面，俨然成为城市研究的重要阵地。然而从历史城市地理学角度对近代城市转型的研究则相对缺乏，对于民国西安城市地理的研究更是不尽如人意。

与当前学界关于民国西安城市地理研究相对不足形成鲜明对比的，则是西安在民国时期相对较高的政治地位。从"九·一八"事

---

① 参见侯仁之、马正林、吴宏岐等学者的论述。侯仁之：《城市历史地理的研究与城市规划》，《地理学报》1979 年第 4 期；马正林：《中国城市历史地理》，山东教育出版社 1998 年版；严艳、吴宏岐：《历史城市地理学的理论系统与研究内容》，《陕西师范大学学报》（哲学社会科学版）2003 年第 2 期。

变东北沦陷，到"一·二八"事变上海遭受蹂躏；从伪满洲国沐猴而冠，到华北事变平津门户洞开，中华民族危机日甚一日，局部抗战此起彼伏。在这一背景下，许多爱国人士发出了"开发西北"的呼声，认为"西北是中华民族的出路，要恢复中国版图，必须以我民族发祥地的西北做大本营，要集中全力来开发西北"①。面对严峻的国内和国际形势，国人开发西北的呼声日益高涨，南京国民政府遂将目光投向比较闭塞的西北地区，制定开发西北的政策。而西安作为西北地区最大的区域中心城市，自然得到国民党中央的特别重视。1932 年，国民党四届二中全会决定西安为陪都，并组建"西京筹备委员会"，西安进入了 13 年的陪都建设时期，掀开了近代西安城市演变的新篇章。②

1932 年以后，作为陪都建设的西安，社会政治地位有了较大提升。随着西京筹备委员会和西京市政建设委员会的成立，西安在民国开发西北和陪都建设的时代背景下，承担了西北地区经济组织、管理和领导的职能。尤其是陪都计划，更是将西安视为国家政治中心来进行规划建设，其政治、军事、经济、文化等对西北乃至整个国家都产生了重要影响。③

长期以来，学术界对于民国西安城市发展的研究相对较少，究其原因，首先在于学术界对唐以后西安的历史地位认识不足，没有意识到"陪都时代"西安对于西北地区乃至全国的重要意义；其次，对民国问题的研究一般较为敏感，尤其是在改革开放前，民国城市研究似乎是一个禁区，偶有提及也多持否定、批判态度④；最后，民

---

① 朱铭心：《九一八与西北》，《西北问题》1934 年第 2 卷第 1 期，载李云峰、曹敏《抗日时期的国民政府与西北开发》，《抗日战争研究》2003 年第 3 期。

② 郭世强：《1934—1941 年西安城区道路工程建设的初步研究》，《中国历史地理论丛》2013 年第 3 辑。

③ 同上。

④ 阎希娟：《民国西安城市地理初步研究》，硕士学位论文，陕西师范大学，2002 年。

国西安城市史料收集、整理、利用困难。这些原因共同导致在相当长的一段时间内，民国西安城市研究成果相对薄弱。

此外，近代城市发展的主线乃是城市近代化转型的过程。现有民国西安城市地理的研究著作，多从历史地理学科本身的研究方法出发，注重探讨城市各物质要素的发展演变及空间布局。而对于城市近代化转型发展的特征及相关人文层面的变迁，缺乏足够的讨论。

因此，本书立足于民国西安城市地理研究的现状，从城市近代转型视角出发，以道路这一城市变革的先导性物质要素为切入点，通过历史地理学的研究方法复原民国西安城市道路系统的演变过程，结合相关学科理论与方法，探讨与城市道路系统演变相关的市政管理变迁和道路利用冲突及管理问题。以从物质建设到上层制度演变，再到社会变迁的研究思路，探索近代转型视角下的历史城市地理研究，同时也积极推动历史城市地理学与城市社会地理学交叉学科的研究工作。

二 选题意义

（一）学术价值

1. 探索西安城市近代化转型的轨迹

民国初年，作为区域中心的西安成为各方军事力量争夺的焦点。"围城之役"① 后，西安归国民政府管辖，至 1927 年，首次设市，城市管理与建设逐步走向正轨。随着国内国际形势的变化，中日民族矛盾逐渐成为中国社会的主要矛盾，为应对日本侵略，1932 年，西安被定为陪都，加之陇海铁路开通后近代交通的发展，城市社会经济得到了较大的发展。陪都西京不仅是陕西地区区域中心城市的典型，也是抗战大后方的一个重要代表。本书立足于近代转型视角，

---

① 1926 年春河南军阀刘镇华在吴佩孚、张作霖支持下，纠集军队约十万人进攻西安，西安军民在杨虎城、李虎臣领导下进行了艰苦抵抗，至 1926 年 11 月西安解围，历时八个多月，西安城市社会经济发展遭受严重挫折。

研究民国西安城区道路的演变过程，有助于深刻认识西安城市近代化转型中的具体过程。

一段时间以来，学界关于近代城市转型的研究以及关于第二次中国城市革命的探讨多集中在东南、华南沿海、沿江的口岸城市。与作为近代开放较早的口岸城市相比，西部尤其是西北地区城市整体落后，在城市建设和资料记载方面也有所不及。要从宏观上对近代中国城市转型进行综合把握，离不开对这一时期我国各区域城市的微观研究。对民国西安城市转型的深入研究，可以同该时段其他区域中心城市的发展进行比较，为综合理解中国近代城市的转型发展提供样本案例。民国西安是西部最大的区域中心城市，而陪都西京的筹建，更是加快了西安的近代转型，因此加深对民国西安城市近代转型发展的研究工作，可为区域中心城市的转型发展研究提供一个典型案例。

2. 促进西安城市历史地理薄弱领域的研究

当前学界在研究西安城市的过程中，多注重其起源、兴盛阶段，对于封建时代西安城市的研究细致而且深入，但对于近代转型时期的城市演变却关注较少。自任云英博士论文《近代西安城市空间结构演变研究（1840—1949）》之后，学界一直缺乏对于民国西安城市近代化转型的深入探索，这显然与西安作为民国时期陪都的政治地位不符。通过对民国档案、报刊、时人记述等资料的挖掘、分析和研究，可以深入了解民国西安以道路为代表的城市近代转型，促进民国西安城市地理的研究工作。

此外，本书积极将城市管理制度、城市治理举措等人文层面的研究对象纳入历史城市地理的研究范畴内，努力做到与城市相关的物质实体、人文制度、城市人群三者的有机结合，在一定程度上丰富了历史城市地理研究的内涵。同时，在进行民国西安城市地理实证研究的过程中，鉴于该时段城市近代转型的研究视角，本书积极引入城市社会学、城市社会地理学、城市生态学等相关学科的研究方法，丰富了历史城市地理的研究手段。

（二）实践价值

1. 为历史街区的保护提供借鉴

本书的研究主旨之一就在于复原民国时期西安城区道路景观的真实面貌。从城市形态学而言，街道是历史街区最为基础的构成要素，通过对民国西安城市道路建设与利用的档案、报刊及时人记述等资料进行系统分析，能够清楚地了解西安城区诸多道路在民国时期的真实风貌，并可与当今状况进行对照。这对于当前西安正在积极进行的创建国际化大都市、历史街区保护与建设工作具有重要的参考意义和借鉴价值，有助于当今西安历史文化街区建设的决策者、规划者等深刻了解民国西安道路景观的文化价值。

2. 为城市交通网络构建与发展提供参考

从西安城市交通网络构建的可持续发展角度而言，今天西安城区的主要道路大体继承了民国时期的城市交通网络。民国西安城市主体道路格局随着时代的发展要求，逐渐实现了由"T"字形到"十"字形，再到多纵多横的演变，城门的新辟、新式交通工具的引进以及道路排水设施的构建，共同促进了西安城市的转型发展。对民国西安道路建设与利用经验的总结，有助于继续推动西安城市交通网络的可持续发展，为推动城市交通缓堵保畅，发挥道路交通对城市社会经济发展的推动作用，具有一定的借鉴意义。

3. 有助于西安市民了解民国城市道路发展

从广大西安普通市民的角度而言，通过本书可以了解自己所在城市的道路交通，在距今并不遥远的民国时代所发生的沧桑巨变，体会西安这座千年古都从封建走向近代的艰辛，让广大市民在为汉唐长安盛世辉煌自豪的同时，也能够认识到西安在近代化转型中的落后及与其他城市的差距，进而激发广大市民热爱西安、建设西安的赤子情怀。

第二节　学术史回顾

一段时间以来，关于中国城市的近代化转型研究，一直是学界关注的焦点。大江南北，长城内外，无论是开埠城市，抑或区域中心城市，都成为中外学者研究的重点。其中尤以广州、上海、汉口等为代表的开埠城市和以南京、北京、济南等为代表的全国或区域政治经济中心城市，研究成果显著。内容涵盖城市政治变革、社会生活、文化变迁、商贸金融、市政建设、城市规划等各方面，学人更是来自历史学、社会学、规划学、建筑学等诸多领域。如美国学者罗威廉的《汉口：一个中国城市的商业与社会（1796—1889）》①与《汉口：一个中国城市的冲突和社区（1796—1895）》②、罗兹·墨菲的《上海：现代中国的钥匙》③、鲍德威的《中国的城市变迁：1890—1949 年山东济南的政治与发展》④ 以及施坚雅等人编著的《中华帝国晚期的城市》⑤ 等著作，直接推动了西方学术界对近代中国城市的研究，提出了若干研究中国城市发展的新方法与新理论，值得国内学者关注与学习。国内学者如李淑蘋、江芬从社会史角度对广州茶楼女招待的研究；⑥ 邹东、肖大威从建筑学角度对广州城市

---

① ［美］罗威廉：《汉口：一个中国城市的商业与社会（1796—1889）》，江溶等译，中国人民大学出版社 2016 年版。

② ［美］罗威廉：《汉口：一个中国城市的冲突和社区（1796—1895）》，鲁西奇等译，中国人民大学出版社 2008 年版。

③ ［美］罗兹·墨菲：《上海：现代中国的钥匙》，上海社会科学院历史研究所编译，上海人民出版社 1986 年版。

④ ［美］鲍德威：《中国的城市变迁：1890—1949 年山东济南的政治与发展》，张汉等译，北京大学出版社 2010 年版。

⑤ ［美］施坚雅主编：《中华帝国晚期的城市》，叶光庭等译，中华书局 2000 年版。

⑥ 李淑蘋、江芬：《民国时期底层职业妇女探析——以广州茶楼女招待为个案》，《安徽史学》2016 年第 5 期。

建设理念的研究;① 霍慧新从城市史角度对上海火灾治理的研究;②
吴俊范从历史地理学角度对上海道路系统的研究;③ 龙天贵从城市史
角度切入以火灾为例对南京市政管理的研究;④ 董佳从城市规划学角
度对民国首都南京城市规划的考察;⑤ 习五一从城市史角度对北京城
市功能和空间的分析;⑥ 王建伟从社会史角度对北京城市风貌和社会
生活的研究;⑦ 等等,都在研究视角、研究方法、理论探索等方面不
同程度地推进了城市近代化转型研究。

　　西安作为"十三朝古都"和当代"丝绸之路经济带"的新起点
与桥头堡,其"都城时代"与"后都城时代"城市发展演变过程一
直是学术界关注的重点。其中关于西安"都城时代"的历史地理研
究成果,以武伯纶《西安历史述略》⑧ 和马正林《丰镐—长安—西
安》⑨ 两部著作最典型。1996 年出版的由史念海主编的《西安历史
地理图集》⑩,是学界对于西安历史地理研究的扛鼎之作。这部由历
史学、地理学、历史地理学、考古学和测绘制图学各方面专家共同
完成的地图集是古都西安首部历史地图集,是对学界西安历史地理
研究的总结和升华。该图集通过所绘的 89 幅地图及相关文字说明,

　　① 邹东、肖大威:《民国初期(1912—1937)广州城市建设理念初探》,《南方建筑》2014 年第 6 期。
　　② 霍慧新:《电话通讯与民国城市灾害治理探析——以上海火灾为例》,《兰州学刊》2015 年第 3 期。
　　③ 吴俊范:《从水乡到都市:近代上海道路系统演变与环境》,博士学位论文,复旦大学,2008 年。
　　④ 龙天贵:《民国城市灾害及官方应对机制探析——以 1928—1937 年的南京火灾为例》,《兰州学刊》2013 年第 8 期。
　　⑤ 董佳:《缔造新都:民国首都南京的城市设计与规划政治——以 1928—1929 年的首都规划为中心》,《南京社会科学》2012 年第 5 期。
　　⑥ 习五一:《民国时期北京的城市功能与城市空间》,《北京行政学院学报》2002 年第 5 期。
　　⑦ 王建伟:《民国北京的双面叙事》,《学术月刊》2016 年第 12 期。
　　⑧ 武伯纶:《西安历史述略》,陕西人民出版社 1959 年版。
　　⑨ 马正林:《丰镐—长安—西安》,陕西人民出版社 1978 年版。
　　⑩ 史念海主编:《西安历史地理图集》,西安地图出版社 1996 年版。

形象直观地复原了西安市及关中地区各历史时期自然和人文地理景观及其演变的历程。举凡历史时期自然环境的演变，新石器时代及商周时期主要遗址和周部族的迁徙，历代政区的设置及乡里分布，周、秦、西汉、隋、唐国都都城的布局及重要宫苑、陵墓的分布，五代至民国时期的城区、郊区，以及新中国成立以来的城市建设的发展、政区的演变，均有详细的反映。这部研究西安历史及变迁规律的集大成者，具有重大的学术意义和参考价值。该图集民国部分的地图，是本书道路演变研究除收集到的原始地图外，最为重要的参考。

关于"后都城时代"西安历史地理研究的成果，以吴宏岐、史红帅两位学者的研究成果最为突出。他们的研究成果，自五代以至明清，拓展了西安历史城市地理研究的深度和广度，在原有城市空间变迁的基础上，进一步开展关于城市住宅分布、园林、商业、教育设施、交通、新区发展等方面的研究。其中史红帅所著《明清时期西安城市地理研究》① 一书，探察西安城从"国都"到"重镇"的发展轨迹，上承都城时代，下启民国时期，对明清时期西安城市地理的研究在资料收集运用、研究内容、研究视角、视野等多个方面都做出了可贵的探索。本书在研究时段上承明清时期，下至 1949 年 5 月，同史红帅的研究在时段上有着前后的延续关系，在研究内容上更是承继史著明清西安城市街巷的发展变迁成果，对民国时期西安城市道路的近代化演变做出更加细致入微的探察。

不过自近代以来，西安因深处内陆，交通阻塞，工业落后，城市社会经济发展相对滞后，比之沿海、沿江开埠城市，学界对其关注较少。再加上民国西安城市史料收集、整理、利用困难，以致于在相当一段时间内民国西安城市研究成果相对薄弱。

1995 年为纪念抗日战争胜利 50 周年，西安市档案馆编辑出版了

① 史红帅：《明清时期西安城市地理研究》，中国社会科学出版社 2008 年版。

《筹建西京陪都档案史料选辑》①一书，将其馆藏有关档案分"西京
陪都之创置与规划"和"西京陪都之建设"两编予以公布。该书的
出版为民国西安城市研究提供了便利，为推动陪都西京时期西安城
市研究奠定了一定的史料基础。此后数年间，以吴宏岐、阎希娟、
任云英、史红帅等为代表的学者利用该书及相关档案等，积极开展
民国西安城市历史的研究工作，内容涵盖城市规划、市政建设、城
市绿化、新市区开发等方面。专著如《西安历史地理研究》②《西北
重镇西安》③等，均有一定的章节对民国西安城市地理进行了研究；
论文如吴宏岐关于西京筹备委员会对于西安城市建设的贡献研究，④
吴宏岐、肖爱玲、严艳关于城市绿化实践的探析，⑤阎希娟对于民国
西安交通运输状况的初步探究，⑥阎希娟、吴宏岐对于民国西安新市
区发展的研究，⑦任云英对于近代西安城市居住空间结构及其特征的
探析等⑧。其中任云英的博士论文《近代西安城市空间结构演变研
究（1840—1949）》⑨，是当前学界对近代西安城市历史研究最为系
统的成果。该文从西安城市空间发育的地理基础和社会经济背景出
发，综合探究了近代以来西安城市地域交通结构、商业空间、文化

①　西安市档案局、西安市档案馆编：《筹建西京陪都档案史料选辑》，西北大学
出版社 1995 年版。

②　吴宏岐：《西安历史地理研究》，西安地图出版社 2006 年版。

③　史红帅、吴宏岐：《西北重镇西安》，西安出版社 2007 年版。

④　吴宏岐：《抗战时期的西京筹备委员会及其对西安城市建设的贡献》，《中国历
史地理论丛》2001 年第 4 辑。

⑤　吴宏岐、肖爱玲、严艳：《抗战时期西京筹备委员会的城市绿化实践及其启
示》，《中国历史地理论丛》2002 第 3 辑。

⑥　阎希娟：《民国时期西安交通运输状况初探》，《中国历史地理论丛》2002 年
第 1 辑。

⑦　阎希娟、吴宏岐：《民国时期西安新市区的发展》，《陕西师范大学学报》（哲
学社会科学版）2002 年第 5 期。

⑧　任云英：《近代西安城乡居住空间结构及其形态特征初探》，《西北大学学报》
（自然科学版）2005 年第 2 期。

⑨　任云英：《近代西安城市空间结构演变研究（1840—1949）》，博士学位论文，
陕西师范大学，2005 年。

空间、居住空间、城市功能分区等多要素构成的城市空间结构的变迁，在研究思路、研究方法、资料收集等方面均对本书有着重要的启示。从一定程度上来讲，本书就是在任云英博士论文关于民国时期西安城市空间结构转型发展研究的基础上，以道路演变为主线，对这一时期城市的转型发展，从微观视角出发，进行更为细密的研究工作。

2010 年前后，在史红帅的积极推动下，其所指导的硕士研究生继续深化民国西安城市地理的研究工作，如陈青化对于该时段园林的研究、郭世强对于城市道路的研究、杨帅对于城市医疗的研究等，① 都在不同程度上推进了民国西安城市近代化转型的研究。这些研究成果大体从微观视角出发，立足于城市近代化进程中新式城市物质实体的演变，注重探讨相关要素产生的原因、分布、规格及对城市的影响，推动了学界对于民国西安城市近代化转型的认识。但这些研究也有明显的缺陷，即偏重于从历史地理角度研究城市物质实体转型，对与之相关的人文层面的转型探讨不足。而之所以造成这种局面，最主要的原因在于原始资料的储备不足，难以支撑相关论述。

因此，就研究方法而言，民国西安城市地理的研究工作大体有以下两种思路：一是注重对城市发展过程或城市近代化要素建立过程的梳理，通过复原探究城市发展的时间和空间特征，探求城市物质实体的演变过程，这是历史地理工作者最常见的研究路数；二是在复原城市物质实体演变的基础上，综合考察相关人文制度的变迁，并探究物质实体与人文制度变迁对城市相关人群的影响。

从上述研究来看，民国西安城市地理的研究虽然有一定成果，但也存在诸多问题。突出表现为囿于资料缺乏，民国西安城市近代

---

① 参见陈青化《民国时期西安园林初探》，硕士学位论文，陕西师范大学，2012年；郭世强《1934—1941 年西安城区道路工程建设的初步研究》，《中国历史地理论丛》2013 年第 3 辑；杨帅《近代西安城市医疗地理初步研究》，硕士学位论文，陕西师范大学，2016 年；等等。

化转型研究虽然研究对象众多，但多为现有资料下的简单梳理或各种时空片段研究的简单拼接，并缺乏相关人文层面的深入探讨。就民国西安城市地理研究而言，城市要素的繁杂和资料的匮乏使得研究很难以一脉相承的方式全面推进，从而表现为空间上虽然选取了西安城市为研究区域，但在时段上则以单个或数个时间节点下的要素为研究对象。如此，则造成学界并没有真正意义上民国西安城市地理断代性著作的局面，并间接造成民国西安城市地理研究虽要素众多，但泛泛而谈，没有深入分析城市发展的实质。

而从根本上而言，民国西安城市的发展，其实质是城市的近代化转型。因此，对民国西安城市地理的研究，不能脱离城市近代化转型这一实质，与其看似面面俱到，实则泛泛而谈研究城市的所谓发展，倒不如以城市发展单一要素为突破点，通过尽可能地复原民国时期该要素物质实体的发展过程，分析其发展演变的时空特征，并以此为基础，综合考察与之相关的人文制度建设，通过分析物质实体和人文制度变迁对相关城市人群的影响，从物质、制度、社会等三方面探察城市近代化转型的过程。本书即是基于此种考虑写作而成。

第三节　研究视角与内容

在历史的进程中，各种城市活动大都发生在城市的主要街道上。封建时代，街道不仅仅是作为通道而存在，它还承载了聚会、交易、街头卖艺、沿街叫卖、游街示众等诸多活动，① 也就是说此时的城市街道集循环路径、公共空间、建筑临街区域三种物质实体角色于一身。然而随着工业革命进程的加快，内燃机车取代马车，逐渐成为

---

① 金广君、朱超：《城市街道空间的演变：从道路系统 1.0 到"绿街系统"》，《现代城市研究》2017 年第 5 期。

城市交通模式的主流，此时交通流量和车辆运行动力就成为城市道路设计的基础。这实际上意味着在城市设计中，对作为运动通道的道路的处理方式，与对建筑和公共空间的处理方式之间产生了分裂，故而也就导致了街道的各个要素的解构和相互分离，[①] 此时街道的主要功能变成作为循环路径运动通道的道路功能。

近代城市的转型发展，其根本动力在于工业革命的推动。第二次工业革命以来，以内燃机车取代马车为主要内容的交通模式改变，不仅仅是技术系统的改变，更是带来了一场城市革命。而作为城市基础性设施的道路系统变革，就是这场城市革命的基础和先导。因此，为深入理解以近代化转型为实质的这场城市革命，本书即以民国西安城市道路演变为切入点，从三个层面分六章探讨以城市道路演变为代表的西安城市近代化转型问题。

在对民国西安城区道路演变的研究过程中，笔者采用"复原面貌—分析特征—总结规律—探讨原因"的基本逻辑架构，从兴筑过程、空间分布、内部格局、规模形制、城市景观、社会功能等层面对民国西安道路演变进行复原，着力分析道路演变的阶段性特征、空间分布特征及功能特征，力图揭示西安道路在城市近代化转型中的地位和作用。为此，笔者从历史城市地理的角度出发，综合运用现代地理学相关理论方法，对民国西安城区道路演变进行系统、综合、微观的研究，在本书的研究过程中贯穿着以下研究视角。

一是近代化转型视角。民国时期，是西安城市由封建时代走向近代的重要转型时期。[②] 民国西安城市从物质到人文层面都经历着近代化的转型历程。本书从历史城市地理的角度出发，通过对城市新式道路的兴筑、空间格局与特征、功能发挥与管理等内容的细致分析，从物质层面到人文层面对以道路为表征的城市近代化转型进行

----

① ［英］斯蒂芬·马歇尔：《街道与形态》，苑思楠译，中国建筑工业出版社2011年版，第7页。
② 任云英：《近代西安城市空间结构演变研究（1840—1949）》，博士学位论文，陕西师范大学，2005年。

从微观到系统综合的分析，以求深入探析民国西安城市的近代化转型。

二是微观史视角。在城市近代化转型这一宏大视角之下，本书以道路的转型作为这一宏大视角的切入点。笔者在西安市档案馆、陕西省档案馆以及陕西省图书馆收集到大量关于民国西安新式道路修建的档案、报刊资料，使得从微观史视角深入研究西安城市转型有了可能。道路之于城市如同血管之于人体，微观史视角正是笔者通过"显微镜"对这些血管进行分析，这无疑有助于我们更加深入地理解城市的转型。笔者通过对城市道路演变进行全面考察，系统分析其从规划到建设、翻修，以及发挥的作用等方面，揭示道路演变作为城市发展的基础，其在西安城市的空间格局以及城市社会经济中的作用。

前文已述，民国西安城市地理单要素研究论文之所以不尽如人意，主要原因在于原始资料的匮乏，因此本书特别注意对一手新资料的收集整理。笔者前后耗时近 3 年时间于陕西省及西安市档案馆、图书馆等处，收集整理民国城区道路建设档案约 7000 份，民国报刊资料近 2000 份。面对如此庞杂的原始资料，笔者采用建立 Excel 数据库的方法，按照工程名称、道路规格、工期三大类，下分街道名称、起止地点、长度、街道总宽、碎石/煤渣路面宽、开工日期、完工日期七小类，对上述资料进行梳理，初步建立"民国西安城区道路数据库"。此外，又根据主体工程、附属设施、管理制度、道路利用四个类别，分别建立相关资料库。

由于资料梳理过程中将市级档案、省级档案、报刊同时采用，因此存在同一道路数据重复入库的现象；同时也存在同一道路数据记载不尽相同的情况，为保证史料完整性，笔者在资料收集之初仍全数录入。面对前述情形，笔者采取以下数据精准化处理原则：

第一，同一工程同一道路数据，不同年份有重复记载者，采用较早年份数据；同一年份同一工程省、市档案重复记载者，采用市级档案记载。

第二，档案、报刊对同一年份同一工程道路数据记载，若两者基本无异，采用面世时间较早者；若两者有异，采用档案记载。

第三，同一年份同一工程同一道路，有登记汇报数据和检验核查数据记录者，不论两者记录是否有异，均以检验核查数据为准。

建立以上数据库和资料库，并确定数据精准化处理原则后，即正式开始本书的研究工作。本书的研究目的在于通过分析民国西安城市道路的演进过程，以求对该时段西安城市近代化转型发展有较为深刻的认识。为实现此目的，本书从复原民国西安城区道路演进过程、分析道路管理制度建设、探察道路实体与管理制度双重变迁对相关人群的影响三个层面展开，除绪论和结语外，正文部分共有六个章节。

鉴于史料的时段特点和城市建设的阶段性特征，本书起自1912年中华民国成立，止于1949年5月。其中第二、第三、第四章内容为民国西安城市道路演进过程的复原工作。为清楚了解本书研究思路，在介绍这三章主要内容前，有必要对这三章时间节点的划分及处理原则做一简单说明。该三章时段划分的首要原则是便利道路演变的阶段性特征处理，同时辅以各道路建设机关的存续时段。具体而言，民国初年至20年代，在军阀割据纷争的时代背景下，西安城区道路虽有一定的发展，但相对缓慢，而1931年1月11日西安市政工程处的成立，揭开了西安城市道路大规模兴筑的序幕，此时间节点具有明显的划分意义，因此第二章时间节点起自1912年民国成立，截至1931年西安市政工程处成立。第二章内容虽然是复原民国前期城市道路系统的初步发展，但也应对民国时期西安城市道路系统演变的社会经济背景做一介绍，这是第一节内容。第二、第三两节内容分别介绍了晚清至民国前期城市主要道路系统，并探讨这一时期道路系统的初步变革。

20世纪30年代随着陪都西京的筹建，西安城市道路得以大规模兴筑，在此期间，1937年"七七事变"是民国中后期城区道路建设的重要分水岭。"七七事变"之前，以碎石马路为主要内容的道路系

统在西安城市主要路段得以构建。而抗日战争军兴，各类建设经费
紧缺，虽然西京市政建设委员会有志于进一步完善城市碎石马路系
统，但迫于经费短缺，1938年3月10日在完成既定东关大街碎石马
路建设之后，只得以铺筑煤渣路、平治土路等途径继续完善城市道
路系统。全面抗日战争爆发前后，虽然主持道路修筑的机关同为西
京市政建设委员会，但因前后道路类型不同，有明显的时段划分意
义，故而1938年3月10日是第三、第四两章的时间节点。陪都西
京建设，大大提升了民国西安的政治地位，作为战时国家行政中心，
好的建设必定要有科学的规划设计，道路建设作为市政建设的基础
性工作，自然也离不开合理的规划设计，故而第三章第一节就重点
分析西安市政建设部门对于城市道路的规划设计。碎石马路是这一
时段城市道路建设的主体，依据时间先后的原则，对该时段各碎石
马路进行复原即第二节的内容。第三节内容则是对该时段城市碎石
马路的时空特征进行梳理和分析。

　　全面抗日战争爆发后，西京市政建设委员会对城区道路建设勉
力维持，继续以铺筑煤渣路、平治土路等完善城区道路系统，至
1942年1月1日裁撤结束历史使命。因此第四章第一节即延续上章
的工作，继续对全面抗日战争爆发后西京市政建设委员会的工作进
行梳理。纵观整个民国时代，以1934—1941年西京市政建设委员会
时期西安城区道路建设成就为最大，因此在第四章中专设第二节分
析1934—1941年西京市政建设委员会时期西安城市道路建设的空间
分布特征。1942年之后，西安市政处、西安市政府相继成立，虽然
两机关仍致力于西安城市道路建设，但因抗日战争和内战的影响，
各类城市道路建设大多流于规划，实际建设成果不可与西京市政建
设委员会时期同日而语。如果将1942—1949年城市道路建设单设一
章，则内容单薄，并且从道路建设内容上而言，1938—1949年5月，
城市道路建设的主体均为修筑煤渣路、平治土路、养护已有道路等，
故而第四章时段起自1938年，止于1949年5月，而第三节即是对
1942—1949年时段的梳理分析工作。

　　道路不仅包括作为主体的各类路面通道，也包含相应的配套设施。因此，在完成系统梳理民国西安城市道路演变工作之后，第五章即是对相关道路配套设施的发展演变进行的研究。在这些配套设施中，城市道路排水设施，即下水道建设最为完备，在道路养护和城市排水方面发挥了重要作用，故而第一节即是对民国西安城市道路下水道排水系统的复原工作。下水道排水系统不同于明清西安城区以涝池、渗井等下渗为主体的排水系统，具有明显的近代转型意义。故而，在本章第二节笔者从城市生态学角度出发，系统分析民国西安城区道路排水系统对于城市近代化转型的意义。除下水道排水系统外，路灯、行道树与公共厕所也是城市道路的重要配套设施，但由于资料所限，路灯、行道树、公共厕所的研究在时间跨度和深度上不及下水道排水系统，故而将这三者于第三节内容一并分析。

　　上述四章是为本书第一层面——物质层面的内容，即梳理民国西安城市道路演进过程，分析道路演进特征，探察其对于城市近代化转型的作用与意义。在完成第一层面的研究工作之后，即开始本书第二层面——道路市政管理变迁等上层建筑方面的研究工作。道路市政管理首先是对道路本身的管理，因此在第一节内容，笔者从道路市政管理机关变迁、道路建设管理流程示例两个方面展开分析。道路养护制度作为道路市政管理制度建设的另一个方面，对于道路功能的持续发挥有着重要作用，尤其是在民国中后期西安城区道路系统基本成型之后，且市政当局无力兴修新路之时，逐渐成为当局城区道路市政管理的主要内容。本章第二节即对道路的养护制度进行分析。

　　上述两个层面的内容，分别从城市物质实体建设和上层建筑两个维度梳理和分析民国西安城市道路的演进。然而无论是物质实体建设还是人文制度建设，其最终还是要作用在生活其中的"人"的身上。毕竟一切历史归根到底还是人的历史。因此，本书第三个层面的研究内容，即探察道路使用过程中不同使用者间的冲突及管理，以加深道路系统演变之于社会影响的理解。随着西安城市道路系统

的逐渐发展，西安城市路面之上既有传统的铁轮骡马车穿梭其间，
也有以人力车、汽车、公共汽车等为代表的新式交通工具的出现。
由于民国特殊的经济社会条件和时代背景，围绕道路的利用产生了
以铁轮大车为代表的传统车辆对道路使用和道路养护之间的矛盾，
新式人力车和公共汽车为争夺公共交通运营空间而产生的利益冲突，
以及日益增多的人力车夫群体带来的城市治理问题等。西安城市治
理当局通过对上述问题的解决，一方面构建起现代交通秩序，另一
方面也在一定程度上实现了城市治理的近代转型。

第四节　资料基础、研究方法与概念厘定

一　资料基础

在研究民国西安城市地理的过程中，大体有四类可资利用的资
料，即官方文本、大众传媒、调查资料以及私人记录。为了保证
史料来源的可靠性，在使用这些资料的过程中，必须要时刻思考：
是什么人在什么时间出于什么样的目的在什么样的情况下进行该
资料的编辑、撰写或记录的？只有在此基础上辨伪存真，才能从
微观的角度对道路系统进行全面的探析。本书主要使用的这四类
资料如下：

（一）官方文本及调查统计资料

在本书中，官方文本主要指地方志、民国档案资料和官方调查
统计资料。其中地方志主要是有 1936 年铅印本《咸宁长安两县续
志》和 1934 年铅印本《续修陕西通志稿》。此外，清代所修西安地
方志也给本书的研究提供一定的资料，而 1949 年后所编纂的各类地
方志也给本书的研究提供了重要参考。藏于西安市档案馆及陕西省
档案馆的各类《民国档案》，作为第一手资料详细记载了西安道路的
规划、建设、维修、保养、管理等各方面内容，是本书研究民国西
安道路系统演变的主要资料来源。调查统计资料既有来自陕西省建

设厅、西安市政工程处等官方的调查统计，如《陕西建设月刊》《陕西建设公报》《西安市工月刊》《西安市工季刊》等，也有来自民间的《西京导游》等资料汇编。而日本东亚同文会的《支那省别全志·陕西卷》和《新修支那省别全志·陕西卷》调查十分详细，不失为本书的一个重要资料来源。

（二）大众传媒

民国西安城内各类报刊数十种，一些重要报刊如《西京日报》《新秦日报》《工商日报》《西北文化导报》等，存在时间较长，记述内容丰富，对于城内主要市政建设也多有记载。其中关于普通民众对于西安市政建设的认识记述，更是能对道路系统的发展演变提供较为形象的感知，为全面了解该时段道路系统的发展演变提供了重要参考。而这些报刊资料对道路等市政工程的记载，也在一定程度上可与档案资料相参照、考证。

（三）私人记录

民国以降，虽然西安在城市近代化转型方面不及东南沿海开埠城市，但其深厚的历史文化底蕴也吸引了大量的国内外学者、作家、游客等前来旅游或考察，因此留下了数目众多的描写这一时段西安的游记、随笔、散文、小说等，成为弥足珍贵的第一手资料。这些私人记录，大都出自文人或学者之手，对于民国西安城市的记载，有着独特的视角和丰富的描述，一方面能够佐证其他资料，另一方面与档案记载和调查统计相比，更加生动和翔实，使民国西安道路系统研究带有人文关怀的情感。

二　研究方法

本书作为历史城市地理学的研究成果，同时又是以道路为切入点对城市近代转型的考量，具有历史地理学、城市史、城市形态学、城市生态学等多学科交叉的特点。为了更加清晰和深入地探讨以道路为表征的西安城市转型问题，本书主要采用了以下研究方法。

第一，文献档案考证与实地踏查相结合的研究方法。作为历史地理学研究方法的基础，文献档案考证与实地踏查相结合，是本书在研究民国西安城市道路演变过程中最主要的研究方法。本书最主要的资料来源即民国西安城市档案、地图和时人述记，它们是研究该时段西安道路演变的基础性资料。同时，民国去今不久，当今西安城墙区域内的各道路大多继承民国发展而来，通过对当今这些道路的实地踏查，一方面可以从中寻访到民国时期道路规划与建设的影子，另一方面也可以设身处地地理解民国西安道路演变在城市转型发展中的地位和作用。

第二，综合研究的方法。道路系统作为城市系统的一个有机要素，其自身的发展演变也在影响整个城市的发展演变。而道路本身作为一个系统，又包含道路本身、配套设施、功能发挥和管理等诸要素。本书将道路作为一个整体系统，通过对其系统内各典型要素的分析，研究该系统的演变发生机制，同时又将道路作为城市系统的一个典型要素，分析道路在城市转型过程中的作用及表现。

第三，地图研究与 GIS 分析的方法。通过对笔者收集到的数十幅民国档案及地方志书中的城市地图进行数字化处理，提炼其所蕴含的民国西安道路的有关数据，并结合所收集资料中有关道路的具体数据，通过 GIS 进行处理，绘制出不同时期民国西安城市道路系统图，做到图文互表。在此基础上对 GIS 数据处理后所呈现的地图语言进行定性分析，探索其所表示的空间特征。

综上所述，在对民国西安城市道路系统演变进行研究的过程中，综合运用历史地理学的研究方法，并根据研究资料与内容的不同特点，尝试运用现代地理学与城市史的研究方法，如城市社会学、城市形态学、城市生态学等的理论与方法。同时采用对比的方法，从时间和空间上展现民国西安城市道路系统在城市转型发展时期的特点及其意义。

三　概念厘定

民国时期，西安以城墙为限分为城区与郊区，其中城区道路建设与养护工作先后主要由西安市政处、西京市政建设委员会、西安市政府工程处等城市市政建设及管理部门负责。本书的城市道路系统演变，主要是指位于西安城墙范围内的城市各类道路建设及道路系统的发展演变过程，同时对和城市道路系统密切相关的四关城、环城路等道路的发展演变也予以研究。属于郊区范围的道路建设主要由西京筹备委员会、长安县政府等部门负责实施，不在本书研究范畴内。

第 二 章

民国前期西安城市道路系统的
初步发展（1912—1930）

　　道路作为城市最重要的基础设施之一，其发展演变往往是城市变革的先导。民国时期是西安城市近代化转型的重要阶段，在这一转型过程中，西安城市建设的发展体现为从自组织演替占主导的内在发展和演变，逐渐趋向于以城市空间扩展为主导的演变过程。[①] 因此，道路建设作为城市空间扩展的基础性工程，就成为民国西安城市近代化转型的先导。

　　辛亥革命后，满城的拆除和东大街、北大街的兴筑，彻底打破了清代以来形成的以满城为重心的城中城格局，形成了新的以钟楼为核心，以东、西、南、北四大街为主干道路的空间格局，分别通过东、西、南、北四门与四关城相连，使城市交通的通透性有了极大提升，这是民国初年西安道路建设最为突出的成就。不过，由于民国前期军阀混战以及天灾人祸的影响，西安整体道路状况同晚清相比并没有得到改善，相反却因"围城之役"，城市社会经济出现严重倒退。

　　"围城之役"后，西安开始归国民政府管辖，城市建设和发展进入了新的历史阶段。1927 年陕西省建设厅成立，除统筹规划全省建

---

　　① 任云英：《近代西安城市空间结构演变研究（1840—1949）》，博士学位论文，陕西师范大学，2005 年。

设事宜外，西安市内各项市政建设也归其管辖，城市建设逐渐步入正轨。

第一节　民国西安城市道路系统演变的社会经济背景

辛亥革命后，随着满城的拆除，东大街、北大街的先后兴筑，民国西安城市道路系统演变自此开始。至 1949 年 5 月，城市道路系统演变大致经历了民国前期的初步变革（1912—1930）、筹建陪都西京前期碎石马路道路系统的建立（1931—1938）、全面抗日战争爆发后西京市政建设委员会对城市道路系统建设的勉力维持（1938—1941）及民国后期西安市政处——西安市政府治下的道路系统演变尾声（1942—1949）四个阶段。这四个阶段城市道路系统的发展变迁，无不和当时的社会经济条件密切相关。

民国西安城市社会经济发展大体经历了前期的地方自治发展、中期陪都筹建以及后期西安市政府省会建设等三个阶段。

清代西安城作为实际上的重城形态，城区东北隅为八旗兵驻扎之满城所在，东南隅为汉军驻守的南城，南城在清乾隆四十五年以后废弃。[①] 辛亥革命期间，满城内住房被毁一空，满城城墙因为有碍交通，在 1912 年 9 月，由陕西都督张凤翔下令拆除。[②] 到这年 12 月，又拓展了从钟楼到东门的满城南墙原顺城巷，命名为东大街，并沿街修盖房屋，力求在高度及南北间距上划一。各房檐下都有走廊，门面以九间为一组，整齐划一，蔚为壮观。[③] 东大街所新修店

---

① 吴宏岐、史红帅：《关于清代西安城市满城和南城的若干问题》，《中国历史地理论丛》2000 年第 3 辑。

② 王荫樵：《西京游览指南》，天津大公报西安分馆印行，1936 年，第 3 页。

③ 陕西师范大学地理系：《西安市地理志》，陕西人民出版社 1988 年版，第 240 页。

铺，主要用于出租和出售，作为当时市内最宽敞的街道，东大街成为新兴的商业街，为以后西安城区商业区的转移奠定了交通基础。

东大街的开辟及其与东关交通的畅通，使西大街、南院门一带的传统商业重心与东关的商业贸易中心之间有了沿东大街发展的趋势，这在一定程度上促进了西安城市东西轴向商业的繁荣。但这一发展趋势因"围城之役"而中断，"围城之役"西安死难军民四万多人，人口骤减，经济被破坏，西安城市社会经济衰败到极点。[1] 至1926年11月28日，西安解围，归国民政府管辖，城市社会经济发展才步入正轨。

"围城之役"后，为促进西安城市发展，以冯玉祥为代表的陕西军政机关对西安城市建置及建设进行了初步设计。1927年11月25日，西安开始设市，初名西安市政厅，同年12月7日改名西安市政委员会。1928年1月16日陕西省政府颁布《西安市暂行条例》，规定"本市为陕西特别行政区域，定名为西安市"，"在本市市政府成立之前，为办理本市行政及筹备市政府与市民自治等事宜起见，设西安市政委员会"，"直隶于陕西省政府"。是年9月22日，西安市政府成立，驻地为五味什字中州会馆西侧，辖区以原属长安县之西安城内及四关为范围，面积约15.5平方千米。[2]

民国前期西安的首次设市，使城市管理和建设开始步入正轨。在此期间形成了第一部城市建设规划文件《陕西长安市市政建设计划》，这是城市建设职能逐渐独立并纳入近代管理机制的开始。[3]1926年年末，冯玉祥在西安东城门北侧开辟了中山门，又于1927年在西城墙北侧开辟玉祥门，使城市道路发展具有向外趋势。1927年

---

① 任云英：《近代西安城市空间结构演变研究（1840—1949）》，博士学位论文，陕西师范大学，2005年。

② 阎希娟：《民国西安城市地理初步研究》，硕士学位论文，陕西师范大学，2002年。

③ 任云英：《近代西安城市空间结构演变研究（1840—1949）》，博士学位论文，陕西师范大学，2005年。

7月，陕西省政府由北院门迁往红城办公并改名为新城，并于1928年将原满城区划定为新市区，西安市政府在新市区规划道路，拍卖荒地，促进了原满城区域的开发。

虽然民国前期以新市区开发为主要内容的西安城市建设取得了一定的成就，但受制于具体的历史环境，开发力度有限，从整体上说，这一时期西安城市社会经济发展较为缓慢。不过满城的拆除和新市区的初步开发，也是日后民国西安城市近代化转型的前奏。以1927年新城设立政府机构为开始，自清初以来的以西半城为政治、商业中心和人口密集区的城市格局正在悄然改变，东半城尤其是原满城区域的大片空地随着陪都西京的建设以及陇海铁路修抵西安，而成为新兴工商业、安置移民以及规划建筑的最佳选择。

1930年5月，南京国民政府颁布新的《市组织法》，提高了设市标准，其中规定："凡人口不满二十万之都市，得依所属省政府之呈请暨民国政府之特许建为市。"① 西安因"围城之役"人口锐减，不满二十万的设市标准，故而是年11月8日陕西省政府通令撤销西安市建制，辖区仍归长安县管理。11月9日陕西省政府主席杨虎城即向行政院报裁撤西安市理由，认为西安"僻处西北，交通阻滞"，"连年荒旱，户口减少，商业萧条，原无设市政府的必要"等，行政院对此予以备案。②

"一·二八"事变爆发后，为应对时局的突变，1932年3月5日，国民党四届二中全会决定"以长安为陪都，定名西京"，并委派张继等人组成"西京筹备委员会"，③ 西安社会经济发展进入陪都西京的筹建阶段。是年4月7日，西京筹备委员会于西安训政楼开始

---

① 中国第二历史档案馆：《中华民国史档案资料汇编·第五辑第一编政治（二）》第5辑《政治（一）》，江苏古籍出版社1994年版，第82页。

② 任云英：《近代西安城市空间结构演变研究（1840—1949）》，博士学位论文，陕西师范大学，2005年。

③《国民党中央确定行都与陪都地点决议案》，西安市档案局、西安市档案馆编《筹建西京陪都档案史料选辑》，西北大学出版社1994年版，第5页。

办公，并于6月4日迁至东木头市2号。该年国民党中央执行委员会政治会议第337次会议议决："西京市直隶于行政院之市"，"西京之区域，东至灞桥，南至终南山，西至沣水，北至渭水"，"西京筹备委员会为设计机关，西京市为执行机关"。至1934年8月，西京筹备委员会、全国经济委员会西北办事处和陕西省政府联合组成西京市建设委员会，统筹管辖西京市内市政建设。

西京筹备委员会的成立，开启了西安近代大规模市政建设的序幕。至1945年随着抗日战争行将胜利，奉令裁撤，陪都西京建设的13年，由于国民党中央政策的倾斜、抗日战争时期沿海地区工商业的内迁以及陇海铁路修抵西安的影响等，这一时期西安城市社会经济得到空前的发展，近代工业全面起步，工业布局在城市中体现出由分散向集中，以交通为导向的空间过程。[①]

这一时期西安近代城市社会经济的发展同陇海铁路有着密切的联系，陇海铁路修抵西安改变了制约西安近代工商业发展所必需的劳动力组织、原材料运输和产品销售等的条件，成为近代西安工商业发展史上的分水岭，也深刻地影响了西安城市空间格局的变迁。火车站的选址以及抗日战争时期工厂的内迁，使原本荒凉的原满城区域发生了显著的改变，加快了新市区及西安城市的近代化进程。而西安得以在短时期出现繁荣的景象除交通因素外，还和全国抗日战争形势发展及沿江沿海城市大批技术人才内迁有着密切的联系。

在此期间，西京筹备委员会（1932.3—1945.6）和西京市政建设委员会（1934.9—1942.1）为西安城市的近代化市政发展做出了巨大贡献。1937年3月，西京市政建设委员会拟定了具有纲领性意义的西京市区计划决议。[②] 至1941年，西京市政建设委员

---

① 任云英：《近代西安城市空间结构演变研究（1840—1949）》，博士学位论文，陕西师范大学，2005年。

② 《西京市区计划第一次会议记录（节录）》，西安市档案局、西安市档案馆编《筹建西京陪都档案史料选辑》，西北大学出版社1994年版，第93页。

会又拟定了一份共四章十八节的西京规划，其中将城区道路等级定为五等，并对城市用地的功能进行规划，行政区定为新城区，日后则移至南郊新区；西南郊为工业区；未央宫遗址处定为中学区，东南郊地势起伏之处则设为大学区。各区域内根据需要设置小学、医院、运动场、广场、公园、水面等公共设施。[①] 可以看出这一时期西安城市近代化的深化发展，城市规划受到西方规划思想的影响。

然而到了抗日战争后期，敌机的肆意轰炸，对西安城市造成严重破坏，同时也使得一些工厂外迁，在一定程度上对西安近代工业产生不良影响。在此期间，由于战时军需的刺激，西安城市手工纺织业有所发展，抗日战争初期，西安纺织工厂仅 17 家，纺织机 100 余台，到 1940 年则增加到 109 家，拥有纺织机 1100 余台。[②] 这一时期，西安城市内部道路逐渐完善，民国西安道路系统的主体结构基本定型。

不过，从 1930 年西安撤销市建制，到 1941 年筹备西京市实际工作的停止，这期间西安城区的行政管理处于一个特殊的阶段。虽然名义上西安城关在长安县行政区域以内，但实际上长安县已不再管理西安城关的各项事宜。这一时期西安城关的行政管理，除少数事项由省政府有关厅局直接办理外，多数事项则组成专门机构进行管理。如省民政厅直属的省会公安（警察）局、省会地政处、省建设厅直属的西安市政工程处、西安园林管理处、省卫生处直属的省会卫生事务所、省合作事业管理处直属的西京市合指导处等，均是分管西安城关各项行政事宜的专门机构。[③]

1940 年 9 月，国民政府明定重庆为陪都，原定陪都西京市改

① 《西京市分区计划说明》，西安市档案局、西安市档案馆编《筹建西京陪都档案史料选辑》，西北大学出版社 1994 年版，第 97—113 页。

② 吴宏岐：《西安历史地理研究》，西安地图出版社 2006 年版，第 357 页。

③ 任云英：《近代西安城市空间结构演变研究（1840—1949）》，博士学位论文，陕西师范大学，2005 年。

称西安市。1941 年 12 月国民政府行政院奉蒋介石令，为整顿西安市政建设，撤销西京市政建设委员会，改设陕西省西安市政处，开始接管原由西京市政建设委员会进行的部分工作。西安城市建设开始进入西安市政处——西安市政府管辖的时代。西安市政处直隶于陕西省政府，行政区域以陕西省会城关为范围，包括飞机场区域和火车站，面积约 20.5 平方千米。市政处主管业务限于市政工程建设、自治财政稽征、园林管理及一部分公益事项，管辖范围较小，且不领导基层行政机构，这实际上是向正式成立西安市建制的准备和过渡。

1943 年 3 月 11 日，国民政府行政院训令，照准陕西省呈请"将西安市政处改组为西安市政府"，西安再次设市。1944 年 9 月 1 日市政府正式成立，为陕西省辖市，陆翰芹任市长。直属于陕西省的西安市正式成立，实际上说明国民政府已经放弃初衷，中止陪都西京计划，转而专注于新陪都重庆的建设。① 至 1947 年 8 月 1 日，西安市升格为国民政府行政院直辖市，同年 12 月内政部核准西安市简称镐。

1945 年抗日战争胜利后，一些设在西安的沿海沿江工厂陆续回迁，但仍有一些企业最后留在西安，成为这一时期西安工业发展的基础。此后数年间，由于国民党当局在解放战争中逐渐处于劣势，西安作为胡宗南进攻陕北的军事大本营，虽然工业、企业数量每年都在增长，但远不如抗日战争时期增长的程度。

根据学者研究，这一时期西安城内商铺的增长幅度依然可观，各类新增商铺共 225 家。各类市场基本上形成了固定的交易场所，如劳动力市场即"人市"，在东大街端履门什字、东关老关庙什字、西城举院一带；买卖旧物的"鬼市"设在尚俭路一带，以新旧自行车交易为主；米面市场集中在西大街桥梓口、尚勤路、东关及粉巷；

---

① 吴宏岐：《抗战时期的西京筹备委员会及其对西安城市建设的贡献》，《中国历史地理论丛》2001 年第 4 辑。

木料市场集中在崇孝路；煤厂多集中在北门外及北大街；骡马市场在崇悌路；木炭及柴市在革命公园东及大湘子庙街；布匹及日用品以尚仁路国民市场和民生市场为专卖；干果及纸烟市场位于社会路和北院门；商品批发市场则是位于北案板街的新安市场。从商业的分布格局来看，这一时期已经与抗日战争时期有了较大变化，主要表现就是新市区商业市场的增加，这对于日后西安商业分布格局的演变有着重大影响。①

这一时期全世界范围内兴起了城市重建的浪潮，在此影响下，西安城市管理者也拟订了新的都市计划、内容涵盖道路与用地分区发展计划、整修钟鼓楼及其周边马路计划等。1947 年 3 月，西安市政府建设科基于城市道路开辟、房屋建筑无所遵循，不利于城市长远发展的考虑，在借鉴国外都市计划原则和吸取战时防空教训的基础上，并比较城市"向高空伸展"与"向广阔伸展"的利弊后，按照"防空第一，康乐第一，城市乡村化，乡村城市化"的原则，拟定了《西安市分区及道路系统计划书》《西安市道路暨分区草图》。这一时期，西安城市规划受到了西方现代城市规划理论的影响，强调城市绿化环境的建设，同时交通问题得到重视，也注意到古城的价值及保护等。但是这一时期西安工业化进程的停滞，阻碍了城市近代化发展的进程。②

第二节　晚清至民国前期西安城市道路概况

晚清至民国前期，西安有大小街巷 300 余条，构成了城市街道系统的骨架结构和脉络。这些街巷按照其长度、宽度和繁华程度，

---

① 吴宏岐：《西安历史地理研究》，西安地图出版社 2006 年版，第 365—366 页。
② 任云英：《近代西安城市空间结构演变研究（1840—1949）》，博士学位论文，陕西师范大学，2005 年。

大致可以分为主要大街、次级干道和背街小巷等，是这一时期西安城市道路系统的主体。①

一　晚清西安道路系统格局及街巷景观

晚清的西安城区，虽然比之唐长安城大为缩小，但是历史时期长安城街巷"百千家似围棋局，十二街如种菜畦"的横平竖直、端南正北的空间格局依然得以继承，可谓是北方城市"端南正北"城市道路骨架格局的典范。这一时期来到西安的西方探险家对此印象特别深刻，如1907年丹麦探险家柯乐模在其著作中就写道："西安城的主要干道几乎笔直地从一座城门通向另一座城门，由此自然而然地将城区分成四个区。在城区正中央，有两条主干道在此相交，一座钟楼矗立于此。"② 不过，由于清代西安城内东北隅为满城，在东大街和北大街东侧分别兴建有城墙，与城内其他城区隔开，因而明代西安城的东、西、南、北四大街这一时期仅有西大街、南大街和北大街西半侧在发挥作用，因而柯乐模对于西安城市主干道路格局的认识具有一定的局限性。

根据光绪十九年（1893）中浣舆图馆所绘《清西安府图》③、民国《咸宁长安两县续志·城关图》④《陕西省西安市地名志》⑤《明清西安词典》⑥ 等图志对清代西安城街巷的统计，四城区和四关城共计有313条街巷，其具体的分布和类型如表2—1：

---

① 郭世强：《城市转型视角下民国西安城区道路系统演变研究》，《中国历史地理论丛》2017年第4辑。

② ［丹］柯乐模：《我为景教碑在中国的历险》，史红帅译，上海科学技术文献出版社2011年版，第62页。

③ 《清西安府图》，光绪十九年（1893）中浣舆图馆测绘本。

④ 翁柽修、宋联奎纂：《咸宁长安两县续志》，1936年铅印本。

⑤ 西安市地名委员会、西安市民政局：《陕西省西安市地名志》，内部资料，1987年版。

⑥ 张永禄主编：《明清西安词典》，陕西人民出版社1999年版。

表2—1　　　　　　　清代西安城区街道数量类型统计

城区 ＼ 类型	街	巷	十字	合计
东北	9	69	5	83
东南	13	55	—	68
西南	16	38	4	58
西北	21	35	3	59
东关	6	24	2	32
南关	1	3	—	4
西关	1	5	—	6
北关	1	2	—	3
合计	68	231	14	313

资料来源：光绪十九年（1893）中浣舆图馆绘《清西安府图》、民国《咸宁长安两县续志·城关图》《陕西省西安市地名志》《明清西安词典》。

　　根据学者的研究，西安城区街巷分布状况以东北城区街巷为最多。这自然是因为满城的存在，八旗防御和军营划分细致，街巷比例几乎为1∶8。东南城区在清代作为居住区发展较快，因而街巷数量居第二位。西北城区因较多区域为新扩城区，虽然面积大于东南城区，但街巷数量倒不如东南城区。西南城区作为明清以来老城区街巷较多，人口稠密，因此在面积只有西北城区一半的情况下，街巷数量却大体一致。在四关城中，东关城数量最多，这与其所占面积及其在城市社会经济生活中的重要地位相符合。①

　　而通过对清代西安城区街巷（不含十字）进行朝向和形制的分类统计，可以得知这一时期西安城区街巷的方位特征与城市整体形态基本保持一致，东西向约占55%，拐形只有7%。这种形态深受西安城东西长南北短的长方形城市形态影响，街巷排列规整，突出

①　史红帅：《明清时期西安城市地理研究》，中国社会科学出版社2008年版，第388—389页。

体现了明清西安城"方城正街"的空间格局特征。①

　　就街巷景观而言，晚清西安城区"官街"和主干道路面多为石条、石板铺就，这些用石板铺砌的部分大街较为宽阔，并且时有维护。关于此情景，这一时期，到过西安的西方人士多有记载，如"汉城街道极宽，南省各物俱全，颇繁华"②，"与其他很多中国城市相比，西安城大街很宽——宽度足以容纳四辆马车并排而行，令人印象深刻"③。1901 年，负责到西安赈灾的美国记者尼克尔斯认为西安给其的印象比北京更加深刻，其原因之一就是西安的街巷布局"遵循规章"，"西安城的大街虽未专设人行道，但都很宽阔。大街穿越城区，从一面城墙直抵另一面城墙。这些街巷总能以合适的角度相互贯通，主要大街以石板铺就，在沿用了几百年后，已多有磨损"④。

　　不过与石板、石条铺就的主街相比，西安城区大部分背街小巷仍为土路，一遇雨天便泥泞难行，给人们带来极大不便。即使是主干街道，由于石板、石条在长期碾压过程中，修整不及时，也会出现坑洼凹凸的情形，给交通出行带来巨大不便，这一情况一直延续到民国初年都没有太大改观。"无风三尺土，有雨一身泥"是晚清至民国初年西安城区道路景观的形象写照。

二　民国前期西安城区主要街道

　　民国前期，西安城内的街道与清代后期相比，除东北城区外，其他城区在数量和路况上并没有多大变化。根据 1915 年日本东亚同

---

　　①　史红帅：《明清时期西安城市地理研究》，中国社会科学出版社 2008 年版，第390 页。

　　②　［德］福克：《西行琐录》，转引自史红帅《近代西方人视野中的西安城乡景观研究（1840—1949）》，科学出版社 2014 年版，第 73 页。

　　③　史红帅：《清代后期西方人笔下的西安城——基于英文文献的考察》，《中国历史地理论丛》2007 年第 4 辑。

　　④　［美］弗朗西斯·亨利·尼克尔斯：《穿越神秘的陕西》，史红帅译，三秦出版社 2009 年版，第 66 页。

文书院学生对西安城区的考察，这一时期城内的主要街道包括东大街、西大街、南大街、北大街、端履门街、骡马市街、大湘子庙街、小湘子庙街、竹笆市街、马坊门街、南广济街、琉璃庙街、北广济街、鼓楼街、红府街、九府街、糖坊街、梁府街、洒金桥街、一道巷、参府巷、粉巷、王家街等。①

这些主要街巷以南、北院门一线的分布最为密集，体现出了封建时代行政中心在城市中的核心地位。1921 年瑞典汉学家喜仁龙曾深入探查了西安沿街开设的店铺对街巷景观的影响，他发现就大多数店铺建筑样式而言，它们是用柱子、大梁制成木质间架，在其中砌筑砖块或土坯建成的小型房屋。在商贸区，沿街开设的店铺向街道"将前部敞开，在向外延伸的屋檐下形成柱子制成的空间"，不仅饮食店在门外屋檐下摆放食物，有些小贩也经常沿人行道在伸出的店铺屋檐下摆设摊点。②

除了四大街之外，民国前期被日本调查者认为属于"繁华街道"的还有广济街、盐店街、马坊门街、鼓楼街、端履门大街、粉巷等，在这些街上有出售各种商品的店铺和行栈，数量很多；而四关城中，以东关、南关街市的景况最为殷盛。③ 这些情况突出显示出西安城市"街市合一"的特点。在民国前期，西安城市道路结构的另一个突出特点就是以钟楼为中心的东、西、南、北四大街为十字形干路交通，其他街、巷均依此四街而"列为羽状式"。④

依据 1927 年《长安市政建设计划》，当时西安城内主要街衢包括以下道路系统。

---

① ［日］东亚同文会编：《支那省别全志》第 7 卷《陕西省》，东亚同文会 1917—1920 年版，第 29—30 页。

② 史红帅：《近代西方人视野中的西安城乡景观研究（1840—1949）》，科学出版社 2014 年版，第 77 页。

③ ［日］青岛守备军民政部铁道部：《调查资料》第 9 辑，1918 年，第 149—150 页。转引自史红帅《近代西方人视野中的西安城乡景观研究（1840—1949）》，科学出版社 2014 年版，第 76 页。

④ 刘国安编：《陕西交通挈要》，上海中华书局 1928 版，第 33 页。

东大街道路系统：骡马市街、端履门街、大差市街、参府巷、饮马池。

西大街道路系统：南桥梓口街、北桥梓口街、南广济街、北广济街、古湋巷、四府街、竹笆市街、琉璃庙街、北院门大街。

南大街道路系统：南院门大街、粉巷、马坊门街、西木头市、东木头市、湋巷、盐店街、小湘子庙街、大湘子庙街、太阳庙门街。

北大街道路系统：糖坊街、曹家巷、九府街、梁府街、莲花池、王家巷、红府街、二府街、西仓门街、羊市街、东华门街、易俗街。

这些道路以钟楼为中心的东西南北四大街为干道，其余均为支道，城市道路系统分为干、支两类①，共同构成了民国前期西安城市道路系统的主体。至于这些街道的路面状况，前已述及，清代后期西安城内石板铺砌的道路和土路由于常年经受马车的辗轧且缺乏维护，因而坑洼不平，到了雨天则泥泞难行，这种状况在民国前期并未有太大的改观。② 1915 年，日本东亚同文书院第 13 期学生在调查中发现，"由于铺砌石板的道路凹凸不平，下雨天泥泞不堪，车轴没入泥中的地方较多，晴天则摇晃震颤。相比而言，徒步似乎更好"③。而日本青岛守备军民政部铁道部所编《调查资料》也对西安城内铺砌石板、石条的街道进行了一定的记载："长期磨损，高低凹凸不平。车辆行进时晃动剧烈，因而达官贵人和妇女往来时多乘坐轿子。"④ 1921 年瑞典汉学家喜仁龙也在其著述中对西安道路路面状

---

① 任云英：《近代西安城市空间结构演变研究（1840—1949）》，博士学位论文，陕西师范大学，2005 年。

② 史红帅：《近代西方人视野中的西安城乡景观研究（1840—1949）》，科学出版社 2014 年版，第 79 页。

③ ［日］东亚同文会编：《支那省别全志》第 7 卷《陕西省》，东亚同文会 1917—1920 年版，第 35—36 页。

④ ［日］青岛守备军民政部铁道部：《调查资料》第 9 辑，1918 年，第 149—150 页。转引自史红帅《近代西方人视野中的西安城乡景观研究（1840—1949）》，科学出版社 2014 年版，第 76 页。

况进行了一定的记载:"(西大街)街道路面虽然铺设着大石板,但由于年深日久,已经出现了深深的车辙,坑洼不平,这使得缺乏弹性的马车和手推车以一种最令人头疼的方式摇晃颠簸、吱吱作响。一场大雨过后,从街上走过,就意味着不得不从一块石板跳到另一块石板上。……行人经过没有石板的街巷,就只能从深深的烂泥或者飞扬的尘土中跋涉而过。"① 这在一定程度上反映了民国前期由于政局混乱、经济落后等原因,西安道路发展滞后,没有走出封建时代的窠臼。

第三节　民国前期西安城市道路系统的初步变革

辛亥革命结束了清朝的封建统治,作为清朝统治标志的满城已经没有了存在的必要,故而伴随满城拆除而来的东大街、北大街的修筑,使得民国西安道路格局发生了第一次改变。② 至冯玉祥主政陕西时期,又积极开辟新城门,规划新市区(原满城区)道路,为日后东北城区的开发奠定了一定的基础。

一　东大街——民国西安城市道路系统演变的开端

民国初年,西安城内道路与晚清相比,在数量及路面状况上并无明显的变化,但就道路格局而言,辛亥革命后因满城拆除,"城中城"格局的瓦解,新的主干道路格局开始显露端倪。

辛亥革命后,满城内房屋住所被毁一空,城墙则因为有碍交通,于1912年9月,由时任陕西都督张凤翙下令拆除。同年12

---

① Siren O., In Sianfu, *The Theosophical Path*, Vol. XXXV, No. 1, 1923, p. 34. 转引自史红帅《近代西方人视野中的西安城乡景观研究(1840—1949)》,科学出版社2014年版,第80页。

② 郭世强:《城市转型视角下民国西安城区道路系统演变研究》,《中国历史地理论丛》2017年第4辑。

月，沿原满城南墙从东门到钟楼拓宽了原顺城巷，定名为东大街，① 同时北大街在这一时期也逐渐恢复。东大街恢复了连接钟楼与东门的主干道功能，与此同时陕西省政府又在东大街两侧建造了形制统一的二层楼房，用于商业经营，使东大街成为西安城内最为宽敞的街道，在城市社会经济生活中发挥了重大作用。东大街、北大街的建设，彻底打破了清代以来形成的以满城为重心的城中城格局，形成了新的以钟楼为核心，以东、西、南、北四大街为主干道路的空间格局，分别通过东、西、南、北四门与四关城相连，使城市交通的通透性有了极大提升，具有外向型发展的特点。②

东大街作为民国初年西安城市道路发展的主要表现，较之清代无论在规模形制还是在功能发挥上都具有近代化转型属性。③ 首先，从规模形制上来言，与清代街巷人、车混行不同，1915 年前往西安考察的日本东亚同文书院学生，所看到的东大街已分别铺有人行道和车行道，"道幅宽约十间，两侧有排水沟渠，道路上面铺设石板"④。如果按照当时日本计量单位 1 町（60 间）约等于 109.09 米计算，这一时期东大街宽度约为 18 米，可以说是这一时期西安城区最宽的街道之一，对此日本青岛守备军民政部铁道部的《调查资料》对这一时期西安城区道路评价称："除东大街外，其他城区街道较为狭窄。"⑤ 其次，从道路的功能发挥上，取代满城南城墙作为军事防御性工事而铺就的东大街，在从钟楼至东门主干道的两侧，建造了

---

① 王荫樵：《西京游览指南》，天津大公报西安分馆印行，1936 年，第 2 页。

② 郭世强：《城市转型视角下民国西安城区道路系统演变研究》，《中国历史地理论丛》2017 年第 4 辑。

③ 同上。

④ ［日］东亚同文会：《支那省别全志》第 7 卷《陕西省》，东亚同文会 1917—1920 年版，第 29—30 页。

⑤ ［日］青岛守备军民政部铁道部：《调查资料》第 9 辑，1918 年，第 149—150 页。转引自史红帅《近代西方人视野中的西安城乡景观研究（1840—1949）》，科学出版社 2014 年版，第 76 页。

形制统一的二层楼房，用于经营商业，成为一个新兴的商业街，是民国西安城市商业区转移的先导性基础设施，使得城市空间的功能发生了质的改变。对此，1915年上述日本东亚同文馆的学生在其调查中也有所论述："从东门沿东大街至钟楼……为一条端直通道，两侧有官营建筑，均为二层，有各式店铺。"①

因此，以东大街为主要代表的民国初期西安城市道路建设，体现了在新的时代背景下，不同政治制度对于城市发展的影响。晚清封建时代背景下，西安是以满城为重心的城中城格局，城市道路具有内向性和封闭性的特点，体现了传统城市道路格局受到了军事和政治因素的双重制约。而辛亥革命后拆除满城，形成了以四大街为城市主干道的道路格局，是对原有道路格局的突破和发展，以商业街形制兴筑而成的东大街，代表了新的资本主义色彩的政治制度下经济导向型的城市发展趋势，具有明显的开放性特点和近代化转型发展特征。②

二　20世纪20年代西安城市道路建设

东大街与东关交通的通畅，使南院门、西大街一带的商业中心与东关的商业中心之间出现了沿东大街发展的趋势，但这一趋势却因"围城之役"而停滞。1926年11月28日，西安解围，开始归国民政府管辖，城市建设和发展进入了一个新阶段。③ 1927年7月，陕西省政府由北院门迁红城办公并改名新城。随着新城成为省政府办公地址，新城周边道路建设逐渐开展，先后开辟了南新街、北新街、东新街、西新街四条道路，成为原满城区域与城内主要大街连

---

① ［日］东亚同文会：《支那省别全志》第7卷《陕西省》，东亚同文会1917—1920年版，第29—30页。

② 郭世强：《城市转型视角下民国西安城区道路系统演变研究》，《中国历史地理论丛》2017年第4辑。

③ 任云英：《近代西安城市空间结构演变研究（1840—1949）》，博士学位论文，陕西师范大学，2005年。

通的主要线路。① 其中南新街发端于新城自新门，南接中山大街
（今东大街）与端履门；北新街起自新城努力门，向北延伸交于后宰
门街偏东侧；东新街西起新城前进门，东至中山门；西新街东起新
城奋斗门，西至西华门街。这四条围绕新城修筑而成的道路，构成
了日后陕西省军政当局办公地连接城内其他重要道路的主要通道，
发挥了重要作用，一直沿用至今。

1927 年 11 月 25 日，陕西省政府决定设立西安市，初名西安
市政厅，同年 12 月 7 日改名西安市政委员会，西安首次设市自此
开始。次年 9 月 22 日，西安市政府正式成立，辖区以原属长安县
的城区及四关城为范围，原满城区被划定为新市区。1928—1929
年，西安市政府在新市区规划道路，拍卖荒地，逐渐形成七纵八
横的道路系统，其中南北向街道自北新街至东城墙之间依次有尚
平路、尚智路、尚德路、尚仁路（今解放路）、尚俭路、尚勤路、
尚爱路共七条；东西方向自北城墙至中山大街（今东大街）依次
为崇耻路（今东八路）、崇廉路（今东七路）、崇义路（今东、西
六路）、崇礼路（今东五路）、崇信路（今东、西四路）、崇忠路
（今东、西三路）、崇悌路（今东二路）、崇孝路（今东一路）共
计八条（见表 2—2），② 新市区内的交通网初步形成。不过这一时
期囿于财政匮乏，这些道路大部分未能修筑完成，就路面种类来
言依然是土路。

除上述道路建设及规划外，陕西省建设厅于 1928 年翻修东大街
碎石马路，并修砌两旁排水沟及人行道。1929 年陕西省建设厅又将
西大街及南大街原有石板路翻起，改修碎砖马路。③

---

① 郭世强：《城市转型视角下民国西安城区道路系统演变研究》，《中国历史地理
论丛》2017 年第 4 辑。

② 阎希娟：《民国西安城市地理初步研究》，硕士学位论文，陕西师范大学，
2002 年。

③ 《陕西省十年来之建设》，西安市档案馆编《民国开发西北》，陕内资图批字
2003 年 095 号，第 512 页。

表2—2 新市区马路路基测丈表

道路名称	长度（m）	宽度（m）			总宽（m）	备考
		汽车道	马车道每边宽	人行道每边宽		
尚勤路	1825	9.5	4.5	2.5	24	该路北头未修
尚俭路	1825	9.5	4.5	2.5	24	该路北头未修
尚仁路	1810	9.5	4.5	2.5	24	该路北头未修
尚德路	1805	9.5	4.5	2.5	24	该路北头未修
崇孝路	2180	9.5	4.5	2.5	24	已修
崇悌路	970	9.5	4.5	2.5	24	未修
崇忠路	970	9.5	4.5	2.5	24	未修
崇信路	970	9.5	4.5	2.5	24	未修
崇礼路	2175	9.5	4.5	2.5	24	该路东头未修
崇义路	1000	9.5	4.5	2.5	24	未修
崇廉路	2195	9.5	4.5	2.5	24	该路东头未修
崇耻路	2200	9.5	4.5	2.5	24	未修
东新街	1330	9.5	4.5	2.5	24	已修
西新街	430	9.5	4.5	2.5	24	已修
南新街	380	9.5	4.5	2.5	24	已修
北新街	720	9.5	4.5	2.5	24	未修

资料来源：《西安市政工程处档案》，1934年2月6日，西安市档案馆藏，卷宗号：05 – 126，第28页。

20世纪20年代，西安道路系统第二个明显的变化就是中山门和玉祥门的开辟，改变了自明代以来西安城市四门的格局，体现了城市外向型发展的特征。1926年年末，冯玉祥为纪念孙中山先生，在西安东城门北侧开辟了中山门，为原满城地区增加了一个东出西入的孔道。中山门位于东新街东端，有南北两座砖券门洞，其中南侧门洞名为东征门，北侧门洞名为凯旋门。1927年5月1日，冯玉祥率军东征，即从中山门南侧东征门出城。出师之日，冯玉祥在城头向各界欢送群众讲话，说等北伐胜利，再打开凯旋门欢迎他。不过后来时局变化，冯玉祥再未能率师返回西安。

玉祥门位于西安城墙西门以北，1928年为纪念冯玉祥率部解镇嵩军之围和东征开辟。1926年4月，河南军阀刘镇华在吴佩孚、张作霖、阎锡山的支持下，率镇嵩军9万余人进攻陕西，企图消灭退守西北的国民革命军，开始对西安进行了长达8个月的围攻，给西安城市社会经济的发展以极大损害。为纪念冯玉祥将军解西安城之围的历史功绩，故将为方便西北城区交通而新凿的城门命名为"玉祥门"。

虽然从命名上而言，两处新辟城门具有极强的政治寓意，但就城市发展而言，却是为了适应城市交通发展的需要，中山门和玉祥门的开辟也为日后陪都时期城市经济社会的进一步发展奠定了基础，尤其是玉祥门成为日后西北城区与城外社会经济交往最为重要的通道。

本章小结

民国前期西安城市道路的发展演变集中体现在三个方面。首先，伴随着满城城墙的拆除，东大街的兴筑以及北大街的复建，西安城重新恢复了以钟楼为中心，以东、西、南、北四大街为主干道的十字形交通干道框架结构。其次，伴随着新市区的开发，新城成为陕西省政府所在地，周边道路系统逐渐兴筑，开辟了南新街、北新街、东新街、西新街四条道路，成为原满城区域与城内主要大街沟通的主要线路。同时随着西安市政府的首次成立，新市区得到一定程度的开发，原满城区域逐渐规划兴筑了七纵八横的道路网络，成为日后新市区道路的主体。最后，中山门和玉祥门的开辟，适应了城市交通发展的需要，反映了明清以来城墙军事防御功能的衰退，以及城市对外联系加强的趋势。这是西安从封建时代走向近代转型的开端，预示着西安城市新的发展方向和未来。

不过从整体上说，民国前期西安城市主要道路依然是集循环路径、公共空间以及建筑临街区域三种角色于一身的传统城市街道，城区主要街道具有明显的"街市合一"特点。但开始出现用专职循环路径的道路取代传统的"街市合一"道路的趋势，表现为新市区道路规划建设过程中行车道与人行道的分离。道路规划中车、人使用的分离，体现了以交通流量和车辆运行动力为考量的新式城市道路规划趋势，具有一定的近代转型色彩。

第 三 章

西安城市碎石马路道路系统的
形成（1931—1938）

1930 年 5 月，国民政府颁布新的《市组织法》，提高了设市标准，由于西安人口不足 20 万，未达到规定的标准，因此在该年 11 月 8 日，陕西省政府通令撤销西安市建制，辖区复归长安县。① 西安历史上第一次设市宣告终结。西安市裁撤后，为了统筹办理西安城区各项市政工程，1931 年 1 月 11 日，陕西省建设厅开始筹备西安市政工程处，订立组织规程呈报陕西省政府核准，于 1 月 30 日正式成立。② 西安市政工程处成为这一时期西安道路建设的主要执行机关。

1932 年"一·二八"事变之后，针对日本侵略的步步紧逼，国民党四届二中全会决定"以长安为陪都，定名为西京"③，并组成以张继为委员长的西京筹备委员会，从而开启了西安近代历史上长达 13 年之久的陪都西京建设。为了更好地进行陪都西京的市政建设，

---

① 吴宏岐：《西安历史地理研究》，西安地图出版社 2006 年版，第 351 页。

② 《陕西省建设厅民国二十年一月份工作报告》，1931 年，西安市档案馆藏，卷宗号：05 - 16，第 9 页。

③ 《国民党中央确定行都与陪都地点决议案》，西安市档案局、西安市档案馆编《筹建西京陪都档案史料选辑》，西北大学出版社 1994 年版，第 5 页。

1934 年 8 月成立了西京市政建设委员会,① 对西安的市政工程进行了卓有成效的建设。尤其在道路方面,至 1938 年西安城区各主要街巷大部分都已铺成碎石马路,初步改变了长久以来西安城市道路的路面面貌。这是民国时期西安城市近代转型过程中的一项举措,对当今西安城市的交通布局有重要影响。

　　该时段西安城市碎石马路道路系统的建设,具有明显的近代化特征,主要表现在以下几点:一是基于城市现代功能分区的道路规划设计;二是近代机械动力下的工程操作;三是资本主义色彩下的工程招投标承包机制;四是近代市政建设管理机制。

第一节　基于城市现代功能分区的道路系统规划设计

一　西安市政工程处对城市道路系统的初步规划设计

　　"都市为文明之母,故泰西各国于都市建设实有特别注重之规划"②,出于此种认识,加之西安为陇海铁路之冲要所在,一直是西北重镇,为西北道出入之门户。而 1932 年国民政府定西安为陪都,使西安在全国范围内具有更重要的政治地位。因此市政建设需要进行详密的计划,尤其是作为市政建设基础性工作的道路建设,更需详细规划。

　　　　决定何者为交通路,何者为商业路,何者为住宅区道路,俾使将来交通发达不至混乱,并使中央区道路应占全区面积百分之二十五至三十五,住宅区道路应占全区面积百分之二

---

① 郭世强:《1934—1941 年西安城区道路工程建设的初步研究》,《中国历史地理论丛》2013 年第 3 辑。

② 《西安市三年行政计划》,1932 年 3 月 11 日,西安市档案馆藏,卷宗号:05 - 29,第 34 页。

十至二十五……规定以西安市旧市区东、西大街为一等交通
路，总宽为三十二公尺，横断面形为复式组织；南北大街为
二等交通路，宽度为二十四公尺；竹笆市、南院门等街为商
业路，宽度为十二公尺。其余小巷均为住宅区路，宽度视情
形定为八公尺与五公尺，均为单式街路，唯五公尺以下小巷
不另修人行道。[①]

在这份规划中，西安市政工程处从道路功能角度出发，将市内
道路分为三类，即交通路、商业路和住宅区道路，并规划各类道路
占全市道路面积比例。同时，对各类道路又划分不同等级，设计相
应道路规格。这是民国西安历史上市政当局第一次对城市道路系统，
基于现代城市功能考虑而进行的较为科学的规划设计。

西安作为陕西省会，1932 年前后拥有人口约十六七万，随着市
政建设的开展和城市社会经济的发展，西安市政工程处预计到市区
房屋日后必将逐渐扩充，而人口也会增加到四十余万。因此，西安
市政工程处认识到，现有的各街道路宽度日后必然不能满足城市交
通发展的需要，故而计划将城区各街道宽度适量增加，将前述三类
道路分为六级。其中第一级马路拟定宽度为 32 米；第二级马路宽度
为 24 米；第三级马路宽度为 12 米；第四级马路宽度为 8 米；其余
小巷一概为第五、第六级，宽度均为 4 米到 5 米。[②]

根据上述道路等级划分原则，被西安市政工程处定为城区交通
干路的有：东大街、南大街、北大街、尚勤路、尚俭路、尚仁路、
尚德路、崇孝路、崇悌路、崇忠路、崇信路、崇礼路、崇义路、崇
廉路、崇耻路、东新街、南新街、西新街 18 条道路。其中属于第一
级道路的为东大街，其余 17 条均属于第二级道路。以上交通干路，

---

① 《西安市三年行政计划》，1932 年 3 月 11 日，西安市档案藏，卷宗号：05 -
29，第 34—36 页。

② 《西安市政工程处呈陕西省建设厅西安市道路等级表》，1932 年 1 月 4 日，西
安市档案馆藏，卷宗号：05 - 29，第 76 页。

除南大街外，其余均位于原满城区域内。具体各道路设计规格见表3—1。

表3—1　　　　　　　西安城区规划交通干路情况统计

街名	马路等级	长度（m）	原有宽度（m）	拟定宽度（m）
东大街	1	2100	30.4	32
南大街	2	800	7.8	16
北大街	2	1900	18.7	24
尚勤路	2	1900	18.7	24
尚俭路	2	1900	23.6	24
尚仁路	2	1900	20.3	24
尚德路	2	1900	19.8	24
崇孝路	2	1450	22.6	24
崇悌路	2	970	19.5	24
崇忠路	2	970	19.3	24
崇信路	2	970	19.3	24
崇礼路	2	2100	19.6	24
崇义路	2	1700	19.5	24
崇廉路	2	2100	19.3	24
崇耻路	2	2100	25.5	24
东新街	2	1300	21.2	24
南新街	2	400	24.9	24
西新街	2	400	20.8	24

资料来源：《暂拟西安市城关各马路宽度等级及估筑工料费简明表》，1932年，西安市档案馆藏，卷宗号：05-29，第80页。

被定为商业区交通路的有：大差市街、东羊市街、东县门街、东厅门街、东木头市街、西木头市街、五味什字街、北桥梓口街、洒金桥街、东关大街、果子市街、长关大街、南关大街、西关大街、北关大街、五台路、西仓门街、大皮院街、端履门街、马厂子街、环城路、粉巷街、北广济街、骡马市街，共24条。其中属于第二级马路的有：长关大街、西关大街、北关大街，共3条；属于第三级马路的有：大差市街、东羊市街、东县门街、东厅门街、东木头市街、西木头市街、东关大街、南关大街、五台路、西仓门街、端履门街、马厂子街、环城路，共13条；属于第四级马路的有：五味什字街、北桥梓口街、洒金桥街、果子市街、大皮院街、骡马市街，共6条；属于第五级马路的有：粉巷街、北广济街，共2条。具体各道路设计规格见表3—2。

表3—2　　　　　　　**西安城区规划商业区交通状况统计**

街名	马路等级	长度（m）	原有宽度（m）	拟定宽度（m）
大差市街	3	800	13.6	16
东羊市街	3	200	17.6	16
东县门街	3	350	17.6	16
东厅门街	3	200	17.6	16
东木头市街	3	900	13.9	16
西木头市街	3	350	13.9	16
五味什字街	4	300	9	12
北桥梓口街	4	400	10	12
洒金桥街	4	550	10	12
东关大街	3	1200	10.5	16
果子市街	4	350	10	12
长关大街	2	1600	26	24
南关大街	3	750	14	16
西关大街	2	1250	21.5	24
北关大街	2	800	25.2	24
五台路	3	650	11	16
西仓门街	3	600	12.6	16
大皮院街	4	400	12.4	12
端履门街	3	350	20.2	16
马厂子街	3	350	12.8	16
环城路	3	1350	/	16
粉巷街	5	340	6.1	8
北广济街	5	400	6.7	8
骡马市街	4	350	8.2	12

资料来源：《暂拟西安市城关各马路宽度等级及估筑工料费简明表》，1932年，西安市档案馆藏，卷宗号：05-29，第81-82页。

被定为住宅区交通路的有：土地庙街、老关庙街、西九府街、东九府街、梁府街、大保吉巷、甜水井街、梆子市街、柏树林街、糖坊街、北药洞街、报恩寺街、菜坑岸、大油巷、安居巷、书院门街、东仓门街、曹家巷、许士庙街、案板街、大学习巷、香米园、羊市街、郭签士巷、东关南大街、景龙池街、索罗巷、大辛巷、白鹭湾、开通巷、参府巷、王家巷、莲寿坊、小学习巷、早慈巷、小皮院、东举院巷、新市巷、小湘子庙街、德福巷、大湘子庙街、大车家巷、南四府街、北四府街、琉璃庙街、夏家什字（东、西、北）街、柴家什字街、双仁府街，共48条。其中属于第四级道路的有：老关庙街、西九府街、东九府街、梁府街、北药洞街、书院门街、案板街、香米园、东关南大街、大湘子庙街，共10条；属于第五级道路的有：土地庙街、大保吉巷、甜水井街、梆子市街、柏树林街、糖坊街、报恩寺街、菜坑岸、大油巷、安居巷、东仓门街、曹家巷、许士庙街、大学习巷、羊市街、景龙池街、索罗巷、大辛巷、白鹭湾、开通巷、参府巷、王家巷、早慈巷、小皮院、东举院巷、新寺巷、小湘子庙街、德福巷、大车家巷、南四府街、北四府街、琉璃庙街、夏家什字（东、西、北）街、柴家什字街、双仁府街，共35条；属于等六级道路的有：郭签士巷、莲寿坊、小学习巷，共3条。具体各道路设计规格见表3—3。

表3—3　　　　　　　　西安城区规划住宅区交通路状况统计

街名	马路等级	长度（m）	原有宽度（m）	拟定宽度（m）	街名	马路等级	长度（m）	原有宽度（m）	拟定宽度（m）
土地庙街	5	300	7.4	8	东关南大街	4	900	12	12
老关庙街	4	350	10.1	12	景龙池街	5	360	8	8
西九府街	4	450	12.4	12	索罗巷	5	800	6.7	8
东九府街	4	400	12.9	12	大辛巷	5	250	7	8
梁府街	4	400	11.4	12	白鹭湾	5	220	7	8
大保吉巷	5	320	10	8	开通巷	5	450	8.8	8
甜水井街	5	330	7.4	8	参府巷	5	320	8	8

街名	马路等级	长度（m）	原有宽度（m）	拟定宽度（m）	街名	马路等级	长度（m）	原有宽度（m）	拟定宽度（m）
梆子市街	5	230	8.8	8	王家巷	5	400	8.3	8
柏树林街	5	450	9.9	8	莲寿坊	6	400	8	6
糖坊街	5	400	10	00	小学习巷	6	300	2.6	5
北药洞街	4	380	8	12	早慈巷	5	550	7.8	8
报恩寺街	5	550	7.7	8	小皮院	5	350	7.7	8
菜坑岸	5	200	3	8	东举院巷	5	250	4	8
大油巷	5	400	6.1	8	新寺巷	5	100	4	8
安居巷	5	400	6.8	8	小湘子庙街	5	250	8	8
书院门街	4	300	11.5	12	德福巷	5	250	5	8
东仓门街	5	350	9.2	8	大湘子庙街	4	300	12	12
曹家巷	5	400	11.7	8	大车家巷	5	300	10	8
许士庙街	5	320	7.4	8	南四府街	5	300	12	8
案板街	4	260	14.6	12	北四府街	5	200	9	8
大学习巷	5	400	5.925	8	琉璃庙街	5	200	9	8
香米园	4	500	10.4	12	夏家什字街	5	600	10	8
羊市街	5	420	5.5	8	柴家什字	5	200	10	8
郭签士巷	6	430	2.6	5	双仁府街	5	350	12	8

　　资料来源：《暂拟西安市城关各马路宽度等级及估筑工料费简明表》，1932年，西安市档案馆藏，卷宗号：05-29，第82—84页。

　　以上规划道路共计90条，全长71370米，基本涵盖这一时期西安城区各主要街巷，为日后西京市政建设委员会对城区道路的规划设计打下了基础。从这些规划道路所属的城区而言，属于交通干道的道路基本上位于东北城区，这在一定程度上说明了这一时期新市区尚待进一步开发的事实，另外也体现出陇海铁路——新式交通对于城市功能分区的影响。属于商业区交通路的从区位上而言，主要集中于大差市附近、东南城区东西向交通线、南—北院门一线和四关城一带。而属于居住区的街巷则主要集中于西南及西北城区。西安市政工程处对于城区道路的规划在一定程度上反映了这一时期西安城市社会经济发展的状况，即自清初以来形成的以城市西半部为政治、商业重心和人口密集区的格局正在悄然发生变化，东北城区的大片空地已逐渐成为吸纳新兴工商业、规划建筑、安置移民的理想场所。

二 西京市政建设委员会对城市道路系统的规划设计

1934 年 8 月，为解决西安城市建设与所需经费不足的迫切矛盾，协调西京筹备委员会、全国经济委员会西北办事处、陕西省政府三单位工作，在宋子文提倡下，三家单位共同组建西京市政建设委员会，具体工作由西京筹备委员会运作。西京市政建设委员会的成立，拉开了西安城市大规模道路工程建设的序幕。① 在 1939 年西京市政建设委员会工程处成立之前，西京市政建设委员会成为西安市政建设的设计机关，陕西省建设厅直属的西安市政工程处成为市政建设的执行机关。

西京市政建设委员会成立后，即在西安市政工程处所定城市道路等级的基础上，结合陪都西京市政建设的实际需要，对城市道路等级做进一步改善规划，将全市道路分为甲、乙、丙、丁、戊五等。其中，甲等路为交通干路，总宽 30 米，中宽 20 米，人行道宽 10 米；乙等路为商业区道路，总宽 20 米，中宽 12 米，人行道宽 8 米；丙等路为住宅正路，总宽 16 米，中宽 10 米，人行道宽 6 米；丁等路为住宅通行路，总宽 10 米，中宽 7 米，人行道 3 米；戊等路为通行巷，不得小于 3 米（见表3—4）。并规定"以上规定拓宽尺寸，用红线分别之。兹后一切新建建筑物不得越出此线，其原有建设物，除有历史之古代建筑、公认应当保存者外，一概按规定尺寸退让"②。

---

① 郭世强：《1934—1941 年西安城区道路工程建设的初步研究》，《中国历史地理论丛》2013 年第 3 辑。

② 《西京市道路等级表》，1934 年 10 月 1 日，西安市档案馆藏，卷宗号：03 - 383，第 97 页。

表3—4　　　　　　　**西京市政建设委员会城区道路交通等级宽度**

道路等级	总宽度（m）	路面宽度（m）	人行道宽度（m）
甲	30	20	5
乙	20	12	4
丙	16	10	3
丁	10	6	2
戊（通巷）	5	/	/

　　不过在道路修筑的实际过程中，因为种种原因，道路等级不断得以修正，如：

　　查本市道路等级迭经本会历次会议决议规定，旋以兼顾事实及本市经济能力起见，复依照省政府决议，甲、乙、丙、丁四等马路宽度之规定，略予修改。兹查（一）西大街宽度，本定为甲等30公尺，惟该处原有宽度过窄，如依照30公尺退让，沿路商民损失不赀，为体恤计，乃经省府会议决定，目前暂照20公尺宽度修筑，嗣后沿路各户修盖房屋，仍照30公尺饬退让。（二）尚仁路宽度，前经本会决议暂定为16公尺，惟崇礼路至崇信路间一段，位于新市区中心，将来市区发达，车辆辐凑，即以该处作为停车场，故该处宽度规定为30公尺，然全路仍暂按16公尺规定，分饬退让。（三）新市区道路，前本规定等级，惟该处各路均待修筑，设按照前定宽度兴修，事实上，非本市今日之财力所能及，乃经本会会议决定，除尚仁路及各顺城路以外，其余各路宽度均暂定为12公尺，俾资撙节，揆诸行政院规定，本市干路及次干路宽度，至少为10公尺至8公尺之命令，无相抵触，故新市区各路宽度应按照另订《西京市新市区各路等级宽度表》执行。（四）武庙街系与崇孝路、新化巷衔接，该路宽度应与崇孝路、新化巷同为12公尺。（五）小湘子庙街、五岳庙门路、太阳庙门路及报恩寺街四路，经本会

26 次会议议决，与甜水井街同列为丁等路，以资一律。①

　　根据历次会议改订的结果，1935 年 7 月 12 日西京市政建设委员会颁布改订后的《西京市道路等级表》，用以指导市内各马路的修筑及房屋拆让工作。其中甲等道路有：东大街、南大街、西大街、北大街、尚仁路、崇礼路、东新街、南新街、西新街、北广济街、东九府街、梁府街、许士庙街、狮子庙街、琉璃庙街、南四府街、北四府街、莲寿坊、北新街、西北门街，共 20 条（见表 3—5）。如图 3—1 所示，这些甲等道路，大体上以城门为端点，构建起这一时期进出西安的主干道路，即东门—东大街—西大街—西门城市交通东西向干线；南门—南大街—北大街—北门城市交通南北向干线；中

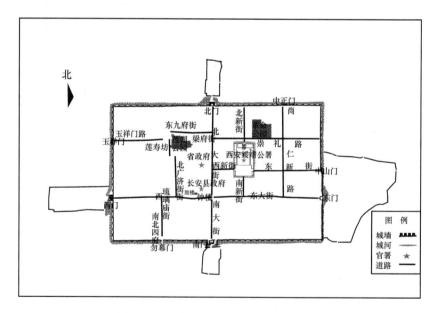

图 3—1　西京市规划甲等道路分布示意

说明：底图采用西安市档案馆藏西京市政建设委员会工程处 1939 年 5 月绘制《西京城关平面图》。

---

①　《建委会呈报改正马路等级》，1935 年 7 月 12 日，西安市档案馆藏，卷宗号：05－287，第 86 页。

正门—尚仁路—东大街城市交通南北向干线；崇礼路—梁府街—东
九府街—莲寿坊—西北门街—玉祥门城市交通东西向干线；中山
门—东新街—西新街—北大街城市东西向交通干线；井上将门—南
四府街—北四府街—琉璃庙街—北广济街—狮子庙街—许士庙街—
莲寿坊城市交通南北向干线；南新街—北新街城市交通南北向干线
等。这些交通干线的规划与确立，突破了民国前期西安城市以钟楼
为中心一纵一横的十字形主干道路结构，初步具有了四纵三横城市
主干道的框架结构，奠定了民国时期西安城市主干道路空间结构演
变的基础。

表3—5　　　　　　　　　　**西京市规划甲等道路情况统计**

街名	长度（m）	街名	长度（m）
东大街	2100	东九府街	400
南大街	800	梁府街	400
西大街	2000	许士庙街	320
北大街	1900	狮子庙街	320
尚仁路	1900	琉璃庙街	200
崇礼路	2100	南四府街	300
东新街	1300	北四府街	200
南新街	400	莲寿坊	400
西新街	400	北新街	720
北广济街	400	西北门街	670

资料来源：《西京市道路等级表》，1935年7月12日，西安市档案馆藏，卷宗号：05-287，第62—68页；《西京市道路等级表》，1935年5月17日，西安市档案馆藏，卷宗号：03-383，第40—46页。

不过在后续修筑马路的过程中，上述各甲等路也根据其在城市
中的实际作用进行了一定的更改。例如，莲寿坊、西北门街因为当
时地处人烟稀少之地，而琉璃庙街、南四府街、北四府街因为地处
市面繁荣、人烟稠密之处，定为甲等路两边拆迁房屋过多等，均由
甲等路改订为乙等路。而许士庙街、狮子庙街也因拆迁房屋过多由
甲等路改为丙等路。这在一定程度上反映了城市建设与现实之间的

妥协。

乙等路，作为商业区道路，是城市主干道的重要补充，在连接城市主干道与普通市民住宅区之间发挥着极为重要的作用。西京市政建设委员会划定或改订的乙等道路有：琉璃庙街、南四府街、北四府街、莲寿坊、尚勤路、尚俭路、尚德路、崇孝路、崇悌路、崇忠路、崇信路、崇义路、崇廉路、崇耻路、西仓门、大差市街、小差市街、东木头市街、西木头市街、五味什字、南桥梓口、北桥梓口、端履门街、粉巷、南广济街、骡马市街、土地庙街、竹笆市街、马坊门街、南院门街、盐店街、梁家牌楼、西华门街、北院门街、东关大街、西关大街、北关大街、南关大街、西北门街、西门至玉祥门路、火车站南路、火车站北路、新化巷，共43条，具体道路长度见表3—6。

表3—6   西京市规划乙等道路情况统计

街名	长度（m）	街名	长度（m）
琉璃庙街	200	南关大街	750
南四府街	300	西关大街	1250
北四府街	200	北关大街	800
莲寿坊	400	西仓门街	600
尚勤路	1900	端履门街	350
尚俭路	1900	粉巷	370
尚德路	1900	南广济街	400
崇孝路	1450	骡马市街	350
崇悌路	970	土地庙街	300
崇忠路	970	竹笆市街	400
崇信路	970	南院门街	400
崇义路	1700	西门至玉祥门	1800
崇廉路	2100	盐店街	250
崇耻路	2100	新化巷	350
大差市街	800	西北门街	670
小差市街	600	梁家牌楼	300
东木头市街	900	马坊门街	280

续表

街名	长度（m）	街名	长度（m）
西木头市街	350	西华门街	350
五味什字	300	火车站南路	2480
南桥梓口	200	火车站北路	2270
北桥梓口	400	北院门街	450
东关大街	1200		

资料来源：《西京市道路等级表》，1935 年 7 月 12 日，西安市档案馆藏，卷宗号：05－287，第62—68 页；《西京市道路等级表》，1935 年 5 月 17 日，西安市档案馆藏，卷宗号03—383，第40—46 页。

　　如图 3—2 所示，这些道路主要分布于新市区及南北院门商圈周边，体现了陇海铁路作为新式交通，已经成为主导城市发展的重要因素之一。除此之外，新市区作为原满城区域，内有大片空地可供建设，与城内其他较成熟区域相比，在道路规划建设方面阻力较小，这也是日后新市区道路系统建设整齐划一的主要原因。

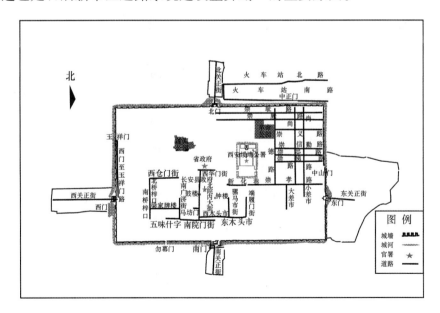

图 3—2　西京市规划乙等道路分布示意

说明：底图采用西安市档案馆藏西京市政建设委员会工程处 1939 年 5 月绘制《西京城关平面图》。

　　丙、丁两等道路作为城市住宅区正路和通行路，是城市道路最为基层的单位，与市民生活最为密切相关，虽然这些道路不宽，却是城市道路数量最多、密度最大的基层道路。其中丙等道路主要有：东羊市街、东县门街、洒金桥街、长关大街、大皮院街、马厂子街、老关庙街、香米园、柏树林街、糖坊街、书院门街、羊市街、郭签士巷、东关南大街、景龙池街、许士庙街、狮子庙街、西道院、大湘子庙街、院门巷、小皮院巷、麦苋街、西九府街、大麦市街、大莲花池街、二府街、红埠街、北教场、东五道巷、雷神庙街、东道院、马神庙街、大有巷、东厅门街，共34条（见图3—3、表3—7）。

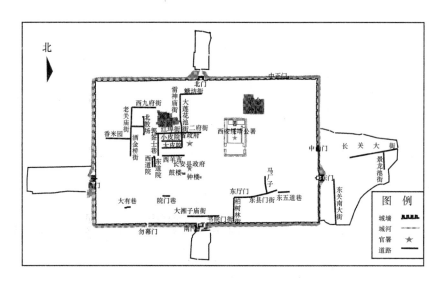

图3—3　西京市规划丙等道路分布示意

　　说明：底图采用西安市档案馆藏西京市政建设委员会工程处1939年5月绘制《西京城关平面图》。

表3—7　　　　　　　　　**西京市规划丙等道路长度统计**

街名	长度（m）	街名	长度（m）
东县门街	350	西九府街	330
东羊市街	200	长关大街	1600
洒金桥街	550	大麦市街	400

续表

街名	长度（m）	街名	长度（m）
大皮院	400	大莲花池街	450
马厂子街	350	二府街	370
老关庙街	350	红阜街	370
香米园街	400	大有巷	150
柏树林街	450	小皮院巷	400
糖坊街	400	麦苋街	270
书院门街	300	东道院	250
羊市街	420	雷神庙街	240
郭签士巷	430	马神庙街	250
东关南大街	900	东五道巷	220
景龙池街	360	北教场	300
西道院	320	东厅门街	200
大湘子庙街	300	许士庙街	320
院门巷	150	狮子庙街	320

资料来源：《西京市道路等级表》（1935 年 7 月 12 日），西安市档案馆藏，卷宗号：05 - 287，第 62—68 页；《西京市道路等级表》（1935 年 5 月 17 日），西安市档案馆藏，卷宗号：03 - 383，第 40—46 页。

丁等作为住宅区通行道，分布广泛、密集。丁等道路主要有：曹家巷、王家巷、大学习巷、小学习巷、开通巷、早慈巷、东举院巷、小湘子庙街、德福巷、大车家巷、柴家什字、五岳庙门街、太阳庙门街、报恩寺街、菊花园街、西举院巷、西关南火巷、西关北火巷、南关东火巷、南关西火巷、火药局街、参府巷、夏家什字街、安居巷、东土地庙街、大保吉巷、甜水井街、梆子市街、菜坑岸、牌楼巷、贡院巷、北药王洞、双仁府街、正学街、大油巷、南马道巷、新寺巷、西王家巷、炭市街、后宰门街、武庙街、案板街、尚爱路、尚智路、尚平路、尚朴路，共 46 条（见图 3—4、表 3—8）。其余城内道路，如东顺城路、西顺城路、南顺城路、北顺城路 4 条顺城路被定为戊等通巷道路。

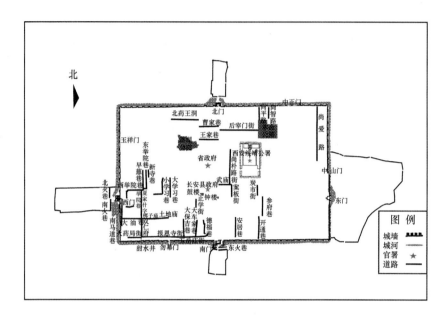

图3—4   西京市规划丁等道路规划示意

说明：底图采用西安市档案馆藏西京市政建设委员会工程处 1939 年 5 月绘制《西京城关平面图》。

表3—8   西京市规划丁等道路长度统计

街名	长度（m）	街名	长度（m）
曹家巷	400	火药局街	150
王家巷	400	参府巷	350
大学习巷	400	夏家什字	300
小学习巷	300	安居巷	450
开通巷	450	东土地庙街	300
早慈巷	550	大保吉巷	320
东举院巷	250	甜水井街	330
小湘子庙街	250	椰子市街	230
德福巷	250	菜坑岸	200
大车家巷	300	牌楼巷	160
柴家什字	200	贡院巷	150
五岳庙门街	250	北药王洞	500

续表

街名	长度（m）	街名	长度（m）
太阳庙门街	310	双仁府街	350
报恩寺街	330	正学街	190
菊花园街	160	大油巷	400
西举院巷	320	南马道巷	410
西关南火巷	220	新寺巷	160
西关北火巷	240	西王家巷	180
南关东火巷	200	炭市街	190
南关西火巷	80	后宰门	630
案板街	230	武庙街	370
尚爱路	1580	尚平路	250
尚智路	250	尚朴路	1550

资料来源：《西京市道路等级表》，1935 年 7 月 12 日，西安市档案馆藏，卷宗号：05 - 287，第 62—68 页；《西京市道路等级表》，1935 年 5 月 17 日，西安市档案馆藏，卷宗号：03 - 383，第 40—46 页。

三　西京市政建设委员会规划城市道路系统空间分布特征分析

上述甲、乙、丙、丁四等道路共 136 条（原甲等路中有 7 条，后改定为乙等路和丙等路，故原 7 条甲等路，未重复统计，详见表 3—9 说明），基本涵盖这一时期西安城区各主次要道路，下面就这 136 条道路长度，以东北、东南、西南、西北四城区和四关城进行分类统计，其具体的分布情况如表 3—9：

表3—9　　　　西京市政建设委员会规划城区各街巷分布统计

城区／类型	甲等（m）	乙等（m）	丙等（m）	丁（m）	合计（m）
东北	6820	17260	0	5050	29130
东南	0	2050	2070	1410	5530
西南	700	3550	600	5070	9920
西北	2270	1800	7540	3030	14640

续表

类型 城区	甲等（m）	乙等（m）	丙等（m）	丁（m）	合计（m）
东关	0	1200	2860	560	4620
南关	0	750	0	280	1030
西关	0	1250	0	640	1890
北关	0	800	0	0	800
其他	6800	6550	0	0	13350
合计	16590	35210	13070	16040	80910

　　表格说明：资料来源，《西京市道路等级表》，1935 年 7 月 12 日，西安市档案馆藏，卷宗号：05－287，第 62—68 页；《西京市道路等级表》，1935 年 5 月 17 日，西安市档案馆藏，卷宗：号 03—383，第 40—46 页。本表在做数据统计时将原甲等路莲寿坊、西北门街、琉璃庙街、南四府街、北四府、许士庙街、狮子庙街 7 条道路，根据日后修建实际情况改订后的等级进行统计，即莲寿坊、西北门街、琉璃庙街、南四府街、北四府街列入乙等路；许士庙街、狮子庙街列入丙等路。东、西、南、北四大街作为西安城区的分界线，不便列入各城区，故列入"其他"一栏。

　　就城区内各级道路的分布而言，东北城区各类道路长度最长，其次是西北城区，这与东北、西北城区面积在"八区"中亦是位于第一、二相符。甲、乙两等道路在东北城区的分布均属首位。作为交通干道和商业区道路的甲、乙两等道路在东北城区有着密集的分布，这体现出西京市政建设委员会对东北城区开发力度的加大，同时这也是因为原满城区域在经历战火摧毁后人烟稀少，内有较多空地，城市重新规划所面临的阻力较小。西南城区面积虽然只相当于西北城区的一半，但街巷长度却相差不多，这反映出西南城区作为老城区，人烟稠密的特点依然没有改变。在四关城中以东关城街巷长度为最，这也与其面积在关城中最大相一致。

　　作为商业区道路的乙等道路在各城区的分布，可大致表明这一时期西安市政当局对于城区商业规划的构思。乙等道路在东北城区分布最广，占全部商业区规划道路长度的 49%，这体现出西京市政建设委员会将新市区作为商业区域进行开发建设的意图，是民国时期城市商业重心转移的先导性信号。而西南城区乙等道路占比为

10%，为第二位，也表明西南城区作为传统老城区，在商业发展上的传统优势。

　　丙、丁两等道路是居住区正街和通行道。通过对这两等道路的分析，可以看出这一时期西安市政当局对于城市功能区的划分。其中西北城区的居住区道路分布最为密集，占居住区道路长度的36%；其次则为西南城区，占比为20%，作为自清代以来的传统居住密集区，虽然道路总长不及西北城区，但考虑到西南城区只有西北城区面积的一半，而道路长度却比西北城区的一半要多，因此就道路分布的密度而言，西南城区较之西北城区更密集。此外，东北城区居住区道路也占较大比重，占比为17%，这表明原满城区域的荒凉之所，已成为城市社会经济发展后安置增加人口的主要区域。四关城中以东关城的居住区道路为最，占比为12%，这也体现出，东关城这一时期依然是城市人口分布较为密集之处。

　　综合考量西京市政建设委员会对城区各道路的等级规划及各等级道路在城区的分布，可以明了这一时期西安市政当局对于城市建设的规划。东北城区作为新市区是城市交通干道新的增长区域，同时也是新的商业区重点建设区域，这一规划在陇海铁路西安至潼关段建成通车后逐渐成为事实。通过对东北城区主要交通规划的分析可以发现这一区域是以商业区建设为主，居住区建设为辅。西南城区的商业区道路和居住区道路相差不多，作为传统商业区和居住区，西京市政建设委员会依然将该城区作为商业、居住并重区进行规划建设。西北城区居住区道路远长于其他道路，但商业区道路仍然占有较大比重，这体现出了该区域是以居住区为主、商业区为辅的特点。同时东南和东关两区域也具有这样的特点。这种规划既是对历史时期城市社会经济发展的继承，同时也体现了新的历史条件下城市社会经济发展的新趋势，即东北城区在城市社会经济发展中的作用和地位逐渐上升。

第二节　西安城市碎石马路道路系统的建立

1931 年 1 月，西安市政工程处成立伊始，即将修理西大街碎石
马路、整理马路两旁人行道作为成立后开展市政建设的第一项工作。
到 1938 年，西安市政当局共完成碎石马路建设约 33 万多平方米，[①]
初步改变了历史时期西安城市道路的路面面貌，构建起城市主要道
路系统。

一　西大街碎石马路的修建

（一）修筑背景及准备

西大街，自钟楼至西门，是以钟楼为中心的十字形主干道路的
重要组成部分，同时作为当时划分城区最繁荣的西南、西北城区的
分界线，两侧商铺林立，在城市交通及社会经济生活中具有极其重
要的地位。然而这一时期的西大街却因"路基过狭又为纯粹土质，
每遇雨雪泥泞塞途，车马行人俱感困难"[②]。也就是说，此时的西大
街路面状况同其在城市所处的重要地位极其不符，也严重制约了西
大街商业街区的进一步发展，自然成为以"修理路政"为首要责任
的西安市政工程处成立后创办的第一项事业。

西大街存在的问题，一是路面过窄，二是土质路面，因此修筑
西大街碎石马路，西安市政工程处的首要任务就是拆卸房屋，拓宽
路面。为了顺利实现 1931 年 3 月 1 日正式开工修筑西大街第一
段——钟楼至鼓楼段碎石马路计划，西安市政工程处参照南京及南

---

① 《西京规划》，西安市档案局、西安市档案馆编《筹建西京陪都档案史料选辑》，西北大学出版社 1994 年版，第 129—130 页。
② 《西安市政工程处布告西安市商民人等》，1931 年 2 月 24 日，西安市档案馆藏，卷宗号：05-8，第 7 页。

昌市修筑马路征用土地条例：

房屋退缩不满五尺者概不给价，五尺以上者除不给价之五尺外，按尺照市价之半数付给之。

凡征用土地如系官产或公产概不给价。

凡征用土地其面积在原有面积三分之二以内者概不给予租金或价金。

凡征用土地之面积有各项建筑物，应由业主或代管业人自行拆迁，概不给予拆卸及迁移费。

凡业经通告应迁移或拆卸之建筑如逾期不拆者即由征用机关自行拆卸。①

照此条例，西安市政工程处颁发布告称"西大街路基北段照民政厅前坊为准，南段照民政厅照壁为准，中间俱系官路"，只不过是被商户逐年侵占，因此西大街扩展工程所征用土地皆为官地，所有拆卸材料归商户自己收存，不予给发补偿金，并限期商民拆卸完毕。

（二）修筑过程

西大街碎石马路按照从钟楼到西门的方向，依次按钟楼—鼓楼十字、鼓楼十字—广济街、广济街—桥梓口、桥梓口—西门共四段先后修筑完毕。根据要求，修筑道路一般的流程要先拟具工程计划书，绘具全部设计及施工详图、施工细则、工程估计预算书、工程施行请示书，并将承包人姓名、详细合同及该处监修人姓名，一并呈核，待核准后，方能定日开工。② 下面就以西大街钟楼至鼓楼段碎石马路为例，展现这一时期西大街碎石马路的修建过程。

① 《西安市政工程处呈建设厅修理西大街马路拆卸房屋办法》，1931 年 2 月 28 日，西安市档案馆藏，卷宗号：05‑8，第 12—13 页。

② 《陕西省建设厅关于修筑道路流程指令》，1932 年 3 月 25 日，西安市档案馆藏，卷宗号：05‑39，第 12—13 页。

　　西大街钟楼至鼓楼段碎石马路全长 340 米，全路含人行道在内宽 8 米。修筑过程中遇有宽度不合规定的地方要根据实际情况放宽或缩窄，其中如需放宽道路则须先由西安市政工程处通知商民限期拆卸房屋，如过期不拆则由包工人员按照规定宽度自行拆除，拆除所获材料作为包工人员的工资。在施工之前，按照西安市政工程处所定图样打就灰线，然后按线施工，施工过程中的建筑式样尺寸及所用材料须按照西安市政工程处规定进行。施工过程中路面所挖出之土，如果当时无用则由承包人员运至指定地点留存。

　　路面共包括碎石路面、两边侧沟及路牙、人行道三部分。其中路中央宽 5 米，作碎石路，碎石路面两边侧沟及路牙均用石板修砌，人行道宽度为 1.5 米，用砖砌成。路面横坡为抛物线形，路基上用浐河滩大石块打碎成半寸至二寸之石子铺两层，其中先铺三寸半厚一层，用人拉石碌压至二寸半，再于其上铺二寸半石子一层，压至二寸。石子铺匀压实后即灌以黄泥浆将石子缝隙充满，再撒以五分以下小石屑一层，厚五分，再用大号石碌压实，上面撒以三分厚河沙，再用大号石碌碾压二次，以达到平坦坚实的目的。

　　两边侧沟及路牙侧石使用原有侧石，如有不符合尺寸或已经损坏的旧有侧石，则由承包人向西安市政工程处领用符合尺寸及质量要求的侧石。铺砌侧石接头处要用石灰浆嵌，光石板下面也要用泥作垫，以保持稳固。对于人行道则先将旧道翻起，将道基作平锤实，然后填沙垫两分厚，仍用旧砖平铺整齐。[①]

　　1931 年 2 月 27 日，包工人田得胜、邢永泰以总额 4420.2 元的价格同西安市政工程处签订钟楼至鼓楼，西大街第一段碎石马路包工合同。双方约定 3 月 1 日起开始动工，限定于当年 4 月 5 日完工，逾期在十天以内者，承包人接受总额款数 0.2% 的罚金，逾期在 20 日以内罚金额为 1%，20 日以外除受 2% 罚金外并取消合同且扣罚未

---

　　① 《西大街钟楼至鼓楼一段改筑碎石路施工细则》，1931 年 2 月，西安市档案馆藏，卷宗号：05-3，第 6—7 页。

付之工程尾款。工程款分 6 期付款，即 3 月 6 日、3 月 12 日、3 月 18 日、3 月 24 日、3 月 30 日、4 月 5 日，每期付款 736.7 元。①

西大街各段碎石马路修建流程大体如上所述，在完成第一段钟楼至鼓楼碎石马路，并呈请陕西省建设厅验收之后，第二段鼓楼至广济街段的修筑工作便提上日程。鼓楼至广济街碎石马路共长 407.7 米，宽 8 米，遵照投标规则，西安市政工程处出示招标，并于 1931 年 5 月 15 日开标，以包工人王天喜标价最低，并且一切符合程序，即由其以包洋 5137 元的价格承做该段碎石马路，于 5 月 23 日开始动工，8 月 1 日完工。② 第三段广济街至桥梓口碎石马路计长 616 米，合营造尺 192 丈 5 尺，每丈全路工料费并运土费在内估洋 45 元，共计需洋 8662 元 5 角。按照西安市政工程处包工规则，采用面议包工的办法，以工头高凌峻、许文鑫二人能力尚可，准由该二人包修，订立合同，于 8 月 27 日动工，限 50 日竣工。③ 不过由于该段马路两旁沿街多有零摊小贩及各商号门前土物阻碍工作，④ 并因该段马路及人行道上多有电话杆、路灯杆位于路中迁移不易⑤，故而迟至该年 11 月 5 日才得以全部竣工。

西门作为西部城区出入城内外的主要出口，各类载重大车及汽车均需经过西门出入城区，而新修碎石马路均禁止载重大车通行。为了解决载重大车不能通行碎石马路的问题，西安市政工程处将龙渠湾口、牌楼巷口至西门一小段马路，特用方石块铺砌，方便汽车

---

① 《西大街钟楼至鼓楼碎石马路包工合同》，1931 年 2 月 27 日，西安市档案馆藏，卷宗号：05-3，第 2 页。

② 《西安市政工程处呈陕西省建设厅关于西大街第二段马路的开工日期》，1931 年 5 月 21 日，西安市档案馆藏，卷宗号：05-3，第 21 页。

③ 《西安市政工程处呈陕西省建设厅关于包工修筑第三段马路动工日期》，1931 年 8 月 26 日，西安市档案馆藏，卷宗号：05-11，第 2 页。

④ 《西安市政工程处送陕西省会公安局公函》，1931 年 9 月 1 日，西安市档案馆藏，卷宗号：05-11，第 14 页。

⑤ 《西安市政工程处送电话局、省会公安局关于迁移电话杆、路灯杆的公函》，1931 年 9 月 15 日，西安市档案馆藏，卷宗号：05-11，第 15 页。

及载重大车通行。① 为不影响车辆进出西门，加快工程进度，西大街第四段桥梓口至西门段碎石马路由三家承包人共同修筑，其中由桥梓口至举院门口归工头许文鑫包做，每丈工费洋44元；由举院门至龙渠湾口归工头雷万魁包做，每丈工费洋43元5角；由龙渠湾口至西门根归工头张应钊包做，每丈工费洋碎石路43元5角，石块路60元。三段马路总长635米，于1931年12月4日动工，② 1932年1月25日完全竣工（见表3—10）③。

表3—10　　　　　　　　　　**西大街碎石马路工程统计**

修筑路段	长度（m）	开工时间	完工时间	造价（元）	承包人
钟楼至鼓楼	340	1931.3.1	1931.4.5	4420.2	田得胜、邢永泰
鼓楼至广济街	407.7	1931.5.23	1931.8.1	5137	王天喜
广济街至桥梓口	616	1931.8.27	1931.11.5	8662.5	高凌峻、许文鑫
桥梓口至西门	635	1931.12.4	1932.1.25	11600	许文鑫、雷万魁、张应钊

（三）西大街碎石马路对于西安城市社会经济发展的影响

西大街碎石马路的修建，开城市道路近代转型之先河。对于城市道路交通而言，它不光改变了道路路面面貌，改善了西大街道路景观，而且还改变了城市交通工具的运行线路，对现代交通文明习惯的形成也产生了积极影响。

首先，西大街改变了原来路面狭窄、路基土质的面貌，是城市近代转型在道路上的具体体现。西大街从钟楼至西门全长约2000米，大体上中央碎石路面宽度为5米，两侧人行道1.5米，全宽约8米，两侧排水明沟及道牙均用石板修砌，使西大街道路整齐划一，

---

① 《西安市政工程处呈陕西省建设厅拟第四段马路变通修筑办法》，1931年11月14日，西安市档案馆藏，卷宗号：05-4，第8页。

② 《西安市政工程处呈陕西省建设厅修筑第四段马路动工日期》，1931年12月9日，西安市档案馆藏，卷宗号：05-4，第24—25页。

③ 《西安市政工程处呈陕西省建设厅西大街桥梓口至西门根一段马路竣工日期》，1932年1月26日，西安市档案馆藏，卷宗号：05-4，第44页。

与其作为城市主干道的地位相符。同时改变了土质路面面貌，便利了普通市民的出行，是城市道路近代转型的主要表现之一，加之日后在城市主要道路进行行道树的栽植，使城市道路景观有了极大的改善。

其次，西大街碎石马路修建之后，出于对碎石马路保护的目的，西安市政当局一再禁止载重大车及汽车通行其上，改变了城市交通工具的运营线路。西大街碎石马路修筑完成后，所有载重大车由西门进城者，均令其由牌楼巷及龙渠湾绕道南北后街行走，以免损害路面。除此之外，禁止路面停车，禁止空人力车兜揽生意。① 西安市政工程处出于保护碎石马路的目的，严格限制各类有损碎石路面的车辆通行其上，这在一定程度上使新修碎石马路的功能发挥大打折扣。

再次，西大街碎石马路的修建，是近代新式市政建设与管理机构在西安城市建设中的首次亮相。其工程方案设计、建设流程管理、招投标等体现了近代市政建设与管理的专业化、流程化，同时也是城市近代转型的具体体现。而包商通过修筑碎石马路获得收益，在一定程度上也促进了西安工商业的发展。

最后，西大街碎石马路修建完成后，与之配套的管理制度也逐渐完善，这些规章制度的执行，在一定程度上有利于现代交通文明行为的形成与确立。西安市政工程处积极构建并完善各类道路交通管理制度，如《西安市政工程处整顿人行道规则》，对人行道的宽度、修筑、养护、市容、卫生等各方面进行规范；② 《西安市车辆交通规则》，对车辆的行驶、停放、交通规则的遵守，载客或拉货的规定、违规的惩处等各方面有详尽的要求；③ 《西安市政工程处

---

① 《西安市政工程处特种马路限制车辆条规》，1931 年 2 月 27 日，西安市档案馆藏，卷宗号：05 - 30，第 55 页。

② 《西安市政工程处整顿人行道规则》，1931 年 5 月 2 日，西安市档案馆藏，卷宗号：05 - 30，第 1—2 页。

③ 《西安市车辆交通规则》，1931 年 2 月 27 日，西安市档案馆藏，卷宗号：05 - 30，第 52—54 页。

暂定特种马路限制车辆通行规则》，明示特种马路的类别，禁止通行的车辆种类，禁止在特种马路上从事的行为，并对相关车辆的停放、路线变更等均加以限制①，等等。这些管理制度随着西大街碎石马路及其他碎石马路的修筑逐渐建立并完善，催生了现代交通规则，而对这些交通规则的执行，在一定程度上促进了现代交通文明习惯的养成。

总之，作为民国时代西安城市碎石马路体系建设的第一条道路，西大街碎石马路建设的意义不在于对当时西大街的交通状况有多大的改善，而在于在这一修筑过程中，新式市政建设与管理制度的产生和逐渐发展，以及随之而来的人的思想变化。这种新式的市政建设与管理制度一方面有力地促进了西安城市基础设施的建设；另一方面各类规章制度的颁行，也改变了几千年来城市市民出行及生活的习惯，促进了居住于其中的人的思想的近代化转变。

二　碎石马路道路系统的形成

（一）南院门及其周边商区碎石马路的初步建立

在西大街碎石马路进行之时，西安市政工程处对于连接竹笆市与南院门之间的马坊门街也积极进行修筑。南院门与竹笆市是这一时期西安城区重要的商业聚集区，马坊门街作为连接这两处的交通要道，长约 88 米，但路宽仅 2 米，严重影响人车往来，制约竹笆市商区和南院门商区之间的流通，② 因此也亟待翻修。经过四个月的房屋拆迁及人员物资准备，西安市政工程处与包工人邢永泰签订包工合同，定于 1931 年 10 月 19 日开始兴工修筑马坊门街碎石马路，③

---

① 《西安市政工程处暂定特种马路限制车辆通行规则》，1931 年 4 月 9 日，西安市档案馆藏，卷宗号：05 - 30，第 63 页。

② 《西安市政工程处关于开辟马坊门街送建设厅呈文》，1931 年 6 月 25 日，西安市档案馆藏，卷宗号：05 - 9，第 4—5 页。

③ 《西安市政工程处送陕西省建设厅关于马坊门碎石马路合同的文书》，1931 年 10 月 19 日，西安市档案馆藏，卷宗号：05 - 9，第 25 页。

并于同年 12 月 1 日竣工,① 由此拉开了南院门周边道路改造的序幕。

南院门自清以来一直是军政要地,且南院门周边也是明清至民国前期西安城内最为繁华的商贸之地。南院门西侧是有名的第一市场,上百家店号排列其中,大小百货、五金、针头线脑各类商品云集。南院门前地段经营各种风味小吃,此外说书弹唱、算卦相面、合婚择吉等行业也杂列其间。而竹笆市系经营竹器的集中街巷,西安城内绸缎、皮货、花粉、鞋帽、瓷器也多集中在南院门、马坊门街一带区域。此外,铁铜器具店铺、广货多在南广济街,在城市经济生活中扮演重要角色的钱庄、银行多在盐店街和梁家牌楼。② 因此,南院门及其周边区域成为这一时期西安城内最为重要的商贸区,无论是为了促进商品经济发展还是整治市容市貌,这一区域都应加快对原有土质道路的路面硬化改造。

自 1931 年 10 月起,马坊门街碎石马路工程开始动工,到 1933 年年底,西安市政工程处先后完成马坊门街、竹笆市街、正学街、南桥梓口、梁家牌楼、南院门街、南院门南北段 7 处碎石马路的修筑工作,全长约 1744.6 米,碎石路面面积约 9432.95 平方米。同时,因举院门是西大街连通建国公园的主要道路,而全面主持陕西省内各项建设的陕西省建设厅即位于建国公园西侧,因而举院门也先于第一期碎石马路修筑完成,长约 152 米,面积 762.25 平方米。

（二）西京市政建设委员会成立后的有利条件

1934 年 8 月,西京市政建设委员会成立,③ 西安城市碎石马路道路系统建设进程明显加快。至 1938 年,西京市政建设委员会在西安城区已经筑成碎石路面 33 万多平方米,基本构建起民国西安城市

---

① 《西安市政工程处送陕西省建设厅关于验收马坊门碎石马路的文书》,1931 年 12 月 5 日,西安市档案馆藏,卷宗号:05-9,第 30 页。

② 吴宏岐:《西安历史地理研究》,西安地图出版社 2006 年版,第 354 页。

③ 郭世强:《1934—1941 年西安城区道路工程建设的初步研究》,《中国历史地理论丛》2013 年第 3 辑。

碎石马路系统，这是民国时期西安城市道路系统建设最大的成就。这一成就的取得和当时国内、国际形势有着莫大的关系。

1931 年"九·一八"事变东北沦陷，1932 年"一·二八"事变，作为国民党统治核心区域的上海直接遭受日本的侵略，民族危机日益严重，蒋介石"攘外安内"的政策遭到朝野上下严厉谴责。面对严峻的国内和国际形势，国人开发西北的呼声日益高涨，国民政府遂将目光投向比较闭塞的西北地区，制定开发西北的政策。1932 年，国民党四届二中全会决定西安为陪都，并组建"西京筹备委员会"，西安进入了 13 年的陪都建设时期。1934 年，《开发西北》杂志创刊，蒋介石亲笔题写"开发西北"，其他如宋子文、孔祥熙、何应钦、于右任等也有题词，国民政府开发、建设西北的战略构想进入了实施阶段。西安城市碎石马路道路系统建设就是在民国开发西北、筹建陪都西京的背景下展开的。①

1932 年以后，作为陪都建设的西安，社会政治地位有了较大提升，随着西京筹备委员会和西京市政建设委员会的成立，西安在民国开发西北和陪都建设的时代背景下，承担了西北地区经济组织、管理和领导的职能，中央政府的直接关注和支持，加快了西安市政建设的进程。②

西京市政建设委员会的成立，使这一时期西安市政建设有了统一的领导机关，西安市政建设从规划设计、招商投标、原料采购、组织管理、工程实施、工程监管等都有了规范的管理。而宋子文、孔祥熙等主管中央财政事务的政府要员对西京市政建设委员会的大力支持，则为西京市政建设提供了资金支持。③

---

① 郭世强：《1934—1941 年西安城区道路工程建设的初步研究》，《中国历史地理论丛》2013 年第 3 辑。

② 同上。

③ 《孔祥熙复李仪祉等笺函》《市建会致宋子文笺函》《市建会致孔祥熙笺函》《宋子文复刘景山等笺函》，西安市档案局、西安市档案馆编《筹建西京陪都档案史料选辑》，西北大学出版社 1994 年版，第 49、51—53 页。

（三）人员物资准备

1. 近代机械等工程器械

西安城市碎石马路道路系统的建设，在工程器械使用上，已经突破了传统人力、畜力，碎石机、汽车运输、压路机等工程器械的使用，使该时段西安城市道路系统建设具有明显的近代化属性。根据当时呈报的材料消耗表可知，西京市政建设委员会在工程材料运输上已使用汽车，压路机也已经用于市内道路的平整工程中。[①] 使用车类的数量较多，各类大车、推车共计 39 辆，其中：胶皮轮大车 3 辆、实心胶皮轮大车 2 辆、新宽铁轮大车 2 辆、铁轮破车 6 辆、破小推车 15 辆、小推车 11 辆。[②] "第一期马路早已完成，惟当时仅一架压路机，不敷分配"[③]，此后压路机也有增加，到 1942 年年底市建工程处机械清算时有：7.5 吨压路机 3 部；15 吨压路机 2 部，8 吨、9 吨、10 吨、12 吨压路机各一部，共计 9 部压路机。[④]

但根据有关资料，当时交由承包人修筑的北广济街、北桥梓口等碎石路段均出现路面多处没有压平，曾被责令补修，[⑤] 可知当时的压路机仍然不能满足市内道路平整的需要。又或者是因为压路机的使用多是官方行为，在私人承包商那里，压路机的使用不是很广，甚至没有。根据当时的处罚条例，如果工程验收不合格，除了勒令改造外，还要根据情节轻重处以罚款。[⑥] 勒令改造

---

① 《西安市工季刊》，1936 年第 1 卷第 1 期。

② 《市建会工程处会款购置财产清册》，西安市档案馆藏，卷宗号：02－232，第 6 页。

③ 《西安市政工程处最近工作概况》，《陕西建设月刊》1935 年第 2 期。

④ 《市建会工程处会款购置机械清册》《市建会工程处会款购置财产借出清册》《市建会工程处原属省款财产清册》，西安市档案馆藏，卷宗号：02－232，第 19、32、35 页。

⑤ 《市建会二十五年十一月二十五日谈话会记录》，《西安市工季刊》1936 年第 1 卷第 1 期。

⑥ 《西京市暂行建筑规则》，西安市档案局、西安市档案馆编《筹建西京陪都档案史料选辑》，西北大学出版社 1994 年版，第 398—399 页。

和罚款不是资本并不雄厚的私人承包商所愿意看到的，如果不是因为压路机缺乏，没有哪家承包商愿意承担改造和罚款的后果。①

此外，修筑碎石马路所需的碎石材料的加工，突破了单纯的人力敲打，碎石机也出现在当时的工程器械里。根据《西安市政工程处经办杂项工程统计表（1934.9—1936.12）》中关于修筑碎石机房的记载可知，至少在南关外及新市区等地有碎石机以供使用，② 而在南、北材料厂也各有碎石机 1 部。③

由此可见，在西京市政建设委员会时期，西安城市道路的修筑已经使用了近代化的工程器械，突破了传统社会以人力、畜力为主的工程加工，这是西安市政建设近代化的开端，对西安近代市政的建设具有一定的推动作用。④

2. 工程的材料及建设资金来源

根据 1935 年 11 月颁布的《西京市暂时建筑规则》中"第三条：公司建筑物以采用国产原料为原则"⑤ 的规定，再加上西京市政建设委员会用于市政建设的资金本来就短缺，用于修筑马路的材料大多就近取材。其中用于修筑碎石马路的石子，"向用浐河及潏河卵石，因取之既便，运费亦廉"⑥。这些从郊区运来的石头一般由碎石机进行加工处理，然后交付各工地使用，而东、西大街的一部分旧

————————

　① 郭世强：《1934—1941 年西安城区道路工程建设的初步研究》，《中国历史地理论丛》2013 年第 3 辑。

　② 《西安市政工程处经办杂项工程统计表（1934.9—1936.12）》，《西安市工季刊》1936 年第 1 卷第 1 期。

　③ 《市建会工程处会款购置财产清册》，西安市档案馆藏，卷宗号：02 - 232，第 20、23 页。

　④ 郭世强：《1934—1941 年西安城区道路工程建设的初步研究》，《中国历史地理论丛》2013 年第 3 辑。

　⑤ 《西京市暂行建筑规则》，西安市档案局、西安市档案馆编《筹建西京陪都档案史料选辑》，西北大学出版社 1994 年版，第 386 页。

　⑥ 孙毅：《西安市柏油马路之研究》，《西安市工季刊》1936 年第 1 卷第 1 期。

石条也成为道路碎石材料的来源。① 筑路所用的沙子基本上是来自三桥和灞河的细沙，三桥的沙子细软，不过杂质较多，而灞河的沙质相对好一些。石灰因为石质的问题和燃料缺乏，一般从外地买入，虽然在翠华山附近开设了石灰窑，不过这些本地窑产量低，并且质差价高，② 无形中增加了筑路的成本，降低了道路的质量，并没有被大量使用。③

　　建设经费一直是制约陪都西京各种工程建设的首要因素。全面抗日战争以前，国民政府中央财政每年拨付西京筹备委员会建设费三十六万元，并由地方协助一部分。到了全面抗日战争爆发以后，中央财政拨款每年只有十五万六千，地方协助也告停顿，随后虽然时有增加中央拨款，但是因为物价、工价飞速上涨，市政建设难以为继。④ 为了解决市政建设经费紧张问题，除了依靠中央和地方政府的拨款之外，西京市政建设委员会也采取各种办法筹措资金，主要的有：（1）组织估价委员会对新市区各级公有土地估价，招标出售，所得全部用作西京市政建设资金；（2）将西京市政建设委员会掌握的公有土地、市政公地、澡堂巷官涝池等公有土地进行招标竞价出售或出租；（3）各项违规罚款、手续费、印花费等；（4）发行西京市建设公债；（5）银行及运转公司等补助的筑路费。通过这些途径所获得的款项，大部分用于西京市政建设，在一定程度上缓解了战争等其他因素所造成的市政建设经费严重不足的情况，对西京市政建设保持平稳发展具有特殊的意义。⑤

---

　　① 《西安市政工程处廿五年十月份养路工程统计表》，《西安市工季刊》1936年第1卷第1期。

　　② 孙毅：《西安市柏油马路之研究》，《西安市工季刊》1936年第1卷第1期。

　　③ 郭世强：《1934—1941年西安城区道路工程建设的初步研究》，《中国历史地理论丛》2013年第3辑。

　　④ 《西京市政改革意见书》，西安市档案局、西安市档案馆编《筹建西京陪都档案史料选辑》，西北大学出版社1994年版，第369—370页。

　　⑤ 郭世强：《1934—1941年西安城区道路工程建设的初步研究》，《中国历史地理论丛》2013年第3辑。

3. 工程的施工人员

西京市政建设委员会时期的工程施工主体是其所辖的路工队。除此之外，在这一时期，除了西安市政工程处自身所辖的三个路工队外，参与到道路工程建设的还有省建设厅工队。① 一些工程路段，为了早日竣工，也有兵工的建设，例如"南大街南段及东木头市两段马路，系兵工修筑，工作效率迅速"②。因为在道路建设上西京市政建设委员会采取了招商投标的方式，因此在很多道路工程项目建设上也有私人承包商的身影。1939 年，西京市政建设委员会工程处成立，其所辖四个路工队和一个沟工队③，是西京市区道路建设的主体。此后，对于市区内的一些道路工程地段，依然沿用招商投标交由私人承包商承办的做法，但是一些浩大的工程，诸如环城马路工程等，工程处人力财力皆不济，因此"由警察局及县政府征派民工各两千，分段修筑"，然而民工到的并不多，于是"请军委会天水行营，派兵协修"。④ 因此，参与西安市区道路工程建设的修筑人群为：直属于省建厅或西京市政建设委员会的路工队、私人承包商、军队兵工、征派民工四类，其中各路工队是道路建设养护的主体。⑤

（四）碎石马路道路的营建

　　查本市未经修筑各街巷道路，天旱则灰尘飞扬，弥漫天空。雨潦则泥深盈尺，滑涎难行。不惟妨碍市民卫生，且有碍于市政交通及繁荣。亟须分别缓急，次第进行修筑。本厅刻按市面

① 《西安市政工程处经办杂项工程统计表（1934.9—1936.12）》，《西安市工季刊》1936 年第 1 卷第 1 期。

② 《西安市政工程处最近工作概况》，《陕西建设月刊》1935 年第 2 期。

③ 《市建会工程处职员表》，西安市档案局、西安市档案馆编《筹建西京陪都档案史料选辑》，西北大学出版社 1994 年版，第 73 页。

④ 龚贤明：《二十九年一年间之西京建设》，《西北研究》1940 年第 3 卷第 5 期。

⑤ 郭世强：《1934—1941 年西安城区道路工程建设的初步研究》，《中国历史地理论丛》2013 年第 3 辑。

之需要，及已成各路之联络，拟定提前修筑碎石道路六线，分
两期进行。每期时间暂定为两个月。①

　　根据这一要求，陕西省建设厅原拟将北院门、西华门、盐店街
作为第一期修筑的碎石马路，南广济街、南大街、西木头市作为第
二期拟修的三条马路。因为北院门、西华门两条马路路宽足用，两
边民房无须拆除，因此就成为第一期马路首先开工修筑的道路。而
南广济街、南大街根据规划两条道路需要拆除商民房屋最多，因此
陕西省建设厅呈请省政府布告商民，按照该处划定道路边线，限两
个月内拆除障碍房屋，退让路基，以便次第修筑。② 故而 1934 年在
蒋介石考察西安之前，第一期马路修筑完工的仅有北院门、西华门
两条道路。1934 年 10 月 12 日至 17 日，蒋介石前往西安考察，面对
西安较为落后的城市交通现状，蒋介石提出从速修筑西安城市各重
要街区马路的要求：

　　　　西安为西北重镇，运输中心，各项建设工作，均需加紧
　　进行。而马路关系交通，尤应提前迅速修筑。凡本市城关重
　　要市区街衢各马路，统限于来年二月内一律完成，不得延
　　误。③

　　因此加快西安城市各重要道路的碎石马路修筑工作，不仅是城
市市政建设的实务性工作，还是一项重要的政治任务。由于时间紧
迫，陕西省建设厅"斟酌本市各街情形，将拟修道路，划为四
期……所有二期九条及第一期未完成四条，拟先加紧赶修，期于本

---

　　① 《陕西省建设厅送市政工程处关于第一期碎石马路的训令》，1934 年 7 月 23
日，西安市档案馆藏，卷宗号：05 - 98，第 4—5 页。
　　② 同上。
　　③ 《陕西省建设厅送西京市政建设委员会公函》，1934 年 10 月 27 日，西安市档
案馆藏，卷宗号：03 - 386，第 123—124 页。

年内一律完成，其余各期俟一、二两期完工后，再为继续修筑"①。

蒋介石关于西安城市马路从速修筑的指令得到贯彻执行，大大加快了西安各期碎石马路工程的进度。1934年11月底至12月初，第一期拟修六条碎石马路先后竣工，各马路修筑情况如表3—11所示：

表3—11　　　　　　西安城区第一期碎石马路工程统计

街名	起止地点	长度（m）	街宽（m）	碎石宽度（m）	开工日期（月日）	完工日期（月日）
北院门	鼓楼北—省政府门	517.35	9.5	6	9.15	9.25
西华门	省政府门—北大街	297.80	12	7	9.26	10.15
盐店街	梁家牌楼—南广济街	272.6	6.5	5.5	10.29	11.30
南广济街	五味什字—西大街	424.2	6.5	5.5	10.29	11.30
西木头市	竹笆市—南大街	335.8	7.5	6	11.11	11.30
南大街北段	钟楼—西木头市东口	352.3	16	8	11.16	12.10
第一期马路总长2200.05米，建筑面积13854.3平方米。						

资料来源：《西安市政工程处养路杂项工程统计表》，1937年4月，西安市档案馆藏，卷宗号：05－328，第50—60页。

为了进一步加快工程进度，陕西省建设厅决定利用兵工进行第二期马路工程的建设工作。自1934年12月8日7时半起，"第一星期由炮兵团担任，第二星期由特务第二团担任，第三星期由独立第二旅第四团担任，每日均应派兵百名努力工作"。同时拟定《兵工修筑第二期城关马路办法》，对参与筑路的兵工连长按照工程师待遇，每日发放茶水费5毛，排长按监工待遇，每日发茶水费3毛，士兵按民工待遇，每日每人津贴2.2毛，并且每两周放假一日。同时津贴费照常发放，以加快城区碎石马路的进展，因此第二期马路大体上按照预期即在1935年2月完工。具体各马路完成情况见表3—12：

①　《陕西省建设厅关于四期碎石马路工程送西安市政工程处训令》，1934年11月2日，西安市档案馆藏，卷宗号：05－337，第15—16页。

表 3—12　　　　　　　　西安城区第二期碎石马路修筑情况统计

街名	起止地点	长度 （m）	街宽 （m）	碎石宽度 （m）	开工日期 （月日）	完工日期 （月日）
西羊市	北院门—西仓门	428	7.5	5.5	12.8	1935.1.30
三学街	柏树林—安居巷	283.3	7.5	5.5	12.8	1935.2.4
东举院巷	新寺巷—举院门	529	7.5	5.5	12.8	1935.2.4
西仓门街	西羊市—东举院门	589.2	7.5	5.5	12.8	1935.2.4
端履门	南新街—柏树林	379.55	7.5	5.5	12.8	1935.1.4
西举院巷	早慈巷—牌楼巷	399	7.5	5.5	12.8	1935.2.4
书院门街	安居巷—南大街	700	7.5	5.5	12.8	1935.1.25
柏树林	端履门—南城根	428.4	7.5	5.5	12.8	1935.1.11
牌楼巷	西举院巷—西大街	180.5	7.5	5.5	12.8	1935.3.4
尚仁路北段	中正门—崇礼路	669	20	12	12.8	1935.1.9
第二期马路全长 4585.95 米，建筑面积 29571.225 平方米						

资料来源：《西安市政工程处养路杂项工程统计表》，1937 年 4 月，西安市档案馆藏，卷宗号：05 - 328，第 50—60 页。

　　在派遣兵工修筑第二期碎石马路的同时，西安市政工程处也于 1935 年初开展第三期碎石马路的招投标工作，积极运用民间人力及资本开展碎石马路的修筑工作。其中以工头刘新林、齐思财合包南关大街、大小湘子庙街、粉巷、德福巷五条马路，共计路面及路基工料总价一万五千零八十六元一角二分；工头雷万魁承包东羊市、大差市、大油巷、狮子庙街、土地庙街、五味什字街、梁府街、椒子市街、红埠街、二府街、大莲花池街、东厅门、县门街十三条马路，共计路面及路基总价三万七千六百八十二元六角二分。以上十八条马路共计总包价为五万二千七百六十八元七角四分，至于各街土方工价及压路机用费，均不由承包人负担而由西安市政工程处承担。而东木头市街、南大街南段、武庙街，则由西安市政工程处自行修筑。具体各街修筑情况见表 3—13：

表3—13   西安城区第三期碎石马路工程修筑情况统计

街名	起止地点	长度（m）	街宽（m）	碎石宽度（m）	开工日期（月.日）	完工日期（月.日）
南关大街	南门—南稍门	702	7.5	5.5	1.6	2.21
大湘子庙街	南大街—小湘子庙街	199.4	7.5	5.5	1.6	3.8
小湘子庙街	大湘子庙街—五岳庙街	278.9	7.5	5.5	1.6	2.21
粉巷	南大街—南院门	334.5	7.5	5.5	1.6	3.1
德福巷	粉巷—大湘子庙街	363.1	7.5	5.5	1.6	3.3
东羊市	大差市南口西—东县门东口	206.3	7.5	5.5	1.6	3.26
大差市	东大街—东羊市东口	232.6	7.5	5.5	1.6	3.28
大油巷	梆子市街—西城墙	407.2	7.5	5.5	1.6	2.21
梆子市街	土地庙街—大油巷	239.4	7.5	5.5	1.6	2.21
土地庙街	五味什字—梆子市街	327	7.5	5.5	1.6	2.21
五味什字	南院门—土地庙街	307.7	7.5	5.5	1.6	2.21
梁府街	北大街—东九府街	401.4	7.5	5.5	1.6	4.21
狮子庙街	红埠街—北广济街	403	7.5	5.5	1.6	4.6
红埠街	二府街—狮子庙街	378.6	7.5	5.5	1.6	4.6
二府街	北大街—红埠街	369.9	7.5	5.5	1.6	4.6
大莲花池街	雷神庙街—麦苋街	429.5	7.5	5.5	1.6	4.6
东厅门街	东县门街—东木头市街	380.9	7.5	5.5	1.6	3.24
东县门街	东羊市街—东厅门街	269.8	7.5	5.5	1.6	3.25
南大街南段	东木头市街—南门	454.7	16	8	1.6	2.21
东木头市	东厅门街—西木头市街	633	8	6	1.6	3.23
武庙街	案板街—北大街	230	7.5	5.5	1.6	2.21
第三期马路全长7548.9米，建筑面积42972.2平方米						

资料来源：《西安市政工程处养路杂项工程统计表》，1937年4月，西安市档案馆藏，卷宗号：05-328，第50—60页。

第四期及第五期碎石马路工程，西安市政工程处大多也采用招投标的方式予以修建。自1935年4月至1936年年初，西安市政工程处先后完成西大街碎石马路增筑工程，西新街、麦苋街等13条碎石马路的修筑工作。自1936年年初到1937年年初又先后完成尚仁路、院门巷等27条碎石马路的修筑工作。具体各马路的修筑情况见表3—14、表3—15：

表 3—14　　　　　西安城区第四期碎石马路工程修筑情况统计

街名	起止地点	长度 (m)	街宽 (m)	碎石宽度 (m)	开工日期 (月日)	完工日期 (月日)
西大街	钟楼—西门	1903. 2	20	12	4. 1	6. 25
西新街	新城西门—北大街	432	12	7. 5	6. 30	8. 26
麦苋街	大莲花池街—北院门	272	7. 5	5. 5	4. 24	5. 22
大皮院巷	北院门—狮子庙街	368. 3	7. 5	5. 5	4. 24	5. 22
五岳庙门	小湘子庙街—大保吉巷	245. 5	7. 5	5. 5	6. 30	8. 26
早慈巷	东举院巷—西举院巷	378. 4	5	3	6. 30	8. 26
府学街	三学街—碑林门口	258. 6	5	3	6. 30	8. 26
东大街	钟楼—东门	2161	29	17	7. 15	11. 29
钟楼四周		199. 6	13	11. 04	6. 27	7. 17
东九府街	梁府街西口—西九府街东口	520	7. 5	5. 5	10. 22	12. 16
西关大街	西门—西关西门	1234	16	10	10. 3	11. 20
甜水井街	土地庙什字—报恩寺街	342	10	5. 5	12. 11	1936. 1. 10
北大街	北门—钟楼	1762	30	14	11. 23	1936. 3. 20

第四期碎石马路，全长 10472.4 米，建筑面积 116519.38 平方米

表 3—15　　　　　西安城区第五期碎石马路工程修筑情况统计

街名	起止地点	长度 (m)	街宽 (m)	碎石宽度 (m)	开工日期 (月日)	完工日期 (月日)
尚仁路南段	东大街—民乐园	559. 75	30	18	1936. 3. 12	1936. 6. 12
尚仁路中段	民乐园—崇礼路	650. 9	30	18	1936. 3. 12	1936. 6. 12
院门巷	南广济街—南院门	144. 6	5	5	1936. 2. 9	1936. 3. 1
西郊门外马路	西郊门—飞机场	515. 4	7. 5	5	1936. 2. 8	1936. 3. 9
夏家什字	夏家什字—梁家牌楼	339. 7	7. 5	5. 5	1936. 4. 5	1936. 5. 5
北关大街	北门—北郊门	815. 3	20	10	1936. 6. 24	1936. 8. 19
北广济街	西大街—西仓门街	399	9	5	1936. 8. 5	1936. 9. 25
北桥梓口	西大街—洒金桥	395	9	5	1936. 5. 25	1936. 10. 10
东北大学路	西关大街—东北大学	1505. 82	5	5	1936. 9. 18	1936. 11. 20
翻修尚仁路北段	崇礼路—中正门	669	30	18	1936. 10. 5	1936. 12. 11
车站南路	中正桥—西京电厂	875	11	9	1936. 9. 24	1936. 12. 3
崇义路	北大街—革命公园	810	12	8	1936. 10. 30	1937. 5. 28
大保吉巷	五味什字—五岳庙门	351. 9	5	5	1936. 10. 30	1936. 12. 28

续表

街名	起止地点	长度 (m)	街宽 (m)	碎石宽度 (m)	开工日期 (月日)	完工日期 (月日)
洒金桥街	大麦市街—老关庙街	330	16	5	1936.11.7	不详
老关庙街	洒金桥—西九府街	600	16	5	1936.11.7	不详
西九府街	老关庙—东九府街	348	16	5.5	1936.11.7	1937.1.27
观音寺巷	东仓门—十道巷	176	5	5	1936.11.1	1936.12.31
东仓门街	观音寺巷—东羊市	227.8	7.5	5	1936.11.1	1936.12.31
西半截巷	东仓门街内	97.4	5	3	1936.11.1	1936.12.31
骡马市街	东大街—东木头市	394.7	20	6.5	1936.11.1	1937.1.4
案板街	武庙街—东大街	243.70/56.5	12	8/5.5	1936.11.1	1937.1.4
参府巷	东羊市—菊花园	257.22	10	5.5	1936.11.1	1937.1.4
菊花园	参府巷—东大街	120	10	5.5	1936.11.1	1937.3.22
炭市街	东大街—新城	241	10	10	1936.11.20	1937.1.4
崇孝路	尚仁路—新化巷	819	14	8	1936.11.20	1937.5.30
新化巷	崇义路—武庙街	355.2	12	5	1936.11.20	1937.3.6
后宰门	北大街—北新街	810	12	8	1936	1936
中山门至东稍门	中山门——东稍门	490.43	8	8	1936.11.15	1936.12.5

第五期碎石马路，全长 13598.32 米，建筑面积 111685.9 平方米

资料来源：《西安市政工程处养路杂项工程统计表》，1937 年 4 月，西安市档案馆藏，卷宗号：05－328，第 50—60 页。

　　1936 年 12 月 12 日，"西安事变"爆发，政局动荡，致使西安城市碎石马路工程建设陷于停顿。迨政局稳定，物价飞涨，又加之 1937 年"七七事变"爆发，全面抗日战争开始，国民政府对西京建设的拨款逐渐缩减并停止，更是严重影响了西安城市碎石马路工程的进程。饶是如此，西安市政建设当局仍在 1937 年完成碎石马路工程 7 条，合计长 3440.3 米，建筑面积 13503.1 平方米。具体情况见表 3—16：

表 3—16　　　　　　1937 年西安城市碎石马路工程情况统计

马路名称	起止地点	长度（m）	宽度（m）	开工日期	完工日期
大学习巷	西大街—西仓门	409.00	6	1937.06.23	1937.09.21
南北四府街	琉璃庙街—报恩寺	570.00	5.5	1937.06.30	1937.08.10
王家巷	北大街—莲花池街	395.10	3	1937.07.30	1937.11.12
甘露巷	南桥梓口—民房	128.80	3	1937.07.30	1937.10.18
东十道巷	观音寺巷—民房	265.10	5	1937.07.31	1937.11.26
陈家巷	西九府街—巷口	166.50	3	1937.11.03	1937.12.12
南火巷路	西关—东北大学	1505.80	3	1937.06.01	1937.08.12

　　资料来源：《西安市政工程处 26 年 6—10 月份马路进程表》，1937.6—1937.10，西安市档案馆藏，卷宗号：05 - 331，第 7—31 页；《西安市政工程处 26 年 11—12 月份马路进程表》，1937.11—1937.12，西安市档案馆藏，卷宗号：05 - 328，第 66—70 页。

　　1938 年 3 月 10 日，随着东关大街碎石马路工程的完工，西安城市大规模的碎石马路建设终因全面抗日战争爆发后物价飞涨、资金短缺等原因，而告一段落。就是东关大街也因此大受影响，原本计划修筑长 763 米，宽 12 米的碎石马路，最终只修了 265.1 米长，而宽度更是只有 5 米。[①]

　　自 1931 年 3 月 1 日，西安市政工程处开始修筑西大街碎石马路开始，到 1938 年 3 月 10 日，东关大街因全面抗日战争爆发而草草完工，在前后 7 年的时间里，西安市政工程处及西京市政建设委员会先后完成 94 条次的碎石马路修筑工程，总长约 43611.82 米，总面积约 336765.9 平方米，约占全城面积 15 平方公里的 2.7%，在西安道路建设中极其突出。[②] 西安城市碎石马路道路系统的建立，不仅改变了历史时期西安城市道路的路面面貌，具有明显的近代转型表

---

　　① 《西安市政工程处关于东关大街碎石马路工程的文书》，1938 年 3 月 28 日，西安市档案馆藏，卷宗号：03 - 45，第 9—10 页。

　　② 郭世强：《城市转型视角下民国西安城区道路系统演变研究》，《中国历史地理论丛》2017 年第 4 辑。

征，同时路面硬化率的提高，促进了近代城市交通的发展，对于加快城市社会经济的运转，促进民国西安城市的近代转型发展，具有重要的意义。

第三节　碎石马路道路系统演变的时空特征分析

一　碎石马路道路系统演变的时间特征分析

在西安城市碎石马路道路系统的初创阶段，即 1931—1933 年，主要是西大街及南院门周边商区的碎石马路修建工程。这段时间碎石马路工程大多存在跨年动工、相对集中等特点，故将这 3 年视为整体考察。合计 3 年间西安市政工程处先后完成西大街、马坊门街、竹笆市街、正学街、南桥梓口、梁家牌楼、南院门街、南院门南北段、举院门 9 处碎石马路的修筑工作，全长约 3895.3 米，面积约 20242.5 平方米，平均碎石路面宽度约 5.2 米。

1934 年是西安大规模兴筑碎石马路的第一年，接下来我们以各碎石马路工程完工的时间点为准，对 1934—1938 年的碎石马路工程做具体统计。其中 1934 年共完成北院门等 6 段碎石马路的修筑工作，全长 2200.05 米，建筑面积 13854.3 平方米，平均碎石路面宽度约 6.3 米。1935 年完成西羊市、三学街等 43 条碎石马路的修筑工作，全长 20222.45 米，建筑面积 160177.8 平方米，平均碎石路面宽度 7.8 米。1936 年完成甜水井街、北大街等 19 条碎石马路的修筑工作，全长 11127 米，建筑面积 107552.3 平方米，平均碎石路面宽度 9.7 米。1937 年共完成洒金桥街、老关庙街、西九府街等 18 条碎石马路的修筑工作，全长 8015.62 米，建筑面积 44185.71 平方米，平均碎石路面宽度约 5.5 米。1938 年完成东关大街碎石马路修筑工作 1 条，长度为 265.1 米长，宽度 5 米，建筑面积 1325.5 平方米。具体统计情况见表 3—17。

表3—17　　　　　　　　**西安城区碎石马路工程年度统计**

项目 年度	长度（m）	建筑面积（m²）	平均宽度（m）
1931—1933	3895.3	20242.5	5.2
1934	2200.05	13854.3	6.3
1935	20222.45	160177.8	7.9
1936	10317	107552.3	9.7
1937	8015.62	44185.71	5.5
1938	265.1	1325.5	5
合计	45610.52	346705.61	7.6

说明：西大街碎石马路1931年完成修筑长度为1998.7米，建筑面积9993.5平方米，碎石路面宽度为5米，1935年西大街又进行碎石路面翻修工程，将碎石路面宽增加为12米，长为1903.2米，建筑面积22838.4平方米。本表在统计的过程中，为体现不同年度西安市政工程处对于城区碎石马路的建设工作，将两次西大街碎石马路修筑工程均统计在内，故得出以上统计数据。1938年西安城区实际碎石马路总长及面积不含1931年西大街数据，碎石马路长度为43611.82米，总面积约336765.9平方米。

资料来源：《西安市政工程处养路杂项工程统计表》，1937年4月，西安市档案馆藏，卷宗号：05-328，第50—60页；《西安市政工程处26年6—10月份马路进程表》，1937.6—1937.10，卷宗号：05-331，第7—31页；《西安市政工程处26年11—12月份马路进程表》，1937.11—1937.12，西安市档案馆藏，卷宗号05-328，第66—70页。

　　通过对上述数据的分析可知，1935年是西安城市碎石马路建设的高峰，该年碎石马路建筑面积几乎占这一时期西安城市碎石马路建筑总面积的一半。其次则为1936年，占全部面积的29.4%。全面抗日战争爆发后，虽然战争对城市建设多有影响，但这一时期西安城市碎石马路建设仍取得了较大成就。纵观1931—1938年西安城市碎石马路空间的扩展过程，1934年8月西京市政建设委员会的成立，可谓是这一时期碎石马路建设的转折点。虽然自1931年起，陕西省建设厅下辖的西安市政工程处就开始开展城市碎石马路的建设工作，但在西京市政建设委员会成立之前仅完成3895.3米长的碎石马路修筑工作，仅占1931—1938所筑全部面积的5.89%。正是在有着国家财政支持的专职市政建设的西京市政建设委员会的领导下，西安城市碎石马路工程的建设，才有了突飞猛进的发展。由此可见，在民国陕西落后的社会经济条件下，国家财政和行政上的支持对于西安城市的发展有着举足轻重的作用。

二　碎石马路道路系统的等级划分①

1931—1938 年西安城区所修筑的 94 段碎石马路，属于甲等道路的有：东大街、南大街北段、西大街、北大街、钟楼四周、尚仁路北段、大差市、南大街南段、尚仁路南段、尚仁路中段、北桥梓口、翻修尚仁路北段、洒金桥街、老关庙街、南北四府街、王家巷，共 16 段碎石马路。

属于乙等道路的有：北院门、马坊门街、竹笆市街、南桥梓口、梁家牌楼、南院门街、南院门南北段、西华门、盐店街、南广济街、西木头市、西羊市、西仓门街、端履门、柏树林、南关大街、粉巷、东羊市、土地庙街、五味什字、东厅门街、东县门街、东木头市、西关大街、院门巷、西郊门外马路、北关大街、东北大学路、车站南路、骡马市街、东关大街，共 31 段马路。

属于丙等道路的有：书院门街、大湘子庙街、梁府街、狮子庙街、红埠街、二府街、大莲花池街、麦苋街、大皮院巷、东九府街、北广济街、西九府街，共 12 段马路。

属于丁等道路的有：正学街、举院门、三学街、东举院巷、西举院巷、牌楼巷、小湘子庙街、德福巷、大油巷、椰子市街、武庙街、后宰门、五岳庙门街、早慈巷、甜水井街、夏家什字、崇义路、西新街、大保吉巷、观音寺巷、东仓门街、案板街、参府巷、菊花园、炭市街、崇孝路、大学习巷、东十道巷、陈家巷、南火巷路，共 30 段马路。

属于通巷的道路有：府学街、西半截巷、新化巷、中山门至东

---

① 郭世强：《城市转型视角下民国西安城区道路系统演变研究》，《中国历史地理论丛》2017 年第 4 辑。

稍门路、甘露巷，共 5 段马路。具体各等级碎石马路长度及面积统
计情况见表 3—18。

表 3—18　　　　　　　　**西安城区碎石马路等级分类统计**

项目 等级	马路数量（段）	总长（m）	建筑面积（m²）	平均宽度（m）
甲等	16	11904.15	146929.3	12.35
乙等	31	14185.12	90901.75	6.40
丙等	12	4789.1	26140.55	5.46
丁等	30	11403.02	65580.46	5.75
通巷	5	1330.43	7153.84	5.38
合计	94	43611.82	336765.9	7.72

资料来源：《西安市政工程处养路杂项工程统计表》，1937 年 4 月，西安市档案馆藏，卷宗
号：05－328，第50—60 页；《西安市政工程处 26 年 6—10 月份马路进程表》，1937.6—1937.10，
西安市档案馆藏，卷宗号：05－331，第 7—31 页；《西安市政工程处 26 年 11—12 月份马路进程
表》，1937.11—1937.12，西安市档案馆藏，卷宗号 05—328，第 66—70 页。

　　通过对以上表格数据的分析可以发现，西安城市碎石马路建筑
面积和道路等级有着正比例关系，即道路等级越高，碎石马路的建
筑面积就越高。这一时期，西安城市碎石马路虽然从长度上来讲，
甲等道路略低于乙等道路，但从面积上来讲却远远高于其他各等级
道路，且甲等道路的实际碎石路面宽度也远高于其他等级，这也说
明了西京市政建设者对于城市干线交通建设的重视。结合分析这一
时期新开辟的城门，我们发现这些交通干线大致和新辟城门相通，
体现了城市交通的外向性发展趋势。
　　另外一个值得注意的情况就是乙等道路作为商业区道路，单就
修筑长度而言居市内各等级道路之首，修筑面积也仅次于交通干线，
占全部修筑面积的近三分之一。商业区道路地面硬化率的提高，对
城市经济活动具有重要的推动作用，城市路面硬化率的提高，在一
定程度上适应了从马车时代向汽车时代转变的历史趋势，对于加快

商品流通速度，扩大商品经济交易，促进城市社会经济发展具有重要的意义。而且这一时期西安城区商业区道路的近代化发展，在一定程度上也是城市商品经济发展的重要表征之一，这也表明西安作为区域商贸中心的地位在不断上升。

三　碎石马路道路系统的空间分布特征

通过对碎石马路在不同城区分布的情况进行分析，可以更加清晰地看到这一时期西安城市发展的具体状况。在接下来的论述中就以钟楼为中心的东、西、南、北四大街为界线，将西安城区分布东北、东南、西南、西北四城区，再加东关、南关、西关、北关四关城，对这一时期西安城区的碎石马路分布情况进行具体阐述。由于这一时期尚有部分碎石马路不在以上"八区"内，则将这部分碎石马路和东、西、南、北四大街一并列入"其他"统计。

因此，东北城区的碎石马路中，属于甲等道路的有：尚仁路北段、大差市、尚仁路南段、尚仁路中段、翻修尚仁路北段 5 段；属于丁等道路的有：西新街、武庙街、崇义路、案板街、炭市街、崇孝路、后宰门街 7 段；属于通巷的有：新化巷 1 段。合计 13 段。

东南城区，属于乙等道路的有：端履门、柏树林、东羊市、东厅门街、东县门街、东木头市、骡马市街 7 段；属于丙等道路的有：书院门街 1 段；属于丁等道路的有：三学街、东仓门街、参府巷、菊花园、东十道巷、观音寺巷 6 段；属于通巷的有：府学街、西半截巷 2 段。合计 16 段。

西南城区，属于甲等道路的有：南北四府街 1 段；属于乙等道路的有：马坊门街、竹笆市街、南桥梓口、梁家牌楼、南院门街、南院门南北段、盐店街、南广济街、西木头市、粉巷、土地庙街、五味什字、院门巷 13 段；属于丙等道路的有：大湘子庙街 1 段；属于丁等道路的有：正学街、小湘子庙街、德福巷、大油巷、椥子市街、五岳庙门街、甜水井街、夏家什字、大保吉巷 9 段；属于通巷的有：甘露巷 1 段。合计 25 段。

西北城区，属于甲等道路的有：北桥梓口、洒金桥街、老关庙街、王家巷 4 段；属于乙等道路的有：北院门、西华门、西羊市、西仓门街 4 段；属于丙等道路的有：梁府街、狮子庙街、红埠街、二府街、大莲花池街、麦苋街、大皮院巷、东九府街、北广济街、西九府街 10 段；属于丁等道路的有：举院门、东举院巷、西举院巷、牌楼巷、早慈巷、大学习巷、陈家巷 7 段。合计 25 段。

东关城区，属于乙等道路的有：东关大街 1 段；属于通巷的有：中山门至东稍门路 1 段。

南关城区，属于乙等道路的有：南关大街 1 段。

西关城区，属于乙等道路的有：西关大街 1 段；属于丁等道路的有：南火巷路 1 段。

北关城区，属于乙等道路的有：北关大街 1 段。

其他城区，属于甲等道路的有：东大街、南大街北段、西大街、钟楼四周、北大街、南大街南段 6 段；属于乙等道路的有：西郊外马路、东北大学路、车站南路 3 段。

以上四关城和其他城区合计 15 段。各城区碎石马路具体统计数据及分布情况见表 3—19、表 3—20、图 3—5。

通过对表 3—19、表 3—20、图 3—5 的分析可知，除东、西、南、北四大街不便计入各城区外，以及其他不在"城八区"范围内的碎石马路，就碎石马路的长度而言，以西北城区最长，西南城区次之。这体现了传统老城区在发展过程中的优势。就碎石马路的面积而言，以东北城区为最，虽然在马路长度上东北城区不及西北城区，但东北城区碎石马路等级以甲等道路为主，其作为城市交通干道在宽度上高于其他等级，故而东北城区碎石马路面积最大，西北次之，西南再次之。如果考虑到各城区的面积与碎石马路的长度，按比例来说则西南城区碎石马路的密度最大，这自然是与西南城区作为传统商业城区，商业繁荣、人口密集有关。

表3—19   西安城区碎石马路分区长度统计

等级\城区	甲等/m	乙等/m	丙等/m	丁等/m	通巷/m	合计/m
东北	2781.7	0	0	3642.2	355.2	6778.65
东南	0	2692.65	700	1329.42	356	5078.07
西南	570	3747.5	199.4	2711.2	128.8	7356.9
西北	1720.1	1832.35	3889.7	2214.4	0	9656.55
东关	0	265.1	0	0	0	265.1
南关	0	702	0	0	0	702
西关	0	1234	0	0	0	1234
北关	0	815.3	0	0	0	815.3
其他	6832.8	2896.22	0	1505.8	490.43	11725.25
合计	11904.6	14185.12	4789.1	11403.02	1330.43	43611.82

表3—20   西安城区碎石马路分区面积统计

等级\城区	甲等/m²	乙等/m²	丙等/m²	丁等/m²	通巷/m²	合计/m²
东北	43141	0	0	28687.35	1776	73604.35
东南	0	15520.78	3850	6977.36	1068	27416.14
西南	3135	20937.05	1096.7	14376.9	386.4	39932.05
西北	7810.3	10783.3	21193.85	11021.45	0	50808.9
东关	0	1325.5	0	0	0	1325.5
南关	0	3861	0	0	0	3861
西关	0	12340	0	0	0	12340
北关	0	8153	0	0	0	8153
其他	92902.98	17981.1	0	4517.4	3923.44	119324.9
合计	146989.3	90901.73	26140.55	65580.46	7153.84	336765.9

资料来源:《西安市政工程处养路杂项工程统计表》,1937年4月,西安市档案馆藏,卷宗号:05-328,第50—60页;《西安市政工程处26年6—10月份马路进程表》,1937.6—1937.10,西安市档案馆藏,卷宗号:05-331,第7—31页;《西安市政工程处26年11—12月份马路进程表》,1937.11—1937.12,西安市档案馆藏,卷宗号05—328,第66—70页。

图3—5是各等级碎石马路在城区的分布,从图中我们可以发现甲等道路作为城市交通的主干道,同民国前期相比有明显的增加,

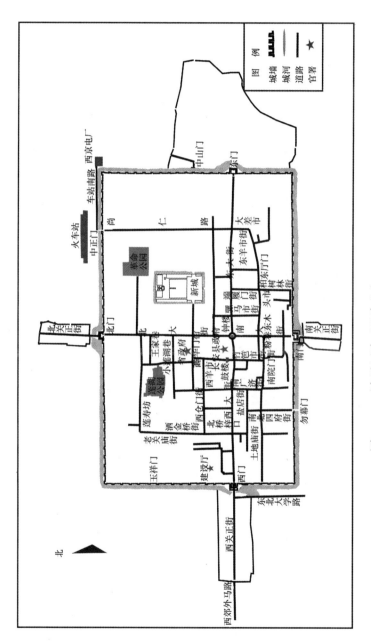

图 3—5　西安城区碎石马路路分布（1931—1938）

说明：底图采用西安市档案馆藏西京市政市政建设委员会工程处 1939 年 5 月绘制《西京城关平面图》。

具体表现就是在民国前期东、西、南、北四大街的十字形干道基础上，东北与西北城区分别形成一条并行于北大街且与东、西大街相连接的干道。其中东北城区新兴干道尚仁路（今解放路），起自中正门，与东大街在大差市相接，成为西安城区连通火车站的最重要干道。西北城区起自老关庙街达于西大街，而在西南城区也存在一条连接勿幕门与南院门商圈的交通干道。乙等碎石马路主要分布于北院门—南院门区域，且与东南城区旧咸宁衙署相连，基本覆盖传统商业区域，这种分布格局，在一定程度上适应了汽车时代下商品货物运输对于道路路种的要求。其余丙、丁、通巷各级道路，在西安各城区分布较广，成为连接城内居住区与商业区、交通干线的基层道路单位。

四　碎石马路道路系统建设对西安社会经济发展的影响

1931 年至 1938 年，是西安城市碎石马路道路系统建设并定型的主要阶段，伴随着以城市道路为代表的基础设施的改善，西安城市社会经济也得到了较为迅速的发展。在一定意义上说，以陇海铁路为代表的新式交通，对于西安城市社会经济的发展具有关键性作用，是西安城市近代转型的重要动力，而以碎石马路道路系统为代表的城市基础设施，既是西安城市社会经济发展的物质基础，又是沟通新式交通工具与城市社会经济发展的桥梁。

1934 年年底陇海铁路西安至潼关段建成通车，这是西安城市交通史上划时代的大事，也为西安乃至关中地区社会经济的发展提供了重要契机，西安的近代工商业发展进入了一个崭新的历史阶段。为了适应陇海铁路的建成通车，西安市政建设管理当局开辟中正门、修筑尚仁路碎石马路，直接将西安城区与火车站相连。尚仁路碎石马路，成为西安东北城区最为重要的交通干道，是随陇海铁路而来的各类物资进入西安的必经之路。20 世纪 30 年代，西安地区发电、机械、火柴、面粉、纺织、化工等新式工厂，正是通过陇海铁路而来，最后得以在西安落地生根，开始了西安近代工业的起步。根据学者研究，陇海铁路修通后，西安新的工业企业主要分布在城市东北城区，①而中正门及其衔接的尚仁路碎石马路，正是这些近代工业企业进出西安东北城区的直接通道。可以说，陇海铁路为西安送来了近代工业，而尚仁路碎石马路和全面抗日战争爆发后东北城区所筑各条甲等煤渣路，则为这些近代工业企业的发展奠定了必要的交通运输基础，它们成为西安近代工业发展的先导性条件。

此外，民国西安城市道路系统的发展，奠定了民国西安新的交通空间导向型商业中心的基础，使西安的商业中心与行政中心在空间上产生了分离。明清以来，南院门地区既是西安的行政中心也是商业中心。然而民国时期伴随着陇海铁路的建成通车，以及城市交通的发展，西安的商业中心从西大街、南院门逐渐向东大街、尚仁路等新修碎石马路一线发展，东大街、尚仁路迅速崛起为新的商业中心。根据学者研究，民国中后期西安各类商店绝大多数是沿街分布，占商店总数的比例达到了92.8%，其中东、西、南、北四大街，作为碎石马路道路系统的主干道，在1940年年底拥有商号总数占统计总数的45.06%，具有明显的交通导向型商业布局特点。②

如果从空间分布而言，碎石马路道路系统主要分布在西大街、南院门等传统商业区所在的西半城区，可见传统商业区位仍然是影响碎石马路道路空间分布的重要因素。以西大街、南院门为中心的由盐店街、梁家牌楼、五味什字街、南北广济街、竹笆市所形成的传统商业中心，是明清以至民国时期西安传统的金融、药业、竹器业、西药店、服装业等的主要经营场所，③在民国前中期西安城市商业中占有重要地位，这也就是西安碎石马路道路系统的修筑以西大街、南院门周边为开端的原因。不过伴随着陇海铁路的建成通车，沟通火车站与城市交通干线的尚仁路、东大街一线的商业逐渐兴起，

---

① 任云英：《近代西安城市空间结构演变研究（1840—1949）》，博士学位论文，陕西师范大学，2005年。
② 同上。
③ 同上。

并成为新的城市商业中心，使得西安城市商业中心呈现出传统中心与新兴中心的分离现象。

因此，从整体上而言，新式交通陇海铁路的建成通车及碎石马路道路系统的建立，奠定了民国时期西安近代化工商业发展的基础，是民国西安近代化经济发展的先导性条件。近代工商业的发展，对于交通运输的要求越来越高，"国内外的商业贸易在原有基础上有了进一步的扩大，原料和产品以及能源、燃料等的运输规模空前扩大，人口的流动也不断加强，此时的城市发展比以往任何时期都更加受其交通条件的制约"[1]。得益于西安城市近代化交通的发展，以及其他因素，至民国中后期，西安终于由一座军事城堡转变为初具规模的近现代工商业城市。[2]

不过，相比于有的学者认为近代中国"城市现代化首先是从经济方面开始的，而经济方面又首先是从商业化开始，商业化的发展推动交通工具的进步，近代金融业的出现，以及工业的进行"[3]，西安城市的近代化转型似乎又有所不同，尤其是在近代化转型的动力上，似乎来自国家层面的政策与财力支持在其早期近代化转型过程中发挥了更大的作用。民国前期，西安地区战乱频繁、天灾人祸不断，西安更是各路军阀争夺的重点，城市社会经济几经摧残，发展缓慢，直到陪都西京的筹建，因为有了来自中央的财政支持，城市建设及社会经济发展才有起色和发展。因此比之其他城市的商业化推动交通工具的进步，西安城市的近代化发展更多是受外力的支持与刺激，其城市内部缺乏推动城市近代化转型的足够动力和物质支撑。这一点在以碎石马路为代表的城市基础设施建设上尤为突出，因为得到国家筹建陪都的财政支持，西安城市基础设施建设风生水起，一改往日风貌，但全面抗日战

---

①　鲍成志：《近代中国交通变迁与城市兴衰研究》，四川大学出版社 2017 年版，第 19—20 页。

②　吴宏岐：《西安历史地理研究》，西安地图出版社 2006 年版，第 355 页。

③　何一民：《中国城市史纲》，四川大学出版社 1994 年版，第 286 页。

争爆发后中央财政支持逐渐削减并停止，西安城市近代化的基础设施建设随之陷于停顿。甚至抗日战争时期，西安之所以能够成为初具规模的近现代工商业城市，其主要原因并不是其自身工商业的发展迅速，而是其作为大后方，局势相对稳定，加之东部沿海地区的工商业内迁等。

本章小结

1931 年至 1938 年，在碎石马路道路系统的建立过程中，西安城市近代转型特点得到了较为充分的显示。首先，在道路规划设计上，无论是西安市政工程处还是西京市政建设委员会，均是基于城市功能分区的考量，立足于城市交通发展的需要，增加市内各街道宽度，以满足汽车等新式交通的需要，除通巷等城市基层街道外，其他各等级道路都实行行车道与人行道的分离，以增强道路作为城市交通快速通道的需要。

其次，在碎石马路道路系统的建设过程中，碎石机、压路机、运输汽车等近代机械工具的使用，从生产力角度突破了传统的人力、畜力；在道路工程建设中以招投标为形式的承包制，从生产关系角度看，具有明显的资本主义雇佣色彩；在道路建设管理上，西安市政工程处、西京市政建设委员会等市政建设专业机关得以建立并发展，使城市建设职能趋于专业化及独立化，近代城市市政管理机制逐渐确立。

而以碎石马路为主要内容的西安城市道路系统，之所以在这一阶段得以迅速发展，和陪都西京的筹建及陇海铁路的修通有着密切联系。陪都西京建设时期，是近代以来西安城市近代化进程中最为重要的阶段，由于抗日战争这一特殊的时代背景，西安以"陪都"的身份成为大后方的军政文化重镇，城乡重大工程建设受到从中央到地方的高度重视。① 较为充裕的资金支持，是该时段碎石马路道路系统得以建立的最主要原因。而陇海铁路修抵西安对于城市道路系统最大的影响在于促进了东北城区的发展，尤其是作为连接火车站与东大街的尚仁路的开辟，成为交通导向型及经济导向型城市道路系统建设的集中体现。

除此之外，西安城市碎石马路系统，也具有明显的外向型发展特点。这一时期，通过对作为交通干道甲等碎石马路的分析可以发现，这类碎石马路基本上都与城门相连，如尚仁路连通中正门，南四府街连接勿幕门，老关庙街与玉祥门相距不远，更遑论东、西、南、北四大街与四大门的直接相通。这种新开城门与新筑城市道路干线相连的做法，适应了新的动力条件下对于城市交通的需求。

西京市政建设委员会对于西安城市碎石马路道路系统的建设，不仅与改善城市道路交通景观、促进城市社会经济发展等直接相关，而且对近代城市规划思想、市政管理和区域社会经济发展也有一定的影响。

首先，道路是城市内部交通及对外联系最为基础的设施，与城市社会经济生活直接相关。西京市政建设委员会对西安城市道路的修筑大大改善了西安城市道路景观，"古老的长安，果已渐有新气象"②，"街道宽敞，汽车骡马车各有其规定之路线"③，"主要街道，已一律筑成碎石路，小街僻巷，从前大坑小坑镶成的路面，现在亦通成了通车无阻的坦途"④，"故今日之西京交通，已非昔日可比"⑤。这种城市道路景观的焕然一新，不仅对西安城居民道路出行环境改

①　郭世强、武颖华：《民国西安城区新修道路及其空间分布特征初探——以西京市政建设委员会时期为主（1934—1941）》，《西安文理学院学报》（社会科学版）2013年第3期。

②　庄泽宣：《陇蜀之游》，兰州古籍书店1990年版，第457页。

③　林鹏侠：《西北行》，兰州古籍书店1990年版，第56页。

④　范长江：《中国的西北角》，兰州古籍书店1990年版，第115页。

⑤　胡时渊：《西北导游》，兰州古籍书店1990年版，第161页。

善有着实际的意义，更重要的是与西安作为"陪都"的政治地位相符。

其次，西京市政建设委员会在进行道路建设的过程中，同时开展下水道及行道树栽植等工程，对于城市排水和绿化意义重大。这一时期的西安城市道路形成路上、路面、地下三位一体的立体工程（具体可参考第五章论述）。西安城市道路排水系统基本上涵盖了城市各主要街巷，初步形成了近代西安的城市排水系统网，缓解了西安城市道路因降水问题而带来的道路损坏的压力，对西安城市道路的养护工作具有重要的意义，同时也推进了城市水环境景观的改善。

最后，基于建立国家政治中心的规划设计，西京市政建设委员会的城市道路建设进一步继承和发展了明清以来的西安城市道路，并且根据时代的需求新建了一系列的街道，突破了封建时代及民国前期城市东、西、南、北四大街十字形主干道路格局，使西安城市加强了同周边地区乃至全国的社会经济联系，促进了西安城市的发展，且对当今西安城市道路布局产生重要影响。西京市政建设委员会对于城市道路及其他市政工程的规划设计、招标、建设、管理等，是西安近代化的市政建设的起步和开端，其规划思想及管理方式，对当今的西安建设依然具有一定的现实意义。[1]

---

[1]　郭世强：《1934—1941年西安城区道路工程建设的初步研究》，《中国历史地理论丛》2013年第3辑。

第 四 章

1938—1949 年西安城市
道路系统的发展演变

　　全面抗日战争的爆发，是民国西安城市道路发展演变的分水岭。全面抗日战争爆发之前，以碎石马路修筑为主要内容的城市道路系统建设如火如荼，取得了较大成绩，在改变城市道路的路貌的同时，也使这一时期城市道路系统的演变具有明显的近代转型特点。全面抗日战争爆发后，为了支援抗日战争，国民政府原定用于支持陪都西京市政建设的经费停止拨发，加之日军飞机对于西安城市的轰炸，更使城市建设陷于停顿。① 陷入如此境地，西京市政建设委员会仍然对陪都西京的道路建设做出了艰辛的努力，积极修筑煤渣路、碎砖路，平治土路，使这一时期西安城市道路系统建设仍有所发展。本章第一节内容即是对 1938—1941 年西安城市道路系统发展演变的论述。

　　纵观整个民国时期，1934—1941 年西京市政建设委员会存在时期，是民国西安城市道路系统发展演变重要的阶段，其对西安城市道路的建设成果，无论是全面抗日战争爆发之前碎石马路的修筑，还是全面抗日战争爆发后修筑煤渣路、碎砖路以及平治土路，都远超其他时段。因此有必要对西京市政建设委员会存在的 8 年时间里，

---

① 郭世强：《城市转型视角下民国西安城区道路系统演变研究》，《中国历史地理论丛》2017 年第 4 辑。

其所取得的城市道路建设成果做一归纳总结,从整体上分析西京市政建设委员会时期西安城市道路演变的特征,并探讨这些新修道路对于城市内部空间构建的影响。为保证西京市政建设委员会历史完整性,本章第二节以 1934 年西京市政建设委员会成立之时为时间上限,以 1941 年年底西京市政建设委员会裁撤之时为时间下限。

1940 年 8 月 15 日,国防最高委员会通过决议,明定重庆为永久陪都,9 月 6 日国民政府发布"渝字第 290 号令",宣布"明定重庆为陪都",陪都西京计划开始受到冲击。[①] 1942 年 1 月 1 日,西安市政处正式成立,西京市政建设委员会奉国民政府训令裁撤。[②] 1944 年 9 月 1 日西安市政府正式成立,为陕西省辖市,1947 年 8 月 1 日,西安市升格为国民政府行政院直辖市,在 1949 年 5 月之前,西安城市道路建设进入了西安市政处—西安市政府主管的时代。这一时期,西安城市发展囿于抗日战争和解放战争的影响,城市道路建设总体上成就不大,但也随着城市社会经济的发展和人口增加居住区的扩大而有所发展,主要表现在重要地段残损碎石及煤渣马路的翻修,以及适应城市发展需要而将土路改筑为煤渣路等。

第一节 1938—1941 年西安城市道路系统的发展演变

一 西京市政建设委员会对于城区煤渣路的修筑

全面抗日战争爆发前后,西安城市各重要街巷大多已经修筑完成碎石路面。至于其他没有修筑碎石路面的道路,西京市政建设委

---

① 吴宏岐:《抗战时期的西京筹备委员会及其对西安城市建设的贡献》,《中国历史地理论丛》2001 年第 4 辑。

② 《国民政府为办理西京市政委员会结束事宜给西京筹备委员会之训令》,西安市档案局、西安市档案馆编《筹建西京陪都档案史料选辑》,西北大学出版社 1994 年版,第 63 页。

员会也多加修理，大体上也可称为平整，但是比起碎石路面来多有不及。然而全面抗日战争爆发后，中央财政支持宣告终止，作为市政建设重要资金来源的新市区公地拍卖资金，也所剩无几，城市道路系统建设举步维艰。

> 自全面抗日战争以来，西安为后方重地，人口骤增，街路交通自应设法便利，而未经铺填碎石路面者犹不少，故当本会经费极端紧缩之际，添筑碎石路实力有未能，碍于两难之间，为节省费用计择定重要街巷采用煤渣修筑。①

此时，修筑煤渣路就成为西京市政建设委员会的无奈之选。而修筑煤渣路，首先需要解决的是煤渣的来源问题。西京市政建设委员会修筑煤渣路，土路基由警察局征派民工进行修筑，所需煤渣则向西京电厂、大华纱厂、华峰面粉公司等其他厂商采运。② 然而在煤渣路的修筑过程中，西京市政建设委员会逐渐发现，西安市内所产煤渣数量甚少，而用途甚广，除西京电厂每日可供 10 立方的煤渣外，其他各厂每日仅能提供四五立方的煤渣，对于城内煤渣路修筑而言实在是供不应求。然而在城市各路巷道却经常可以发现煤渣抛弃垃圾堆中，因此西京市政建设委员会致函陕西省会警察总局，转饬各分局及保甲长通知市民保存煤渣交归公家使用，由西京市政建设委员会工程队每日派工收储，借此积少成多，以便顺利进行各煤渣路的修筑工作。同时拟具《搜罗全市煤渣办法》，通令全市市民保存所有煤渣，各大厂及商号所有煤渣统归公家筑路使用，各住户商号如有煤渣积存者由西京市政建设委员会工程队分期收取，所有煤

---

① 《西京市政建设委员会 29 年度行政计划》，1940 年 11 月，西安市档案馆藏，卷宗号：03-164，第 22 页。
② 《建委会工程处第二课工作计划》，1939 年 3 月 29 日，西安市档案馆藏，卷宗号：04-282，第 8 页。

渣非经西京市政建设委员会特许不准随便使用等。①

西京市政建设委员会在修筑城市煤渣路的过程中，基本采用招标包工修筑的办法，同时制定煤渣路修筑方法，包括碾压、灌浆和铺沙三个步骤。首先是碾压，碾压先用路滚，继而再用压路机进行二次碾压，滚压时先从路边做起，逐渐向路心移动，移动速度每分钟不得超过 30 米，每次移动宽度不得超过轮宽度一半，在碾压的过程中如果发现路面有不平之处，则立刻填补整齐。其次则是灌浆，在路面碾压平整后，即行铺煤渣，煤渣铺妥后即灌浆，用稀黄土浆将煤渣间缝隙灌满为止。最后是铺沙，灌浆好后洒粗沙 1 厘米厚，沙砾须清洁均匀铺洒在路面，沙砾铺洒均匀后再用人拉碾，压至路面光平为止。②

自 1938 年崇廉路、北新街等处煤渣路工程开始修筑，到 1942 年 1 月 1 日西安市政处成立，③ 西京市政建设委员会完成约 50 条煤渣路的修筑工作。其中属于甲等道路的煤渣路有崇礼路、琉璃庙街、玉祥门路、莲寿坊，共 4 条；属于乙等道路的有：马厂子街 1 条；属于丙等道路的有：果子市街、柿园坊、东关南大街、长乐坊、雷神庙街、许士庙街、糖坊街、东道院、郭签士巷、马神庙巷、北教场、玉祥门北路、教场门 13 条；属于丁等道路的有：曹家巷、菜坑岸、夏家什字南北街、开通巷、大车家巷、柴家什字、双仁府、太阳庙门街、报恩寺街、火药局巷、安居巷、大差市南段、冰窖巷、东仓门北段、土地庙什字、西北一路、甜水井东西路、北新街、尚朴路南段、尚平路、尚智路、崇廉路西段、崇廉路中段 23 条；属于通巷的有：长巷、社学巷、卧龙寺、北关油库路、东柳巷、崇耻路、

————————

① 《西建会为搜罗全市各厂及商户住户保存煤渣归为公家使用公函》，1939 年 11 月 8 日，西安市档案馆藏，卷宗号：03 – 241，第 2 页。

② 《煤渣路修筑方法》，1940 年 8 月 30 日，西安市档案馆藏，卷宗号：04 – 310，第 10 页。

③ 西安市档案局、西安市档案馆编：《西安市古今大事记》，西安出版社 1993 年版，第 238 页。

孔庙东段、白鹭湾至龙渠湾、圪塔寺巷9条。① 各煤渣路煤渣厚大致为15厘米，用1∶1黄土沙浆浇灌，最后铺撒2厘米厚黄沙。各煤渣路具体规格情况见表4—1。

表4—1   西安城区煤渣路修筑情况统计

街名	等级	长度（m）	煤渣路面宽度（m）	煤渣路面面积（m²）
崇礼路	甲	365	5	1825
琉璃庙街	甲	198	3	594
玉祥门路	甲	678	8	5424
莲寿坊	甲	448	3	1344
马厂子街	乙	305	5	1525
果子市街	丙	1278	3	3834
柿园坊	丙	400	3	1200
东关南大街	丙	800	3	2400
长乐坊	丙	500	5	2500
雷神庙街	丙	278	5	1390
许士庙街	丙	341	5	1705
糖坊街	丙	405.4	5	2027
东道院	丙	500	2	1000
郭签士巷	丙	401	5	2005
马神庙街	丙	332	5	1660
北教场	丙	314	3	942
玉祥门北路	丙	600	5	3000
教场门	丙	108	5	540
曹家巷	丁	353.6	3	1060.8
菜坑岸	丁	240	5	1200
夏家什字南北街	丁	188	5	940
开通巷	丁	346	3	1038
大车家巷	丁	331	5	1655

---

① 西安市档案局、西安市档案馆编：《筹建西京陪都档案史料选辑》，西北大学出版社1994年版，第137—140页。

街名	等级	长度（m）	煤渣路面宽度（m）	煤渣路面面积（m²）
柴家什字	丁	212	5	1060
双仁府	丁	355	3	1065
太阳庙门街	丁	307	3	921
报恩寺街	丁	326	3	978
火药局巷	丁	150	3	450
安居巷	丁	378	3	1134
大差市南段	丁	320	3	960
冰窖巷	丁	228	3.6	820.8
东仓门北段	丁	344	5	1720
土地庙什字	丁	200	5	1000
西北一路	丁	1000	5	5000
甜水井东西路	丁	229	3	687
北新街	丁	478	5	2390
尚朴路	丁	973	5	4865
尚平路	丁	240	5	1200
尚智路	丁	574	5	2870
崇廉路西段	丁	1420	5	7100
崇廉路中段	丁	780	5	3900
长巷	通巷	315	4	1260
社学巷	通巷	120	2.3	276
卧龙寺	通巷	36	3	108
北关油库路	通巷	700	3	2100
东柳巷	通巷	188	5	940
崇耻路	通巷	892	5	4460
孔庙东段	通巷	200	3	600
白鹭湾	通巷	220	5	1100
圪塔寺巷	通巷	125	3	375

资料来源：《现有道路交通长、宽等级表》，西安市档案局、西安市档案馆编《筹建西京陪都档案史料选辑》，西北大学出版社 1994 年版，第 137—140 页；《西京市政建设委员会工程处 30 年度行政计划》，1941 年 3 月 17 日，西安市档案馆藏，卷宗号：04 - 185，第 16 页；《修筑各街巷煤渣路预算表》，1939 年 12 月，西安市档案馆藏，卷宗号：03 - 63，第 8—9 页。

　　西安城市煤渣路的修筑大体经历两个过程，即前期平垫土路基，后期铺垫煤屑。土路基的平垫基本上由警察局负责征集市民劳动，凡市区没有铺筑石子的土路，按照交通情形分为重要、次要及普通三个等级，遵照陕西省各县冬令征工服务办法大纲发动壮丁服役。[①] 煤渣的铺垫工作，起初由西京市政建设委员会工程处负责，如东仓门、社学巷、大车家巷、开通巷、尚朴路等处煤渣路。然而因为城市各类道路的养护工作繁重，西京市政建设委员会工程处无暇顾及各煤渣路的修筑工作，因此为整顿市容兼筹并顾起见，西京市政建设委员会 1939 年 9 月决定将所有煤渣马路工程一并招标包商承修。[②] 如柳巷、铁塔寺巷、琉璃庙街、太阳庙门街至甜水井、夏家什字南北段、冰窖巷、双仁府巷、柴家什字、莲寿坊、郭签士巷、许士庙街、教场门街、北教场、雷神庙街、糖坊街、土地庙街、白鹭湾至龙渠湾、甜水井至双仁府、菜坑岸、曹家巷、大差市南段、孔庙东段、玉祥门路、尚朴路、崇廉路东段、马厂子、崇礼路、果子市街 28 条煤渣路均由同义建筑公司得标承做。[③] 从一定意义上说，以同义建筑公司为代表的包商成为这一时期煤渣路工程建设的主体。

二　煤渣马路在西安城区的空间分布

　　上述 50 条煤渣马路，分布于城内各城区，其中位于东北城区的：甲等路有崇礼路 1 条，丁等路有北新街、尚朴路、尚平路、尚智路、崇廉路西段、崇廉路中段 6 条，通巷有长巷、崇耻路 2 条，合计 9 条。位于东南城区的：乙等路有马厂子街 1 条，丁等路有开

---

　　① 《陕西省会警察局征集市民劳动修筑土路并铺垫煤屑以利交通案》，1938 年 10 月 12 日，西安市档案馆藏，卷宗号：03 - 70，第 30 页。

　　② 《西建会工程处关于招商修筑煤渣马路的文书》，1939 年 9 月 23 日，西安市档案馆藏，卷宗号：03 - 65，第 24 页。

　　③ 《西京市政建设委员会工程处关于招商包修崇礼路等二十八条煤渣路工程的文书》，1940 年 1 月 19 日，西安市档案馆藏，卷宗号：04 - 122，第 6 页。

通巷、安居巷、大差市南段、东仓门北段 4 条，通巷有社学巷、卧龙寺、东柳巷、孔庙东段、圪塔寺巷 5 条，合计 10 条。位于西南城区的：甲等路有琉璃庙街 1 条，丁等路有菜坑岸、夏家什字南北街、大车家巷、柴家什字、双仁府、太阳庙门街、报恩寺街、火药局巷、冰窖巷、土地庙什字、甜水井东西路 11 条，通巷有白鹭湾至龙渠湾 1 条，合计 13 条。位于西北城区的：甲等路有玉祥门路、莲寿坊 2 条，丙等路有雷神庙街、许士庙街、糖坊街、东道院、郭签士巷、马神庙巷、北教场、玉祥门北路、教场门 9 条，丁等路有西北一路 1 条，合计 12 条。属于东关的：丙等路有果子市街、柿园坊、东关南大街、长乐坊 4 条，丁等路有曹家巷 1 条，合计 5 条。属于北关的：通巷有北关油库路，合计 1 条。具体各城区煤渣马路统计及分布情况见表 4—2、图 4—1。

表4—2　　　　　　　　　西安城区煤渣马路分区统计

城区	长度（m）	建筑面积（m²）	平均宽度（m）
东北	6037	29870	4.95
东南	2362	8676	3.67
西南	3184	12470.8	3.92
西北	5405.4	25917	4.80
东关	3331.6	11114.8	3.34
南关	0	0	0
西关	0	0	0
北关	700	2100	3
合计	21020	90148.6	4.29

资料来源：《现有道路交通长、宽等级表》，西安市档案局、西安市档案馆编《筹建西京陪都档案史料选辑》，西北大学出版社 1994 年版，第 137—140 页；《西京市政建设委员会工程处 30 年度行政计划》，1941 年 3 月 17 日，西安市档案馆藏，卷宗号：04-185，第 16 页；《修筑各街巷煤渣路预算表》，1939 年 12 月，西安市档案馆藏，卷宗号：03-63，第 8—9 页。

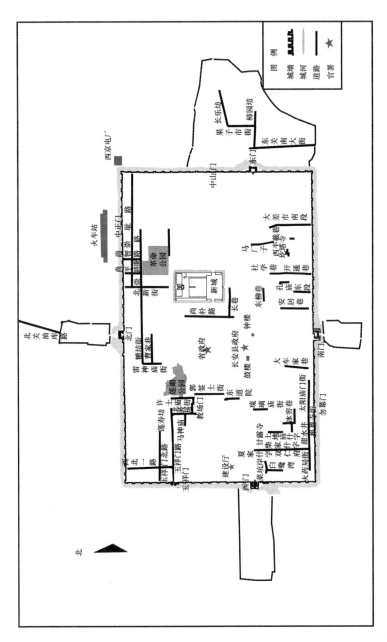

图 4—1　民国西安城市煤渣马路分布示意

说明：底图采用西安市档案馆藏西京市政建设委员会工程处 1939 年 5 月绘制《西京城关平面图》。

通过对以上图表的分析可知，这一时期西安城市煤渣马路的分布以东北城区为最，西北城区次之，这种分布特征基本上和各城区所占全城的面积大体呈正比例关系。而这一时期东北城区煤渣马路的铺筑为"城八区"长度及面积之最，这是因为陇海铁路的开通和抗日战争时期工厂的内迁，"使原先冷清的城东北区发生了显著的变化，加快了这一地区乃至西安市的城市化进程"①。正是这种经济的发展带来了以修筑煤渣马路为主要内容的城市基础设施建设的高潮。而在四关城中，东关城煤渣马路修筑面积超过了东南城区，和西南城区相差无几，这也体现了东关城作为传统沟通城外与城内商贸经济之地在西安城市社会经济中的重要地位。

三 城区已有碎石马路的养护工作

道路养护是城市道路建设的一项重要内容，自西安城市碎石马路修筑伊始，碎石马路的养护工作就成为西京市政建设委员会工作的一项重要内容。1939 年 2 月，西京市政建设委员会工程处成立之前，负责城市碎石马路养护的是西安市政工程处。为加强城市碎石马路的养护工作，1935 年 3 月，西安市政工程处成立养路队，负责养护马路及处理关于马路的一切粗活，养路队工人名额为 40 人，每 10 人分为一班，共四班，每班推选班长一人率领工人按时工作，另外设队长一人负责监督路工工作。② 同年西京市政建设委员会委员、陕西省建设厅厅长雷宝华提议将市区马路养护及铲除积泥工作分区处理。以南北大街为限，以东各马路养护由省会公安局成立工务警察负责办理，以西各道路由市政工程处养路队办理。③ 1939 年 2 月，

---

① 阎希娟、吴宏岐：《民国时期西安新市区的发展》，《陕西师范大学学报》（哲学社会科学版）2002 年第 5 期。

② 《西安市政工程处养路队组织大纲》，1935 年 3 月 6 日，西安市档案馆藏，卷宗号：05 - 209，第 35 页。

③ 《雷宝华关于分区养护城区马路的提案》，1935 年 4 月 28 日，西安市档案馆藏，卷宗号：03 - 185，第 24 页。

西京市政建设委员会合组西安市政工程处成立西京市政建设委员会工程处①，全面办理全市一切市政工程事宜。

早在全面抗日战争之前，对于城区已修成之碎石路面，西安市政工程处即择其坎坷最甚者，次第请款翻修。自全面抗日战争以来，国民政府一再令饬节省财务，因此对于无法修补之路面，亦不便请款翻修。加之市内未修之土路，为数甚多，西安市政工程处派工不断修理，终以人寡路多不敷分配，未克尽善尽美，皆以事实使然。基于以上的事实，西京市政建设委员会工程处成立伊始，即根据碎石马路及各类道路的损坏情况，积极开展城区各类路面的整修工作。根据实际调查情况，西京市政建设委员会工程处认定无法补修必须全行翻修的道路有：大差市、东羊市、二府街、柏树林、东厅门、德福巷、牌楼巷、龙渠湾 8 条；可以派工次第整理的道路有：大车家巷、土地庙什字、水窖巷、兴隆巷、西二道巷、马厂子街、许士庙街、雷神庙街、糖坊街、曹家巷、饮马池巷、东四五道巷、印花布园、东柳巷、吉庆巷、帝君庙巷、东八道巷、东九道巷、集贤巷、小庙巷、金家巷、平民巷、回回巷、宋家巷、四皓村、六合村、新城坊街、崇耻路、尚德路、保康里、崇廉路、崇仁路、崇忠路、崇悌路、崇孝路 35 处。②

1940 年，西京市政建设委员会工程处共计修补了东、西、南、北四大街、南关大街、北关大街、南瓮城道、端履门、东西木头市、东西九府街、骡马市、南广济街、五味什字、南四府街、火车站南路、钟楼四周、竹笆市、洒金桥、老关庙、梁府街、大莲花池街、大学习巷、举院巷、早慈巷、马坊门 27 处路面。而南北院门、东厅门、东县门、大差市、梁家牌楼、柏树林 7 处，则因为年久失修，

---

① 《市建会为成立该会工程处致西京筹备委员会公函》，西安市档案局、西安市档案馆编《筹建西京陪都档案史料选辑》，西北大学出版社 1994 年版，第 59 页。

② 《西京市政工程处养路工程队工作预定进行表》，1939 年 2 月 2 日，西安市档案馆藏，卷宗号：03 - 146，第 53 页。

损坏太过严重，无法补修，于是经过招商先后翻修完整。①

1941 年虽然中央财政给予的经费增加了 31.2 万元，但因为通胀，市政建设经费仍然处于非常短缺的状态，因此对于各类马路的修筑及养护工作，虽然尽力推行，但并没有太大的成果。② 根据对《筹建西京陪都西京档案史料选辑》及西安市档案馆馆藏档案中1941 年道路工程建设数据的不完全统计，在此期间其对包括南大街、西大街、马坊门街、长乐坊、南新街等 50 余条各类道路进行了翻修、补修等工作。③ 诚如《西京市政改革意见书》所言："诸如道路等，均已年久，多趋颓陷，虽经本会竭力整刷，无奈经费拮据，坎坷不平之处尚可勉力修补，若涉于大规模开辟翻修，势所不能。"④ 至此，西京市政建设委员会大规模的市政建设也接近尾声。⑤

总体来看，西京市政建设委员会对城区大部分碎石马路进行了一定程度的养护工作。但随着抗日战争的持续，中央财政补助不足原本数目的一半，地方财政支持也陷于停顿，而与此同时，通货膨胀、物价飞涨，加之日军的轰炸，⑥ 西京市建工程处对于道路的养护

---

① 《西京筹备委员会及市政建设委员会二十九年工作实施报告》，西安市档案局、西安市档案馆编《筹建西京陪都档案史料选辑》，西北大学出版社 1994 年版，第 338 页。

② 《西京市政改革意见书》，西安市档案局、西安市档案馆编《筹建西京陪都档案史料选辑》，西北大学出版社 1994 年版，第 370 页。

③ 西安市档案局、西安市档案馆编《筹建西京陪都档案史料选辑》，西北大学出版社 1994 年版，第 355—364 页；《市建会工程处三十年七月份工作报告》《市建会工程处三十年八月份工作报告》《市建会工程处三十年九月份工作报告》《市建会工程处三十年十月份工作报告》《市建会工程处三十年十一月份工作报告》《市建会工程处三十年十二月月份工作报告》，1941—1942 年，西安市档案局藏，卷宗号：02-4-186-2。

④ 《西京市政改革意见书》，西安市档案局、西安市档案馆编《筹建西京陪都档案史料选辑》，西北大学出版社 1994 年版，第 370 页。

⑤ 郭世强：《1934—1941 年西安城区道路工程建设的初步研究》，《中国历史地理论丛》2013 年第 3 辑。

⑥ 《西京市政改革意见书》，西安市档案局、西安市档案馆编《筹建西京陪都档案史料选辑》，西北大学出版社 1994 年版，第 369—370 页。

工作应接不暇，最后原本的碎石路修筑计划陷于流产的境地，只能转向耗资较少，且是依靠搜罗市内各类厂商和住户煤渣为路面材料的煤渣路的修筑。①

四　碎砖路与土路的修治

除上述碎石路的修筑、养护和煤渣路的修筑外，全面抗日战争时期西京市政建设委员会也修筑有碎砖路面，同时积极平治城区重要土路。这一时期，西京市政建设委员会新修及补修碎砖路有卢进士巷、龙渠湾、龙渠北段、南新街、旧民厅、旧财厅、金家巷、通济北坊、通济中坊、通济南坊10条；砖砌路有第一市场、开元寺2条。其中碎砖路全系丁等道路，路长合计2060.1米，总建筑面积为10096.38平方米；砖砌路均为通巷道路，全长584米，面积为1428平方米。② 各碎砖路及砖砌路的具体规格及分布情况见表4—3、图4—2。

表4—3　　　　　　　　　西安城区碎砖及砖砌道路统计

街名	等级	所在城区	长度（m）	宽度（m）	现有面积（m²）
卢进士巷	丁	西南	340	5	1700
龙渠湾	丁	西南	220.9	5	1104.5
龙渠北段	丁	西关	80	3	240
南新街	丁	东北	395.8	7.5	2968.5
旧民厅	丁	西南	310.6	4.5	1397.7
旧财厅	丁	西南	39.8	4.1	163.18
金家巷	丁	东南	115	5.5	632.5
通济北坊	丁	东北	168	3	504

---

① 郭世强：《1934—1941年西安城区道路工程建设的初步研究》，《中国历史地理论丛》2013年第3辑。

② 郭世强：《城市转型视角下民国西安城区道路系统演变研究》，《中国历史地理论丛》2017年第4辑。

续表

街名	等级	所在城区	长度（m）	宽度（m）	现有面积（m²）
通济中坊	丁	东北	216	4	864
通济南坊	丁	东北	174	3	522
第一市场	通巷	西南	260	3	780
开元寺	通巷	东南	324	2	648

资料来源：《现有道路交通长、宽等级表》，西安市档案局、西安市档案馆编《筹建西京陪都档案史料选辑》，西北大学出版社 1994 年版，第 143—144 页。本表在统计过程中对原表数据有错误之处进行了更正。

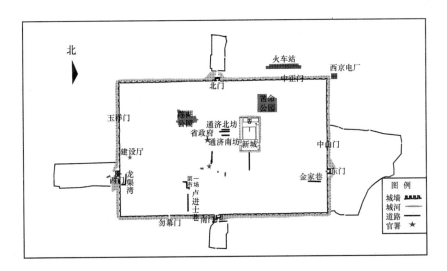

图 4—2　民国西安城区碎砖及砖砌路分布示意（1938—1941）

说明：底图采用西安市档案馆藏西京市政建设委员会工程处 1939 年 5 月绘制《西京城关平面图》。

早在 1935 年，西京市政建设委员会即将西安市区道路网设计为蜘蛛网式交通，以环城路为此交通网之总枢纽，并完成测量路线计划修筑，旋即遭遇"西安事变"而告中止。全面抗日战争爆发后，日军不断对西安进行空袭，城市防空压力骤大，1940 年前后，因为城市防空疏散刻不容缓，决定立即兴修环城路，全长 14893 米，宽 20 米，应做土方工量 54643 立方米。为迅速完成环城路工作任务，保障城市防空疏散，环城马路的修筑工作采取征发民工及兵工的方式进行修筑。①

　　1940 年 2 月，西京环城马路征工筑路委员会成立，同时根据《国民工役法》规定，颁布《陕西省会壮丁修筑环城马路实施办法》，将省会西安居民凡年龄在 18—45 岁者（公务员、教师、残废学生及出征军人家属不在其内）全部纳入服工役 3 日的范围内。根据设计，环城马路约需工人 24 万余工，而西安市壮丁总数为 33132人，合工役 99396 工，其不足工数由市政工程处另行函请长安县政府协助修筑。环城马路原定 1940 年 2 月 23 日开工，不过因为壮丁登记未竣，推迟至 3 月 1 日开工。② 经过西京市政建设委员会、各协助单位、西安市民、长安县居民以及兵工的共同努力，1940 年 5 月，环城马路修筑完毕。③

　　西安城内街道纵横四布，及城而止不复可通，而顺城路可将这些街道全部连接起来，在城市交通系统中发挥重要作用。尤其在抗日战争时期沿城掘有防空城洞，顺城路的畅通对于市民防空大有裨益。④ 1939 年 3 月份，西京市政建设委员会即函陕西省会警察局征用民工修筑顺城马路，⑤ 不过因为顺城马路沿线军政机关众多，如"三十集团军、机器厂、电政管理局等处土墙无法令其拆除"⑥，几经周折才大体将阻碍顺城路建设的建筑物拆除，因此顺城路迟至

---

　　① 《西京市政建设委员会二十九年度行政计划》，1939 年 11 月，西安市档案馆藏，卷宗号：03 - 164，第 22 页。

　　② 《环城路征工实施办法》，1940 年 2 月 13 日，西安市档案馆藏，卷宗号：04 - 167，第 19 页。

　　③ 《西京市政建设委员会第 134 次会议记录》，1940 年 5 月 8 日，西安市档案馆藏，卷宗号：04 - 51，第 25 页。

　　④ 《西京市政建设委员会二十九年度行政计划》，1939 年 11 月，西安市档案馆藏，卷宗号：03 - 164，第 21 页。

　　⑤ 《西京市政建设委员会第 119 次会议记录》，1939 年 3 月 22 日，西安市档案馆藏，卷宗号：03 - 678，第 108 页。

　　⑥ 《关于拆除顺城马路阻碍建筑的文书》，1940 年 10 月 11 日，西安市档案馆藏，卷宗号：03 - 66，第 86 页。

1941 年才告贯通。

　　环城马路和顺城马路的修建是民国西安城市道路系统的一次重大突破和发展。首先就顺城路而言，实现了西安城市各道路通过顺城路达到贯通的目的，是城市蜘蛛网式道路结构中最主要的一环，尤其是在日军轰炸城市、防空疏散压力巨大的情况下，对城市交通的衔接疏导作用更是突出。① 其次，就环城马路而言，顺城、环城两马路分绕城墙内外，并通过城门与护城河桥梁相衔接，使西安城内道路"不仅与四郊各公路相接，且与城外各小道相连，正如一杆千枝，无所不达，市民防空出城可以任所愿去矣。全路两旁并植以树，且将注水城河，届时不啻为一环城公园，裨益市民更非浅显也"②。因此顺城、环城两绕城马路的修建，不仅改善了城市道路交通景观，而且是城市交通外向性发展的重要表现，对于沟通西安城区与外界的联系，具有巨大的助推作用。

　　除上述两绕城土质马路外，西京市政建设委员会也积极平治市内各土质道路。具体而言，有小莲湖巷、尚勤路、尚俭路、尚德路、小差市、景龙池街、香米园、东五道巷、大有巷、八卦楼巷、小学习巷、北药王洞、药王洞西路、东南一路、东南二路、东南三路、西北一路、西北二路、西北三路、西北四路、西北五路、西北六路、西北七路、崇悌路、崇忠路、崇义路 26 条。合计西京市政建设委员会修筑或平治土质路面长 46605 米，土路面积293499 平方米。③ 各修筑平治土质路面具体情况见表 4—4、图4—3。

---

　　① 　郭世强：《城市转型视角下民国西安城区道路系统演变研究》，《中国历史地理论丛》2017 年第 4 辑。

　　② 　《西京市政建设委员会二十九年度行政计划》，1939 年 11 月，西安市档案馆藏，卷宗号：03 - 164，第 22 页。

　　③ 　郭世强：《城市转型视角下民国西安城区道路系统演变研究》，《中国历史地理论丛》2017 年第 4 辑。

表4—4　　　　　　　　西安城区平治修筑土质道路情况统计

街名	等级	所在城区	长度（m）	宽度（m）	面积（m²）
小莲湖巷	甲	西北	428	2	856
尚勤路	乙	东北	1556	10	15560
尚俭路	乙	东北	1554	10	15540
尚德路	乙	东北	1512	12	18144
小差市	乙	东北	252	12	3024
景龙池街	丙	东关	360	10	3600
香米园	丙	西北	440	16	7040
东五道巷	丙	东南	220	16	3520
大有巷	丁	西南	120	5	600
八卦楼巷	丁	西南	300	3	900
小学习巷	丁	西北	360	2	720
北药王洞	丁	西北	560	5	2800
药王洞西路	丁	西北	1000	6	6000
东南一路	丁	东南	700	5	3500
东南二路	丁	东南	700	5	3500
东南三路	丁	东南	860	5	4300
西北一路	丁	西北	1000	5	5000
西北二路	丁	西北	1000	5	5000
西北三路	丁	西北	450	5	2250
西北四路	丁	西北	460	5	2300
西北五路	丁	西北	240	5	1200
西北六路	丁	西北	200	5	1000
西北七路	丁	西北	200	5	1000
崇悌路	丁	东北	970	12	11640
崇忠路	丁	东北	970	12	11640
崇义路	丁	东北	1700	12	20400
东顺城路	丁	东北—东南	2600	5	13000
西顺城路	丁	西北—西南	2600	5	13000
南顺城路	丁	西南—东南	4200	5	21000
北顺城路	丁	西北—东北	4200	5	21000
环城马路	丁	城墙外环	14893	5	74465

　　资料来源：《现有道路交通长、宽等级表》，西安市档案局、西安市档案馆编《筹建西京陪都档案史料选辑》，西北大学出版社1994年版，第141—143页。本表在统计过程中对原表数据有错误之处进行了更正。

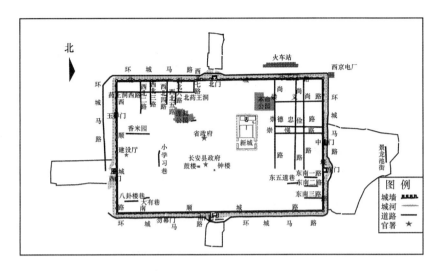

图 4—3　民国西安城区修筑或平治土路分布示意（1938—1941）

说明：底图采用西安市档案馆藏西京市政建设委员会工程处 1939 年 5 月绘制《西京城关平面图》。

　　对比明清西安城区地图，这一时期新辟道路大幅度增加。其中尚勤路、尚俭路、尚德路、药王洞西路、东南一路、东南二路、东南三路、西北一路、西北二路、西北三路、西北四路、西北五路、西北六路、西北七路、崇悌路、崇忠路、崇义路、东顺城路、西顺城路、北顺城路、南顺城路、环城马路 22 条道路均为这一时期新辟。这些道路全长 43565 米，面积达 270439 平方米，分别占这一时期全部土质路面道路的 93.48% 和 92.14%，大多分布于东北城区东半部、东南城区东南隅、西北城区西北隅。[1] 造成这一分布状况的最主要的原因是随着全面抗日战争的爆发，东部省份的机关、工厂、学校、商号及难民大量涌入西安，随着人口的大量增加，民国初期原本荒凉的新市区、城内东南角、西北角等处已成为人口稠密的居住区。[2] 西安城区新辟土质路面道路正是在这一背景之下产生的。

---

　　① 郭世强：《城市转型视角下民国西安城区道路系统演变研究》，《中国历史地理论丛》2017 年第 4 辑。

　　② 史念海编著：《西安历史地理图集》，西安地图出版社 1996 年版，第 140 页。

第二节　西京市政建设委员会时期西安城市道路系统演变特征分析

一　西京市政建设委员会城市道路系统建设的成果

在其存在的八年时间中，西京市政建设委员会对西安城市道路系统的修筑是西安市政建设的最重要部分。在全面抗日战争爆发之前，西京市政建设委员会基本上完成了市内重要道路的碎石马路建设，这是对历史时期西安城市道路系统路面构成的一次重大改变，也是从封建时代以土质路面为主体的道路景观向现代柏油马路景观转变的一个重要过渡。抗日战争全面爆发后，因为经费紧张，西京市政建设委员在不能继续按照原本计划开展道路建设的情况下，依然尽力坚持城市道路系统的建设，根据各道路之于城市交通的重要性，或翻修碎石路面，或添铺煤渣、碎砖路面。[1]截至1941年年底，西安城区已经筑成碎石路面93条，总长约42801.82米，总面积约330285.9平方米；煤渣路面50条，总长21020米，面积90148.6平方米；碎砖路面10条，总长2060.1米，建筑面积为10096.38平方米；砖砌路2条，总长584米，面积为1428平方米；平治各土路31条，总长46605米，面积293499平方米。具体情况见表4—5。

表4—5　　　　　西京市政建设委员会城区道路工程统计

		甲等	乙等	丙等	丁等	通巷	合计
碎石	长度（m）	11904.15	14185.12	4789.1	10593.02	1330.43	42801.82
	面积（m²）	146989.3	90901.75	26140.55	59100.46	7153.84	330285.9

[1]　郭世强：《1934—1941年西安城区道路工程建设的初步研究》，《中国历史地理论丛》2013年第3辑。

续表

		甲等	乙等	丙等	丁等	通巷	合计
煤渣	长度（m）	1689	305	6257.4	9972.6	2796	21020
	面积（m²）	9187	1525	24203	44014.6	11219	90148.6
碎砖	长度（m）	0	0	0	2060.1	0	2060.1
	面积（m²）	0	0	0	10096.38	0	10096.38
砖砌	长度（m）	0	0	0	0	584	584
	面积（m²）	0	0	0	0	1428	1428
土路	长度（m）	428	4874	1020	40283	0	46605
	面积（m²）	856	52268	14160	226215	0	293499
合计	长度（m）	14021.15	19364.12	12066.5	62908.72	4710.43	113070.92
	面积（m²）	156972.3	144694.75	64503.55	339426.44	19800.84	725457.88

　　通过对西京市政建设委员会时期西安城市道路建设工程的分析，我们可以得出以下几点认识：（1）碎石马路是西京市政建设委员会城市道路建设最为突出的成就，占到全部道路建筑面积的一半还多，这极大提高了城市道路的硬化率，是城市道路交通近代转型发展的突出表现；（2）甲乙两级道路作为西安城市交通干道和商业区道路，是城市道路建设的主体，在城市交通上具有重要地位，是西京市政建设委员会首先修筑的道路工程，而丁等道路作为居住区交通道路，在各等级道路中建筑成果最为突出，这在一定程度上反映出西安城市人口的增加和居住区的扩展；（3）抗日战争对西京市政建设委员会在财政上的冲击日益凸显，随着全面抗日战争的爆发，西安城市道路已经结束了大规模的碎石路建设，在相对重要的地段铺筑煤渣路，其他街道则只能修筑土路，这亦是西京市政建设委员会的无奈之举。①

---

　　① 郭世强：《1934—1941 年西安城区道路工程建设的初步研究》，《中国历史地理论丛》2013 年第 3 辑。

二　西京市政建设委员会修筑城市道路系统的空间分布①

通过上文所绘西京市政建设委员会所筑各类道路分布图可知，1934—1941 年，西安城市主干道路突破了传统东、西、南、北四大街的十字形结构，形成了新的三纵两横空间格局。按照自北向南、自西向东的方位顺序，三纵依次为西北三路—南四府街、北大街—南大街、尚仁路—大差市。按照自北向南、自西往东的方位顺序，两横依次为玉祥门路—崇礼路、西大街—东大街。这些新的主干道路直接连通新辟的小北门、勿幕门、中正门、玉祥门、中山门，使得西安城内同外界的联系，突破了东、西、南、北四门的限制，便利了西安城区同周边地区乃至全国社会经济的交往。

为方便研究各等级道路在西安城区的分布状况，特以钟楼为中心，用东、西、南、北四大街将西安分为东南、西南、西北、东北四城区。从道路的等级来看，甲级道路连通西安各城门；乙级道路主要分布在东南和西南城区，同时乙级道路也包括新市区规划的南北向道路和东、西、南、北四关正街；丙级道路主要集中于西北城区；丁级道路则遍布整个西安城区，但和钟楼在距离上具有逆向关系，即距离钟楼越远，其分布越密集；通巷为数不多，且离钟楼较近。从整体上来说，这一时期西安城区各等级道路的分布具有大体均衡、局部集聚的特点。

这一时期，东北城区道路系统建设取得了长足的进步，各类道路建设面积为城区之最，为改变民国初期满城荒废的面貌，促进了新市区的发展，奠定了交通运输基础。东北城区道路系统建设取得如此成绩，这主要是因为新式交通及政府机构驻地的影响。陇海铁路的修通、中正门的开辟，促进了新市区的经济发展，而地方政府办公驻地设置在新市区也要求新市区交通水平同其政治地位相符合。

---

① 郭世强：《1934—1941 年西安城区道路工程建设的初步研究》，《中国历史地理论丛》2013 年第 3 辑。

经济发展、政治需要等因素，使西京市政建设委员会着力对新市区进行道路规划和建设，从而从根本上改变了东北城区民国初年因战争破坏而导致的荒凉落后状态。

就路面类型而言，碎石马路分布最广，覆盖全部城区，尤以东南、西南、西北三城区为密集。煤渣路作为碎石路面的重要补充，这两类路共同构成西安城区道路的主体，初步改变了民国初年西安城区道路的面貌。土路主要分布在距中心市区较远的东北隅和西北隅，这反映了民国时期西安城市内部空间的拓展。从整体上来看，碎石马路和煤渣路的分布多位于传统商业繁荣、经济发达的区域，而东北城区则因为陇海铁路的开通，道路建设获得巨大发展，这反映了传统区位优势及新式交通的发展是影响西安城市道路建设的最主要的因素。

三　西京市政建设委员会新修道路体系对于城市内部空间构建

1934—1941 年西安城市新修道路从路面种类上分为碎石路、煤渣路、碎砖路、砖砌路和土路五种，而根据各道路在城市交通中的不同地位又分为甲、乙、丙、丁和通巷五类。这些道路共同组成了这一时期的城市道路景观，对城区道路交通状况有一定改善。一般而言，甲级道路是西安城区道路的干线道路，重要性要高于其他等级的道路；乙、丙两级道路是城区干线道路的重要补充，它们和甲级道路一起构成西安城主体道路框架，将城内重点区域和建筑物连接在一起；丁级道路和通巷遍布西安各城区，这些道路主要是西安城社区内部的道路，与其他等级的道路相连接，延伸至城区各个角落，是西安城市空间连接的基层道路。

（一）东北城区：清代满城的新生

东北城区，即清代满城区，辛亥革命后，满城成为废墟，"城内住房，被毁一空""残砖断瓦，荒凉一片，仅少数贫民耕耘其间"[1]，昔日"满城则大街七，小街九十四"的情景不复存在。从

---

① 王荫樵：《西京游览指南》，天津大公报西安分馆印行 1936 年版，第 3 页。

1928 年起，西安市政府将其开辟为新市区，统一规划设计，并进行基本的道路建设，是西安城市近代化道路建设的先声。1934 年，陇海铁路在西安正式通车，为便利西安城区与火车站的交通联系，西京市政建设委员会在东北城隅特开辟中正门（今解放门处），修筑尚仁路（今解放路）。在随后的近十年里，大量移民涌入，新市区人口增加，工商业日渐繁荣，与之相应的城市基础设施建设也迎来了一个新高潮。

1934—1941 年，东北城区新修各类道路共 29 条，其中属于城市主干道路的有南北向尚仁路、大差市，东西向崇礼路、东新街，共计 4 条道路。乙级道路有南北向尚勤路、尚俭路、尚德路、小差市 4 条。东北城区没有修筑丙级道路。东北城区丁级道路修筑最多，南北向有案板街、炭市街、北新街、尚朴路、尚平路、尚智路、南新街 7 条，东西向有西新街、武庙街、崇孝道、后宰门街、崇悌路、崇忠路、崇廉路、崇义路、通济北坊、通济中坊、通济南坊 11 条，共计 18 条道路。此外，还有东西向通巷 3 条：新化巷、长巷和崇耻路。

修筑的这些道路，最为显著的特点就是规整划一，对清代满城街巷的继承和发展特别明显。根据学者的研究，结合笔者的分析，这些道路中西新街、后宰门街、崇廉路、崇耻路、案板街分别为满城时期城内 7 条大街中的西华门大街、新城门大街、二条街、三条街、案板街。不过这些道路已经从满城时期的大街变为丁级或通巷道路，成为城市内部交通的基层道路。而因新辟城门修筑的尚仁路（通中正门）、东新街（通中山门）、崇礼路（连接王家巷、莲寿坊、玉祥门路通玉祥门）成为东北城区的主干道路。这也反映了近代城市发展过程中对外联系的加强，对城市内部交通构建具有直接影响，这和封建时代城市内部封闭保守，军事防御在城市内部交通构建上的重要作用形成鲜明对比。

（二）东南城区：传统文教区影响下的道路建设

清代以来，东南城区以关中书院和文庙为中心，是西安传统文教区。民国时期，省立高级中学、第一师范、民兴中学、师范附小、县立第七小学、菊林小学等诸多学校依然分布在这一区域。有清一代，这里交通不便，稍显偏僻，正好适应了读书学习对于静谧环境的需要。[①] 这种传统文教区对于环境的要求，在一定程度上限制了西京市政建设委员会对这一城区道路的建设，故而相较其他城区，这里新修道路最少，只有 25 条街巷，而在面积上与其相差无几的西南城区竟有 40 条之多。并且在东南城区内没有一条作为城市道路主干线的甲级道路。

不过作为城市内部干线道路重要补充的乙级道路，在这一城区有着一定的分布，大体而言，以东木头市、东厅门街、东县门街、东羊市街一线将东南城区分为南北两部，以端履门街、柏树林街一线分为东西两部，即这两线乙级道路作为东南城区内部干线道路，在除清代南城外的区域成"十"字形道路结构。其他新修道路，主要为连接城市主干道（东大街、南大街）和东南城区内部主干道的基层道路，且连接东大街和东木头市—东羊市一线之间的南北向道路多于连接南大街、顺城南路的道路。

出现这种道路连接不均衡现象，首先在于东南城区东西长、南北短的城区形态，较长的东西街给南北向道路的开辟提供了较充足的空间和必要。而这一时期东北城区的发展以及东大街的繁荣，使东南城区居民对于连通东大街、东北城区的需要较其他区位更迫切。西京市政建设委员会这一时期对东南城区道路的修筑正是这一区域对西安东北城区发展的回应和表现。

（三）西南城区：基层道路在传统商贸核心区的发展

西南城区作为西安城的旧城区，自宋元以来，人口众多，街巷密布，富商大贾及各商业会馆也多选建于此，这是明清以来西安城最为繁华的商贸核心区。这一区位因素对西京市政建设委员会的道

---

① 史红帅：《明清时期西安城市地理研究》，中国社会科学出版社 2008 年版，第 120 页。

路建设有着重要的影响，使得只有西北城区一半面积的东南城区，在新建道路数量上只比西北城区少9条。其内部交通干道（乙级道路）和基层道路（丁级）建设日臻成熟。

首先，就城市主干道修建而言，琉璃庙街—南北四府街一线连通开辟于1939年的井上将门（今勿幕门），成为西南城区连接城外的重要通道，并且和西北城区的北桥梓口—西北三路一线相连，与南大街—北大街、尚仁路—大差市等，共同构成民国中后期西安新的三纵主干道（甲级道路）格局。其次，就西南城区内部干线道路（乙级道路）来言，以南院门为中心，南北向新修道路有南广济街、竹笆市街、南院门南北路、南桥梓口4条；东西向有南院门街、盐店街、马坊门街、土地庙街、西木头市、五味什字、粉巷、院门巷8条，并且这些道路全部为碎石马路，更是显示了传统商贸核心区对道路修筑的影响。

由于西南城区是西安传统的旧城区，城区内部道路相较其他城区发育较早，道路交通体系已臻于成熟，故而西京市政建设委员会对于西南城区道路的建设更加趋向于完善城区内部基层道路（丁级道路）系统。因此，西京市政建设委员会在西南城区修建的40条道路中，丁级道路就有23条之多，并且这40条道路在西南城区大体呈均衡分布。通过分析西南城区城市道路建设，笔者认为西安城区的发展体现了这样一个特征：市政建设的层级与城区发展水平成逆相关，即城市内部市政建设的层级越高，城区内部的发展程度越低；市政建设的层级越低，与普通群体适用性越广，城区内部的发展程度越高。

（四）西北城区：历史的继承与发展

西北城区，自明清以来即是官署集中分布区，明代宗室府宅及明清两代大量官署即分布在北院门附近，[①] 民国时期这里依然先后是

---

① 史红帅：《明清时期西安城市地理研究》，中国社会科学出版社2008年版，第315页。

长安县政府、陕西省政府、西安绥靖署等政府机关办公地。此外，明清时期这一地区的商业市场上承宋、元，形成北院门商业区，而光绪二十六年（1900）因慈禧太后和光绪帝行宫所在，更是促进了西北城区商业的发展。西北城区的行政、商业因素，对该区的道路建设产生了重要的影响。

就城市主干道而言，因为玉祥门的开辟，东西向的玉祥门路—莲寿坊—王家巷一线连通东北城区的崇礼路，成为西安城区新的道路横向主干道，和西大街—东大街一起构成了西安两横的城市主干道。而南北向西北三路的新辟，成为北桥梓口—洒金桥—老关庙街一线城市主干道在西北城区的延伸。并且西北三路在 1939 年连通为疏散城内居民而紧急开辟的"西北三路防空便门"，这在整个交通体系上实现了西安城区西半部自"西北三路防空便门"至井上将门（今勿幕门）城市干线道路的贯通。

就西北城区内部交通干线道路（乙级道路）而言，其修筑数量较少，但与行政官署有着密切的关系。具体来言，南北向道路只有连接省政府与长安县政府的北院门大街 1 条，东西向道路有连接省政府与北大街的西华门街，以及自北院门大街向西通往陕西省建设厅、西安市政工程处等机关的西仓门街、西羊市街。这四条道路方便了各行政机关间的沟通。除此之外，西北城区道路分布的另一个突出特点就是西安城区的丙级道路除大湘子庙街、书院门街、东五道巷 3 条道路及东关城内的 5 条道路外，其他全部分布在该区域。

（五）四关城的道路分布

明清以来，西安四关城作为城市空间的重要组成部分，处于城乡结合部的地理位置，商贸发展同城内四区有较大不同。但东北城区因为满城的兴建，基于军事堡垒的形制和功用，内部并没有商业区的设计。而满人的日常所需直接促进了东关城的发展，东关城区的商贸兴盛甚至超过东北城区，这一局面直到陇海铁路开通，新市区即东北城区兴起才有所改变。故而东关城在规模和地位上都高于其他关城。正是因为东关城在历史上的这种地位和影响，西京市政建设委员会所修筑的 11 条关城道路中有 7 条道路在东关城。这 7 条道路中既有作为东大街在东关延伸又是关城城区内干道的东关大街，又有果子市街、柿园坊等 6 条联系商贸区和居民区的内部道路。而其他关城除南关城多一条东瓮城街外，都只有作为城市主干道延伸的关城大街。

第三节　1942—1949 年西安城市道路系统的发展演变

1942 年 1 月 1 日，西安市政处正式成立,[①] 开始接办原西京市政建设委员会的市政建设工作。1944 年 9 月 1 日，西安市政府正式成立，至 1949 年 5 月，西安城市道路建设进入了西安市政处—西安市政府主管的时代。这一时期，西安城市发展囿于抗日战争和解放战争的影响，城市道路建设总体上成就不大，但也随着城市社会经济的发展和人口增加带来的居住区的扩大而有所发展，主要表现在重要地段残损碎石及煤渣马路翻修，及适应城市发展需要而将土路改筑为煤渣路等。[②] 同时，1947 年陕西省建设厅为配合战后西安城市建设，在陪都西京城市规划建设基础上所拟定的《西安市分区及道路系统计划书》，可以说在一定程度上总结了民国西安城市道路的发展现状，并对未来城市发展做出了诸多规划。

一　碎石马路的新筑及翻修

这一时期，西安市政府修筑的碎石马路为东新街、南新街、小差市南段马路、玉祥门路 4 条碎石马路。东新街，西起新城前进门，

---

①　西安市档案局、西安市档案馆编：《西安古今大事记》，西安出版社 1993 年版，第 238 页。

②　郭世强：《城市转型视角下民国西安城区道路系统演变研究》，《中国历史地理论丛》2017 年第 4 辑。

东至中山门，是东北城区连接东关城与新城之间的交通干道，尤其是在陕西省政府搬迁至新城之后，在西安城区的地位更加重要。[①] 然而全面抗日战争时期，日军频繁轰炸，及市政建设资金短缺，虽然东新街很早就作为甲等路列入碎石马路的修筑计划，但一直未能付诸实施。迟至 1946 年 10 月才由西安市政府根据《西安市国民义务劳动运输筑路石砂暂行办法》，征调大车公会及第一区至十二区各区大车约 5380 辆次，拉运碎石基、黄沙等原料修筑。[②] 南新街北起新城南门，南至东大街，原在 1935 年 10 月修筑为碎砖路，随着新城的政治地位在城区地位的上升，南新街也于 1945—1946 年改筑为碎石马路。小差市南段碎石马路由仁寿里巷口至东大街，是连接建国门至东大街较为重要的一段，由陕西省企业公司营造厂在翻修东大街端履门至东门段碎石马路时一并翻修。[③] 玉祥门路原为煤渣马路，1946 年由包商改筑为碎石路。

东新街、南新街碎石马路的修筑，在一定程度上完成了以省政府驻地为中心的新城与城内交通干道及城外的联系，使新城成为名副其实的城市行政中心。[④] 新城作为陕西省政府所在地，其东由东新街与中山门相衔接，其南由南新街、东大街再通过端履门、柏树林等与文昌门相连，其西由西新街与北大街相连接。各相关大街均为碎石马路，其所衔接之处，不仅是城市交通干道如东大街、北大街、尚仁路，还与中山门、文昌门、北门等相通，交通的通达性比较高。至此，民国西安城市碎石马路道路系统基本构建完成（图 4—4）。

①　郭世强：《城市转型视角下民国西安城区道路系统演变研究》，《中国历史地理论丛》2017 年第 4 辑。

②　《西安市政府关于修筑东新街碎石马路送大车公会、各区区长的文书》，1946年 10 月 9 日，西安市档案馆藏，卷宗号：01 - 11 - 287，第 3—4 页。

③　《陕西省企业公司营造厂关于接修小差市南段马路工程的文书》，1944 年 10 月 15 日，西安市档案馆藏，卷宗号：01 - 11 - 15，第 19—21 页。

④　郭世强：《城市转型视角下民国西安城区道路系统演变研究》，《中国历史地理论丛》2017 年第 4 辑。

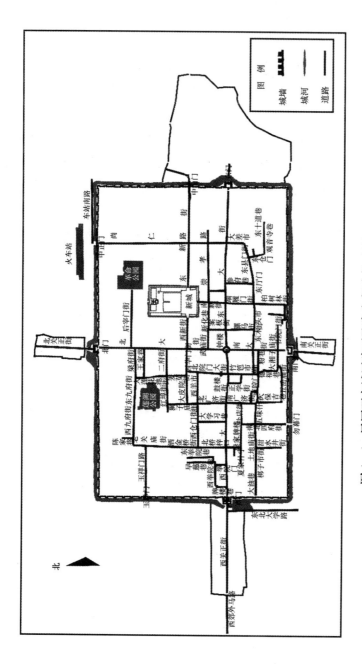

图 4—4　民国西安城区碎石马路分布示意（1931—1949）

说明：底图采用西安市档案馆藏西京市政建设委员会工程处 1939 年 5 月绘制《西京城关平面图》。

　　除上述为便利陕西省政府与城内外交通而新筑的碎石马路外，这一时期，西安市政府对城市碎石马路道路系统的建设主要体现在各重要路段损毁碎石马路的翻修上。东、西、南、北四大街碎石马路是西安城市最为重要的交通干道，使用频率最高，虽然西安市政部门对这些道路时加养护，但依然损毁严重，需要不时加以翻修，如 1944 年 7 月 1 日就由包商陕西省企业公司营造厂对东大街端履门至东门段碎石马路加以翻修，至 1945 年 1 月 4 日完工。① 除四大街碎石马路外，西安市政府也对城内其他重要碎石马路进行翻修，大体而言有南稍门外碎石路、西关正街、西关至机场口马路、太阳庙门街、东木头市、大湘子庙街、小湘子庙街、北广济街、南广济街、南新街、端履门、柏树林街、粉巷至大油巷、大麦市街至甜水井街、大学习巷、南关正街、老关庙街、洒金桥北段、竹笆市街、西木头市街、西羊市街、后宰门街、中山门至东稍门、书院门、三学街、战干路、府学巷、尚仁路至中正门等数十条碎石马路。

　　这些碎石马路，除少量翻修面积较少的街道由西安市政府建设科工程队负责修筑外，如太阳庙门街，建筑面积仅 100 平方米，由市府工程队于 1945 年 6 月 14—16 日完成，② 其他需要翻修面积较大甚至整体翻修的则由市政府登报招标，由包商投标包修。如南关碎石马路交由包商复新建筑股份有限公司承修，③ 南稍门以南一段碎石马路由德来公司承修，④ 老关庙街、西羊市街、大麦市街由华夏营造

　　① 《陕西省企业公司营造厂函送东大街东段马路工程开工完工公函》，1945 年 2 月 11 日，西安市档案馆藏，卷宗号：01 - 11 - 5 - 2，第 110 页。

　　② 《本府施政报告》，1945 年 8 月 1 日，西安市档案馆藏，卷宗号：01 - 1 - 87，第 12 页。

　　③ 《西安市政府关于复新建筑股份有限公司的代电》，1947 年 9 月 8 日，西安市档案馆藏，卷宗号：01 - 1 - 389 - 1，第 114—121 页。

　　④ 《西安市政府送省政府、审计处呈文》，1945 年 6 月 21 日，西安市档案馆藏，卷宗号：01 - 11 - 62，第 23—24 页。

厂承修，洒金桥由西胜营造厂承修，[①]等等。

这一时期西安城市翻修各碎石马路，除具有上述主要由包商承包翻修这一特点外，在空间分布上具有连接或临近新辟城门的特点。如五岳庙门街、太阳庙门街、南北四府街等与勿幕门相连通，玉祥门街、老关庙街、洒金桥街等与玉祥门相连接，南新街、端履门、柏树林与文昌门相连接。这些碎石马路之所以经常需要翻修，自然是因为新辟城门作为连接城内外交通的重要通道，自开辟以后在城市交通中发挥着越来越重要的作用。而与之相连接的这些道路基本上都是甲等交通干道和碎石马路路面，这在一定程度上体现了城市外向型发展的趋势和特点。

二　煤渣马路道路系统的扩展

民国中后期，因为抗日战争的影响，大量难民涌入西安，东南城隅、东北城隅、西北城隅原本荒凉之地逐渐发展为居住区，[②]尤其是东南城隅一带，在当时也是官僚和军阀官邸所在之处，如张学良公馆、高桂兹公馆等就在该地。[③]陇海铁路修抵西安，是西安近代工业产业发展的一个分水岭，就西安城区而言，东北城区成为机器业和纺织业的重要发展区域。作为新兴的工商业聚集区，城市社会经济的发展，迫切要求改变其相对落后的道路交通格局。

然而基于西安较为落后的经济基础，西安市政府成立后，无力继续发展城市碎石马路道路系统，只得将"较为重要之土路先行铺筑煤渣路面便利交通发展"[④]，因此作为新兴工商业聚集区的东北城

---

① 《关于洒金桥等路面工程的文书》，1946 年 3 月 23 日，西安市档案馆藏，卷宗号：01 - 11 - 213，第 138 页。

② 郭世强：《城市转型视角下民国西安城区道路系统演变研究》，《中国历史地理论丛》2017 年第 4 辑。

③ 任云英：《近代西安城市空间结构演变研究（1840—1949）》，博士学位论文，陕西师范大学，2005 年。

④ 《西安市政府 34 年度工作》，1946 年，西安市档案馆藏，卷宗号：01 - 1 - 47 - 2，第 145 页。

区的土路就较早被修筑为煤渣马路。1944—1946 年，西安市政府在
原先已经部分改筑为煤渣马路的崇礼路、崇廉路、崇耻路的基础上，
增加尚俭路、尚勤路、崇孝路、崇悌路、崇忠路、崇信路、崇义路
等，将上述道路全部修筑为煤渣路，进一步提高了东北城区道路的
硬化程度。①

　　如图 4—5 所示，民国西安城市煤渣马路在东北城区分布最广，
无论是长度还是面积，东北城区的煤渣马路都居各城区之首。与东
北城区煤渣路道路发展较大相比，其他城区成果较少。大体而言，
东南城区因是官僚和军阀官邸所在之处，除小差市南段碎石马路的
修筑之外，西二道巷、建国路、金家巷、启新巷也在当地居民和政
府的协作之下改筑为煤渣马路。② 就西南城区而言，在继续完善原有
双仁府街、甜水井街、火药局巷、报恩寺巷煤渣马路的同时，又新
筑水车巷煤渣马路。西北城区的主要工作也是翻修，属于新辟的煤
渣马路有崇新里③以及自西举院巷口至警官学校的胜利路。④

　　在西安城区之外，也有部分煤渣马路的修筑，比较重要的有
1946 年修筑完成的小南门以及西门至西北大学校门的煤渣马路；⑤
西京电厂至大华纱厂的煤渣马路，全长 803 米，宽 3 米，铺煤渣 20
厘米厚，因该路主要受益者为大华纱厂，故而该路的修筑费用由大
华纱厂及市政府共同承担。⑥

---

　　①　郭世强：《城市转型视角下民国西安城区道路系统演变研究》，《中国历史地理
论丛》2017 年 10 月第 4 辑。
　　②　《西安市政府关于金家巷、建国路、启新巷煤渣马路的报告》，1945 年 7 月 20
日，西安市档案馆藏，卷宗号：01 - 11 - 73 - 1，第 13—14 页。
　　③　《关于修筑崇新里煤渣路的文书》，1947 年 6 月 28 日，西安市档案馆藏，卷宗
号：01 - 11 - 301，第 6—10 页。
　　④　《第一战区司令长官司令部政治部公函》，1945 年 10 月 3 日，西安市档案馆
藏，卷宗号：01 - 11 - 167，第 7 页。
　　⑤　《关于修筑小南门及西门至西北大学煤渣马路的文书》，1946 年 7 月 3 日，西
安市档案馆藏，卷宗号：01 - 11 - 274，第 2—16 页。
　　⑥　《西安市政府关于修筑西京电厂至大华纱厂煤渣马路的文书》，1945 年 2 月 9
日，西安市档案馆藏，卷宗号：01 - 11 - 49，第 11 页。

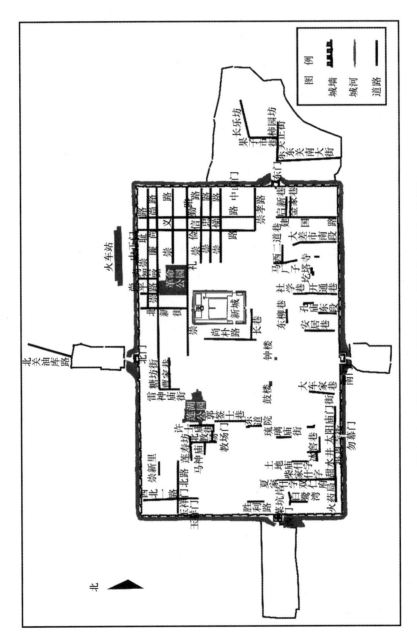

图4—5　民国西安城区煤渣道路分布示意（1938—1949）

说明：底图采用西安市档案馆藏西京市政建设委员会工程处 1939 年 5 月绘制《西京城关平面图》。

　　虽然迫于战争的压力和受制于自身财力不济，民国后期西安城市道路的发展有限，但西安市政处—西安市政府仍为推进城市道路的近代化转型做出了一定的努力，为养护西安城市各类道路而兢兢业业，并根据城市社会经济的发展，新筑一批碎石和煤渣马路。这些新修碎石及煤渣马路，连同筹建陪都西京以来修筑的各类道路，共同构成了民国时期西安道路的主体。

三　《西安市分区及道路系统计划书》对西安城市道路的规划

　　《西安市分区及道路系统计划书》[①] 是西安市政府建设科在系统总结自辛亥革命以来，西安城市道路及城市发展的实际情况，在西京市政建设委员会和西京筹备委会所拟西京城市规划的基础上，于1947 年 1 月提出的。这份计划书中，关于道路系统的规划，立足于西安城市道路系统建设的实际情况，着眼于城市未来的发展，在一定程度上可谓是民国时期西安道路系统的总结和对城市未来发展的构思。

　　这份计划书，充分肯定了道路在城市中的重要性：

　　　　一市前途之发展关系道路系统甚巨。盖道路为全市之骨络，举凡下水道、自来水管、电气网及地上一切建筑物，均依路网而设列，计划得当，则一切便可萧规曹随，虽稍有失合，无伤大雅。计划不当则积弊日重，虽有善者，亦无如之何也。[②]

　　因此，对于城市道路系统的规划，一方面需要顾及现状，另一方面更需要着眼于未来。故而对于西安市政府而言，"百年计划，固属奢望，而五十年之发展，应为吾人之责任"。鉴于该时期西安城市

---

　　① 《西安市分区及道路系统计划书》，1947 年 1 月，西安市档案馆藏，卷宗号：01 – 11 –417。

　　② 同上。

道路狭窄，已经不能满足新式交通工具如汽车的行驶，西安市政府建设科充分肯定了民国初年陕西都督张凤翙对于东大街马路宽度定为 30 米的前瞻性规定；同时对自西京市政建设委员会成立以来，城市道路建设"因姑息民情，多未按计划彻底执行"，因而导致交通事故时有发生的状况做了深刻检讨。

总结了民国以来西安道路系统建设正反两方面的教训后，为适应此后西安城市数十年交通工具的发展，西安市政府建设科规定了将来街道最小宽度，即旧市区甲等路为 45 米，乙等路为 30 米，丙等路为 20 米或 16 米，丁等路为 10 米，最小通巷宽度不得小于 5 米。郊区甲等路为 50 米，乙等路为 40 米，丙等路为 30 米，丁等路为 20 米，最小通巷不得小于 16 米。对于路线曲直，应尽量定为直线，以减少距离，并达到通风的目的，即使战时也能便于毒气消散。"公园估计为供游人散步，不妨设为曲线。如是全区路网成为棋盘式辐射混合制。城内除各干线取直加宽，再增辟三、五新路外，余仍照旧，以恤民艰"，各道路交叉点"概取盘旋式，中为广场，装以伟大建筑物，绕以停车场及草台"。①

同时，该规划还对道路两旁建筑物高度做了规定，主要是结合西安所处的纬度及太阳偏角，以确保街道能够终年照到阳光。

西安为北纬 34 度 16 分，太阳之偏角为 23 度 27 分，合为 57 度 43 分。冬至时物影之长度为其高度之 1.6 倍，若按冬至前后各 45 日计算，则为其高度之 1.23 倍。道路宽度若小于建筑物高度，全街阳光（就东西街而论）将有三月之沉埋。若建筑物最低为 10 公尺，则路面宽度不宜小于 10 公尺（按 45 度计算）。②

---

① 《西安市分区及道路系统计划书》，1947 年 1 月，西安市档案馆藏，卷宗号：01-11-417。
② 同上。

在该规划的最后，西安市政府建设科还就西安城市交通受城墙限制提出了增开城门以疏导交通的方案：

> 全城总计现有八门，拟增十五门，共为二十三门，各门按其路面之宽度，均需开两洞，以配合交通需要，如是则古城可保交通亦畅，且各门一开，市民自乐向外居住，勿幕门外今年情形可为事实之证明，故城门之开辟实本市交通问题最重要之一页。①

总之，以《西安市分区及道路系统计划书》为代表的城市道路系统规划方案，体现了民国西安城市建设者对于这一时期西安城市交通发展的总结与认识。这份对于道路系统的规划方案，比较了辛亥初年张凤翙对东大街的建设与西京市政建设委员会对陪都西京道路的建设，并结合现实情况，分析了两者的优劣，在肯定张凤翙对东大街马路宽度规定的同时，也批评了陪都西京时期城市道路建设不能适应汽车时代交通发展的需求，导致交通事故频发，最终威胁到普通市民的生命财产安全。该规划立足于汽车时代城市交通发展的需要，规定各等级马路宽度，并对路线的曲直、交叉点的设置、道路采光、路旁建筑高度等一系列相关问题做了具体的安排，具有极强的操作性，同时吸收西方的城市规划思想，具有科学性与时代感。无奈在当时的时代背景之下，这份规划方案最终也只能束之高阁。

四　民国中后期城市道路系统演变与社会经济发展的关系

全面抗日战争的爆发是西安城市道路系统发展的分水岭，也是西安城市社会经济发展的分水岭。于城市道路系统演变而言，全面

---

① 《西安市分区及道路系统计划书》，1947 年 1 月，西安市档案馆藏，卷宗号：01 - 11 - 417。

抗日战争的爆发打断了西安城市道路乃至整个市政建设的正常节奏，中央筹建陪都西京的建设经费停止拨发，加之日军对西安的轰炸，使整个城市的各项建设陷入停顿。面对如此状况，西安市政建设与管理部门对道路建设与养护仍做出了艰辛的努力，通过积极修筑煤渣路继续构建城市主要交通道路体系。于城市社会经济发展而言，全面抗日战争的爆发为西安城市社会经济的发展提供了机遇。西安位处大后方，局势相对平静，全面抗日战争爆发前，陪都西京的筹建为城市社会经济的发展提供了必要的基础设施条件，因而全面抗日战争爆发后，东部沿海地区工商业企业及大量人口通过陇海铁路到达西安，使城市的发展不仅没有因为战争出现倒退或停滞，反而呈现出相当繁荣的景象。[①]

民国中后期西安城市道路系统建设与城市社会经济发展的关系，并不是简单的一衰一荣、此消彼长，而是存在相互促进的一面。首先，陇海铁路的建成通车与城市碎石马路道路系统的建成，奠定了西安近代化工商业，尤其是全面抗日战争爆发后内迁的东部工商业的交通运输基础。可以说陇海铁路与西安城市碎石马路道路系统构成一个有机的结合体，成为西安与全国经济双向流通的最为重要的通道。正是通过陇海铁路和碎石马路道路系统，来自全国尤其是东部沿海的近代工业及一大批技术人才在西安落地生根，同时也使得这些工商业企业的产品得以迅速输送出去。从一定意义上说，陇海铁路为西安输送了大量近代工商业企业和技术人才，而碎石马路及之后的煤渣马路道路系统则为这些近代工商业企业在西安的落地生根、开花结果提供了最为基础的交通保障。

其次，西安工商业的发展也促进了民国中后期西安城市道路系统的发展，甚至决定了城市煤渣马路道路系统的空间格局。这主要体现在以下几个方面。第一，西安工商业的发展为城市煤渣马路的修筑提供了必要的物质基础。修筑煤渣路是全面抗日战争爆发后西

---

① 吴宏岐：《西安历史地理研究》，西安地图出版社 2006 年版，第 355 页。

安市政建设部门在经费短缺的情况下的无奈之举，而要修筑煤渣路，首先要解决的是煤渣的来源问题，而西安的工业企业及各商号所产煤渣就成为修筑煤渣路的主要来源。因此，没有民国时期西安工商业的发展，就没有煤渣马路的修筑。第二，民国中后期西安工商业，尤其是近代工业的发展决定了煤渣马路以东北城区分布最为广泛的空间格局。全面抗日战争爆发后，大量沿海工业内迁西安，而这些新建工业企业在东北城区一带分布数量最多，东北城区俨然成为西安新兴工业区，城市内部出现由农业文明向工业文明的转型发展。作为新兴的工业区，加之临近火车站，车流、物流繁忙，"马车时代"的各类土质路面自然难以满足工业社会下货物运输的要求，在碎石马路建设无以为继的情况下，煤渣马路也就成为城区道路需要满足工业时代汽车货运要求的无奈之选。这种工业时代货物运输的天然要求，就决定了东北城区成为煤渣马路最为重要的分布区域。

总之，全面抗日战争爆发前陇海铁路和西安碎石马路道路系统，为西安城市社会经济的发展提供了必要的交通条件，奠定了西安新式工商业空间分布的物质基础。而西安新式工商业的发展则为全面抗日战争爆发后城市煤渣马路道路系统的修筑提供了材料支撑，决定了煤渣马路道路系统空间分布的主要格局。

本章小结

1938—1949 年民国中后期西安城市道路系统的发展，按照前后不同的主管部门可以分为 1938—1941 年西京市政建设委员会勉力维持和 1942—1949 年西安市政处—西安市政府建设的尾声两个阶段。在前一个阶段，西京市政建设委员会努力克服抗日战争的不利影响，积极营建煤渣路道路系统，并平治城区土路，改善市内交通状况。后一阶段因为抗日战争及内战的影响，尤其是解放战争时期，西安是国民党进攻延安革命根据地的大本营，虽然市政府踌躇满志，但国民党战场失利，使其无暇兼顾西安的城市建设，西安各类城区道路建设大多流于规划，实际建设成果不可与西京市政建设委员会时期同日而语。

自 1938 年崇廉路、北新街等处煤渣路工程开始修筑，到 1949 年，煤渣马路的修筑成为民国后期西安城市道路建设的主要内容。在此期间，西京市政建设委员会及之后成立的西安市政处、西安市政府，在战乱频仍、经费不济的艰苦条件下，依然勉力维持城区道路系统，完成煤渣马路 62 条。煤渣路的修筑流程和管理同碎石马路一样，主要采取承包制并由市政机构管理。这一时期煤渣马路的修筑也得益于西安近代工业的发展，西京电厂、大华纱厂、华峰面粉公司等近代工业的建立和发展为煤渣路的铺垫提供了重要的煤渣来源，也就是说民国西安近代工业的发展为城市煤渣马路道路系统建设提供了物质基础。

从民国后期城市道路系统建设的分布而言，东北城区碎石路和煤渣路的建设成果最为突出，先后形成了以新城为中心的东北城区与城内其他重要交通要道相衔接的碎石马路道路系统，以及较为完备的煤渣路交通网络道路系统。这一分布局面形成的原因，一方面是新城政治中心地位的确立，另一方面是陇海铁路西安至潼关段的建成通车及全面抗日战争爆发后民族工业的内迁。这种分布局面的出现，体现了近代城市转型发展中新式交通和工商业因素日益成为城市发展的决定性因素。

总之，民国中后期煤渣路作为经费不济的权宜之计，与碎石马路一道成为民国时期城市道路系统的主体。这两类路面有利于实现西安城市道路硬化的目标，适应了"汽车时代"新式交通工具的发展，是民国时期西安城市道路系统向近代转型发展的最主要的表现。

第五章

民国西安城市道路系统配套设施的发展演变

随着20世纪30年代西安城区以碎石马路为主体的道路系统逐渐发展并确立起来，与之相关的道路配套设施，也开始了相应的建设步伐。虽然受战争的影响，西安市政工程处、西京市政建设委员会、西安市政府等市政建设机关依然对下水道排水工程、路灯、行道树、公共厕所等道路配套设施进行了卓有成效的建设。作为道路必不可少的部分，下水道排水设施对于新修道路路面、路基的保护，路灯对于夜间道路的使用，行道树对于道路的绿化，公共厕所对于路面整洁、市容卫生等有着至关重要的作用。经过十余年的发展，到20世纪40年代中期，西安城市道路已形成较为完备的下水道排水网，各重要街道的路灯及行道树建设也初具规模，重要交通节点也配备有公共厕所。至此，一个具有现代城市特征的西安城市道路系统大体形成。

第一节　基于城市道路排水的下水道管网构建

下水道是现代城市排水系统的主体工程，与道路养护、公共卫

生、城市水文景观等有着密切的联系。民国时期是西安城市近代转
型的重要阶段，尤其是陪都西京的筹建，更是在民族危机日渐加重
的背景下，将西安作为战时国家首都规划建设，因而各项近代化市
政建设成绩斐然。① 然而随着市政建设基础性工程——道路的不断推
进，落后的城市排水系统无法及时排泄雨水，使得新修道路的路面、
路基损坏严重，西安城市道路下水道排水管网构建自此开始。

一　基于城市道路排水目的的下水道修筑缘起

民国之前，西安各处街道也曾修筑过水沟，但是由于时间久远
加之战争的破坏，旧有的沟渠位置在民国时期已经无从稽考，一些
正在使用的沟渠也是年久失修，各渠道损坏的地方很多。② 民国前
期，西安城区各街巷基本上没有系统的排水设施，仅有少数街道筑
有排水阳沟，但这些阳沟几乎等同于污水池，每到夏季便恶气熏蒸，
对于市民卫生大有损害。因此，早在 1932 年西安市政工程处就对城
区排水系统进行设计，对于本市旧有阳沟，将已经淤塞部分疏通，
并对阳沟进行洗涤，不使其中积污纳垢。而根本的改良城区沟渠办
法则是修建排水阴沟，即构建下水道排水系统，采用合流式排水办
法，将城区积水由西北隅流出城外。因为西安城区地势大体东南高
出西北约 20 多米，故西安市政工程处计划"本市之排水干渠，即由
东南走入西北，排出城外，其余各街分渠，均附入焉"③。

此外，西安旧有沟渠间不能相互衔接，因而在 1934 年市政建设
正式开展起来之后，新修的路面一遇雨天则饱受雨水浸泡之苦，于
路面及路基都有很大的影响，且极易形成城市内涝。根据时人的
记载：

---

① 吴宏岐：《西安历史地理研究》，西安地图出版社 2006 年版，第 383—454 页。
② 刘祝君：《本市沟渠工程概况》，《西安市工月刊》1936 年第 5 期。
③ 《西安市三年行政计划》，1932 年 3 月 11 日，西安市档案馆藏，卷宗号：05 -
29，第 36—37 页。

有几段新造的干线马路，高于屋基两三尺，下雨的时候，水就居高临下，向房子里流去，如堤决口，水声潺潺，大有"直捣黄龙"之势，沿路住户，都遭洪水泛滥之灾。①

因此，西京市政建设委员会认识到：

马路积水，设不设法解决，对于市容的整饬，市面的繁荣，影响很大，所以第一步施政方针，即注重于道路的修筑和水沟的兴建。②

根据学者的研究，明清时期西安城内数量众多的池、坑、洼地作为这一时期城市排水的重要组成部分，③到了民国前期，依然发挥着收蓄雨水再经过一段时间的下渗从而实现排水的目的。然而随着人口的增加和城市社会经济的发展，作为传统排水设施的各类涝池、坑洼地日益成为城市发展的阻力，这主要体现在两个方面：第一，城市地面凹凸影响城市的开发及市政设施的建设；④第二，涝池蓄积污水，加之市民倾倒垃圾与排便导致臭气四溢，严重影响市容卫生。⑤因此西安市政当局对于各类公私涝池"于蓄水问题无碍时，即行用车运土填补"⑥，仅在偏僻城区留有部分公私涝池以便建筑临

① 严济宽：《西安地方印象记》，《浙江青年》1934 年第 2 期。

② 《西京水沟之兴建》，西安市档案局、西安市档案馆编《筹建西京陪都档案史料选辑》，西北大学出版社 1994 年版，第 281 页。

③ 史红帅：《明清时期西安城市历史地理研究》，中国社会科学出版社 2008 年版，第 149 页。

④ 《函达限期查明新市区二三等公地内深坑涝池决议案》，1935 年 6 月 29 日，西安市档案馆藏，卷宗号：03 - 312，第 4 页。

⑤ 《函请省会警察总局饬属调查西安全城涝池由》，1937 年 10 月 22 日，西安市档案馆藏，卷宗号：03 - 401，第 33 页。

⑥ 《函达勘查本市涝池决议案》，1935 年 6 月 4 日，西安市档案馆藏，卷宗号：03 - 312，第 8 页。

时水沟，① 用于救急，以弥补下水道排水的不足。② 因而以涝池为代表的传统排水设施的逐渐消失迫切需要以下水道为主体的新式排水系统的兴建。

　　有鉴于上述旧有沟渠及传统排水涝池对路政建设的不利影响，1934 年 8 月西京市政建设委员会成立伊始，即倡议修建新式排水下水道。因为缺乏对全市地势水准的了解，下水道的规划设计及施工也就无从谈起，因而在西京市政建设委员会第三次会议之时便授命刘祝君购置仪器筹组水准测量队。因为西安本地测量人才缺乏，西京市政建设委员会只得向全国经济委员会西北办事处、西安市政工程处等分别借调测量员，并向陇海铁路西段工务局借用测夫，于 1934 年 11 月 16 日正式成立测量队，开始工作。③ 1935 年 5 月，随着水准测量工作的完竣，下水道的建设已经刻不容缓，为了统筹规划全市下水道建设，西京市政建设委员会于 1935 年 10 月成立下水道工务所，全盘负责西安新式下水道排水工程的建设。水准测量拉开了西安近代下水道排水工程建设的序幕，而下水道工务所的成立，则使该项工程的建设有了统一的领导机构。

二　水准测量与全市城区道路下水道设计

（一）西安城区水准测量

　　"市政之建设以整理道路为起端，道路之保养则以下水道最居首要"④，而水准测量则是下水道建设的前提。因此，西京市政建设委员会测量队自 1935 年 1 月 25 日开始，利用前土地整理委员会所设水

---

① 《函达利用私人涝池建筑临时水沟工费额度决议案》，1935 年 8 月 16 日，西安市档案馆藏，卷宗号：03 - 312，第 2 页。

② 郭世强：《西安城市排水生态系统的近代转型——以民国西安下水道为中心》，《中国历史地理论丛》2016 年第 4 辑。

③ 《西京市政建设委员会测量队二十三年度工作报告》，1935 年 6 月 26 日，西安市档案馆藏，卷宗号：04 - 296，第 25 页。

④ 《水准测量之经过情形》，1935 年 6 月 26 日，西安市档案馆藏，卷宗号：04 - 296，第 36 页。

准标为固定点，以主要导线为基本，采取交叉法与辐射法相结合的定点方法，以吴淞口海平面为参照对西安城区各处水准进行推算。其测量顺序首先沿总导线实测两旁街道房屋地面水准，再由总导线旁分支导线以定该区域房屋道路地面水准。具体而言其总导线共有三条，其中第一导线由北门南至钟楼，东折至东大街以迄东门；第二导线自东门至中山门经东新街至民乐园，北折沿尚仁路至中正门，再由中正门西行至北大街糖坊街口与第一导线相遇；第三导线自西华门起，经西新街绕新城南半部至民乐园，沿尚仁路南行至东大街与第一导线相遇。在三条总导线附近水准测竣之后即开始做分导线测绘工作，先后完成新市区、西关、东关、北关等区域的水准测量工作，[①] 至 1935 年 8 月全市水准测量基本告竣。大体而言，西安城区东南隅高于西北，北关较南关低，西关较东关低，东北隅地形较为平坦，详见图 5—1。西安城区水准测量的完竣为下水道的设计奠定了基础。

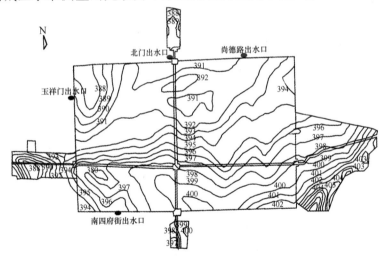

图 5—1 西安城区地面形势及出水口示意

说明：图 5—1 根据《西安市地面形势图》改绘，原图刊于《西京日报》，1935 年 6 月 14 日第 9 版。

---

① 《本市水准测量平板测绘之进行及经过》，1935 年 6 月 26 日，西安市档案馆藏，卷宗号：04 - 296，第 42—44 页。

（二）下水道设计

1935 年 10 月 20 日，以刘祝君为主任工程司的下水道工务所成立并开始办公，每月经费 1036 元，具体负责全市下水道的计划兴修事宜。[①] 民国西安较为落后的社会经济发展状况导致工业及市民用、排水较少，加之经费有限，西安下水道的设计以排泄雨水保护道路为目的，以节省开支为原则，但对于市民自费接通下水道的请求也予以批准，并派工监修。[②]

水准测量结果决定下水道总出水口和集水区域。下水道工务所根据西安城区大体东南高于西北的地形特点，共设计北大街、尚德路、南四府街、玉祥门四个出水口。城区排水计划第一步以城壕作为总汇集处，第二步再由城壕通入浐河或沣河。[③] 具体各出水口的集水区域见表 5—1。

表 5—1　　　　　　　　　西安城区出水口集水区域四至

出水口	集水区域四至			
	东	西	南	北
北门	东城	竹笆市至雷神庙街	木头市至东厅门街	东新街
尚德路	东城	北大街	东新街　西新街	北城
南四府街	东城	西城	南城	东县门街至大油巷
玉祥门	竹笆市至雷神庙街	西城	南院门至大油巷	北城

下水道工务所设计的干沟为南—北大街干沟、东—西大街干沟，及与南—北大街平行的诸街道干沟。其中东半城区与南北大街平行的有尚仁路、炭市街、案板街诸干沟，西半城区则有桥梓口—老关

---

① 《呈报成立下水道工务所已于本月二十日开始办公请备查由》，1935 年 10 月 29 日，西安市档案馆藏，卷宗号：03 - 315，第 135 页。
② 刘祝君：《本市沟渠工程概况》，《西安市工月刊》1936 年第 5 期。
③ 同上。

庙、广济街—许士庙街—莲寿坊街诸干沟。这些干沟在西半城者则出玉祥门而注入西城壕，在东半城者如尚仁路则出尚德路入北城壕，炭市街与案板街则经新化巷、武庙街、平民坊而汇入北大街干沟。[1]对于水沟容量的设计则使用公式：$Q = Ci\pi$（Q为每秒水流容量，C为泄水系数假定为0.5，i为每小时降雨量，π为雨水能流入沟内的面积）进行计算。[2]

下水道工务所关于下水道的口径规格的设计共分20、30、45、60、80、100厘米六种。其中20厘米至45厘米口径者为圆形水泥混凝土管，长66厘米，厚3厘米；60厘米至100厘米口径者为砖砌拱形式。因地形关系而分区分流，民国西安下水道管径均未超过100厘米，加之经济落后经费紧张，无力购置钢管，故而大于45厘米口径的下水道管道均由本地自产价格低廉的砖块砌以拱形式，[3]如图5—2所示。至于下水道建设所需水泥，在全面抗日战争爆发之前主要购自河南省焦作巩县观音堂一带所产水泥，自"七七事变"以后陇海铁路主要从事军运，货运停顿，西京市政建设委员会下水道工务所只得从本省富平一带购置水泥，并呈请陕西省建设厅令饬富平县政府代为雇用大车，拉运水泥专门送至西安。[4]

总体而言，西安下水道设计是基于城市发展的实际情况和经费条件，以排泄马路积水为主要目的的，依据水准测量结果而划定北门、尚德路、南四府街、玉祥门等出水口及集水区域。至于干沟及支沟排水系统，则根据地形实行分区分流，铺设各类口径的下水管道或砖砌拱沟。针对下水道未完成之前道路积水问题，制订临时疏

　　① 《水准测量之经过情形》，1935年6月26日，西安市档案馆藏，卷宗号：04 - 296，第36—37页。

　　② 《西京水沟之兴建》，西安市档案局、西安市档案馆编《筹建西京陪都档案史料选辑》，西北大学出版社1994年版，第281页。

　　③ 《关于下水道用管之参考材料》，1938年9月12日，西安市档案馆藏，卷宗号：03 - 109，第115页。

　　④ 《西建会送省建设厅公函》，1937年8月20日，西安市档案馆藏，卷宗号：03 - 315，第158页。

图5—2　砖砌拱形干沟剖面示意

说明：根据北大街干沟剖面图改绘，原图见刘祝君《北大街水沟设计与工程进展概况》，
《西安市工月刊》1936年第3卷。

水计划，即水流须横穿马路者建筑石板阴沟；局部低洼之处则在附
近或人行道上加筑渗井。① 西安市政府制定的《西安市下水道养护
办法》第二条的规定："本办法所称之下水道包括市区明暗沟管、窨
井、井盖、渗坑及渗井等在内。"② 可知，上述明暗沟管、窨井、井
盖、渗坑及渗井等共同构成了西安下水道排水系统。由于篇幅所限，
本书仅探讨以砖砌拱沟和各口径洋灰管所筑排水阴沟为主体的下水
道排水系统。

三　城区道路下水道排水管网建设

西京市政建设委员会下水道工务所在成立之前，陕西省建设厅

---

① 《函达在本市下水道工程未完成前目前疏水计画决议案》，1935年7月12日，
西安市档案馆藏，卷宗号：03–315，第151页。
② 《西安市下水道养护办法》，1947年4月17日，西安市档案馆藏，卷宗号：
01–11–325，第16页。

下属西安市政工程处即奉令对全市沟渠进行整理。不过西安市政工程处对城内沟渠的整理以建设窨井、渗井和疏通旧沟为主，所筑新沟仅有郭签士巷、二府街等。① 1935 年 10 月西京市政建设委员会下水道工务所成立之后，因为要解决出水的问题，同时北大街马路正在翻修，即于当年 12 月初开始修筑北大街干沟，此即下水道工务所修筑西安新式下水道排水工程之始。

（一）下水道工务所 1936 年下水道管网修筑成果

1936 年年底，西安市所有马路全长约 94 公里，自 1935 年 12 月 1 日开始修筑北大街下水道起，经过一年的努力，已修筑下水道约为 27 公里，占全市道路总长度近 30%，可谓成果丰硕，具体情况见表 5—2。

表 5—2　　　　　　　　1936 年西安城区新建下水道统计

街名	干沟口径(cm)	长度(m)	开工日期(月日)	完工日期(月日)	街名	干沟口径(cm)	长度(m)	开工日期(月日)	完工日期(月日)
北大街	60/80/100	1910	1935.12.1	2.6	二府街	40厘米砖砌矩形	350	7.20	8.5
炭市街	60	1600	4.6	6.15	竹笆市及马坊门	30	893.4	8.5	9.18
南院门	60	852	9.15	9.27	西木头市	30	291.2	11.4	11.17
南院门	50	762			粉巷	30	259	9.27	10.10
北院门	砖砌矩形	1262	3.18	5.19	德福巷	30	354	10.10	11.5
端履门	砖砌矩形	622	4.15	5.10	大湘子庙街	30	182	9.1	9.20
西大街	30	1820	4.27	6.16	小湘子庙街	45	240.5	9.8	10.2
大皮院	30	295.6	7.5	8.1	尚朴路	40厘米砖砌矩形	575	6.25	7.20
北广济街	45	404	6.10	8.2	县门街	30	272	8.25	9.1

①《西安市建筑横沟窨井渗井及疏通旧沟工作地址表》，1935 年 10 月 14 日，西安市档案馆藏，卷宗号：03－315，第 128—130 页。

续表

街名	干沟口径（cm）	长度（m）	开工日期（月日）	完工日期（月日）	街名	干沟口径（cm）	长度（m）	开工日期（月日）	完工日期（月日）
粮道巷	30	438	6.20	7.18	参府巷	45	194	8.7	8.27
	45	149.6				30	300		
西华门	30	200.2	2.6	3.11	柏树林	30	405	6.30	
	45	88.6			三学街	30	275	8.7	
南大街	45	430	11.5	11.30	书院门	30	288	8.4	
	60	428			红阜街	30	295	8.7	
梁府街	20	60	11.16	12.6	西羊市	30	357.1	7.1	
	30	320			东厅门	30	217	8.5	
骡马市及案板街	30	380	7.5	8.10	正学街	30	160	10.23	
	45	252							
以上为北门出水口集水区域内街巷									
白鹭湾	45	223	9.12	10.2	盐店街	30	217.7	9.28	10.10
大油巷	30	360	10.5	10.23	北四府街	45	203.6	7.6	7.25
龙渠湾	45	239	9.13	10.3	土地庙街	30	266.6	9.26	10.20
大有巷	30	110	9.13	9.28	梆子市街	30	218	9.29	10.15
东仓门	30	522	10.15	11.15	甜水井	45	356.5	9.4	9.30
东木头市	30	462.6	11.4	11.30	报恩寺街	60	327	8.30	9.28
梁家牌楼	30	271.5	5.13	11.17	五岳庙门	80	236	8.10	9.26
以上为南四府街出水口积水区域内街巷									
北桥梓口	30	390	6.18	7.7	南桥梓口	30	214	11.8	11.26
早慈巷	30	347.3	7.2	7.15	贡院门	30	120	9.2	9.12
城隍庙后街	30	398	7.15	7.30	西仓门至莲寿坊	30	970	9.28	11.15
九府街	30	655	11.11	12.20	老关庙	30	182	11.26	12.14
	45	185				45	187		
南广济街	30	396	8.10	9.26	洒金桥	45	496	11.17	12.23

续表

街名	干沟口径 （cm）	长度 （m）	开工日期 （月日）	完工日期 （月日）	街名	干沟口径 （cm）	长度 （m）	开工日期 （月日）	完工日期 （月日）
以上为玉祥门出水口集水区域内街巷									
龙渠	60	2210	5.16	7.25	北关大街	砖砌矩形	296.6	6.4	8.6
合计下水道干沟长度（m）					29242.6/27032.6				

说明：1. 表5—2"干沟口径类别"一栏除特别标明之外，50/60/80/100 厘米口径下水道均为砖砌拱形样式；20/30/45 厘米口径下水道均为水泥水管。2. 北大街干沟 60 厘米口径下水道长 510 米，100 厘米口径下水道长 1400 米，80 厘米口径下水道为过街横沟。3. 炭市街下水道长度包括炭市街、新化巷、武庙街、西新街及尚朴路南段等；南院门下水道包括五味什字、南四府街、大保吉巷、太阳庙门街；北院门下水道包括麦苋街一带；北广济街包括狮子庙街及北教场。4. 龙渠干沟为引水入城工程，故而其 2210 米长 60 厘米砖砌拱沟不属于城市排水下水道工程范畴，因而1936 年西安市内下水道干沟合计为 27032.6 米。

资料来源：《西京市政建设委员会下水道工务所二十五年度水沟工作报告表》，1937 年，西安市档案馆藏，档号：04–295，第 202—203 页。

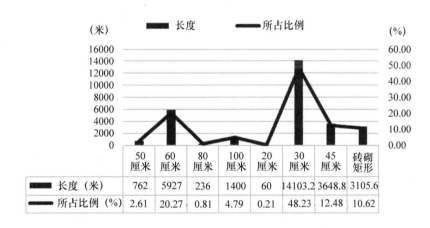

图5—3　1936 年西安新筑下水道数据分析

	50 厘米	60 厘米	80 厘米	100 厘米	20 厘米	30 厘米	45 厘米	砖砌 矩形
长度（米）	762	5927	236	1400	60	14103.2	3648.8	3105.6
所占比例（%）	2.61	20.27	0.81	4.79	0.21	48.23	12.48	10.62

根据表5—2 的统计数据并结合图5—3 的数据分析结果，对于1936 年西安下水道工程的建设我们能够得出如下认识：首先，西安下水道干沟以 30 厘米水泥管与 60 厘米砖砌拱形沟为主，两者占全部修成干沟长度的 68.5%，尤其是 30 厘米口径水泥管道基本涵盖城区各主要街道。其次，就下水道在西安各城区的分布而言，主要集

中在东南、西南、西北三城区，换言之，西京市政建设委员会设计
的北门、尚德路、南四府街、玉祥门四大出水口，除尚德路外其他
三处出水口集水区域内的下水道建设在 1936 年基本完成。最后，就
下水道完成时间而言，北大街出水口集水区域内下水道建设最早，
主要集中于 1936 年上半年；而后为南四府街，主要集中于 8、9、10
月；玉祥门主要集中在 11 月份修筑。

（二）1937 年及之后西安下水道排水系统建设

1937 年西京市政建设委员会下水道工务所计划修筑崇耻路 100
厘米口径砖拱干沟约 430 米、80 厘米砖拱约 380 米；尚仁路及崇耻
路 45 厘米水泥管干沟约 900 米；尚仁路南段 30 厘米水泥管干沟约
5220 米；崇义、崇廉、崇信、崇忠、崇悌、东新、崇孝等路西段及
尚平路、尚智路、尚仁路、卢进士巷、大学习巷、大车家巷、王家
巷及甘露寺 15 处 20 厘米水泥管干沟共长约 2905 米，各处下水道计
划修筑合计约 9835 米。因此，1937 年西安下水道建设的重点是新市
区内"尚"字与"崇"字各路，即尚德路出水口集水区域下水道建
设。因为西安 8、9 月份为雨季，影响下水道建设，故该计划分为上
下两个半年度工期，其中上半年度预计完成崇耻路总沟及二分之一
45 厘米石灰管干沟、三分之一 30 厘米石灰管干沟，其余部分计划由
下半年度完成。①

然而"七七事变"爆发，抗日战争军兴，用于下水道建设的
事业费缩减，下水道工务所各项工程因此而停顿，但在 1937 年上
半年仍然完成莲寿坊、夏家什字、双仁府、马厂子、崇礼路、尚
德路、甘露寺巷、王家巷、东十道巷、玉祥门、西华门、西关外
龙渠改线 12 条干沟 6791 米。② 至此，民国西安大规模下水道建设

---

① 《贰拾陆年度下水道水沟工程设计说明书》，1937 年 4 月 23 日，西安市档案馆
藏，卷宗号：04 - 295，第 200 页。

② 《水沟工程报告及用款支付说明》，1937 年 11 月 4 日，西安市档案馆藏，卷宗
号：04 - 299，第 104—105 页。

因全面抗日战争爆发而告一段落。

整体而言，西京市政建设委员会下水道工务所在全面抗日战争爆发之前，完成西安城区共计78条街巷的干沟修筑工作。除去其负责设计修筑的龙渠引水入城干沟外，西京市政建设委员会下水道工务所共计完成约33公里的下水道干沟，基本构建起北门、尚德路、南四府街、玉祥门四大排水口干沟系统，建起民国时期西安下水道排水管网的骨架。此后十余年西安城区排水明沟或暗沟继续增筑，并与西京市政建设委员会下水道工务所所修干沟相接，共同构成了民国西安城区道路下水道排水系统。

全面抗日战争爆发后，因经济困难和日军空袭，西安下水道建设举步维艰。[①]据1946年年底至1947年年初西安市政府建设科职员文祥甫对全市下水道调查的报告可知，自全面抗日战争开始至1946年西安新筑下水道仅约6公里，且多半是对尚德路与玉祥门出水口排水系统的增修，见表5—3。

表5—3　　　　　　　　　**1938—1946年西安新筑下水道统计**

出水口	集水区域内街巷
尚德路	西半截巷 观音寺巷 东县门街 西号巷 菊花园
北门	安居巷 平民坊 新民街 南新街 北牛市巷 柏树林
南四府街	菜坑岸 南马道巷 柴家什字
玉祥门	大麦市街 牌楼巷 东举院巷 西举院巷 新寺巷 许士庙街

资料来源：《本市下水道系统表暨工作报表》，1947年3月17日，西安市档案馆藏，卷宗号：01－11－342－4。

抗日战争结束之后，西安已建下水道不敷使用，原有下水道系统排水于城壕内，导致秽水四溢，有碍市民健康和市容卫生，且原有沟渠多系砖砌，污水难以畅流，以致渗入地下而使城市浅水井水

---

① 郭世强：《西安城市排水生态系统的近代转型——以民国西安下水道为中心》，《中国历史地理论丛》2016年第4辑。

味苦涩等，1945 年 9 月时任西安市长陆翰芹在市临时参议会上提出重新建设西安市下水道工程。① 该计划由市政府先行测绘城内及城郊地形，然后就地势规划全市下水道系统，并将全部下水道管改用钢筋混凝土管以便城内污水与雨水排至城外二三公里沉淀池内。② 然而内战爆发后，随着国民党陕北战局的溃败，其下水道重建计划也就束之高阁，③ 仅有的零星工程也是举步维艰。如迭经五次招标才确定由合新营造厂承筑的东大街尚勤路口至尚德路口下水道工程，原本预计自 1947 年 12 月 16 日即行开工，预计 40 个工作日完工，④ 因为天气寒冷及工料缺乏等原因一度停工，虽然 1948 年三四月得以复工，⑤ 然而由于物价高涨，包商累赔不止，加之市政府工程款项难以及时到位，导致工程一再拖延，直到 1948 年 5 月 31 日才得以竣工。⑥

（三）民国西安下水道排水系统及其空间分布特点分析

自 1935 年东大街水沟翻修工程伊始，经过 1936—1937 年上半年西京市政建设委员会下水道工务所对西安下水道排水系统的大规模兴建，以及全面抗日战争期间的历次增筑，1946 年前后西安建成了一个拥有尚德路、南四府街、玉祥门、北门四大排水口，涵盖全市约 100 条道路，设有 455 个大窨井、1163 个小窨井，全长约 39 公

① 郭世强：《西安城市排水生态系统的近代转型——以民国西安下水道为中心》，《中国历史地理论丛》2016 年第 4 辑。

② 《重新建设西安市下水道工程》，1945 年 9 月 12 日，西安市档案馆藏，卷宗号：01 - 1 - 130，第 9—10 页。

③ 郭世强：《西安城市排水生态系统的近代转型——以民国西安下水道为中心》，《中国历史地理论丛》2016 年第 4 辑。

④ 《东大街下水道工程的公正书》，1947 年 12 月 23 日，西安市档案馆藏，卷宗号：01 - 11 - 431 - 2，第 316 页。

⑤ 《为天气和暖呈报开始复工由》，1948 年 3 月 2 日，西安市档案馆藏，卷宗号：01 - 11 - 431 - 2，第 327 页。

⑥ 《东大街下水道工程签呈》，1948 年 6 月 8 日，西安市档案馆藏，卷宗号：01 - 11 - 431 - 3，第 101 页。

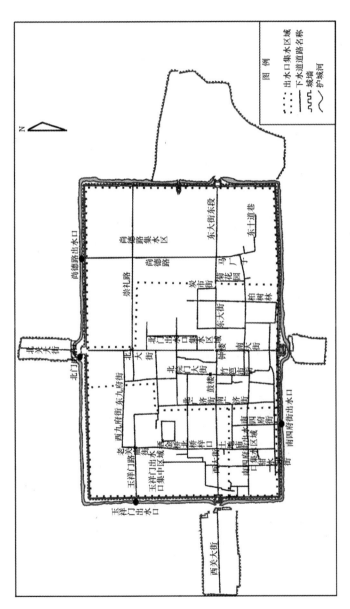

图 5—4　民国西安下水道排水系统示意

说明：根据 1933 年西安城区地图改绘，史念海主编《西安历史地图集》，西安地图出版社 1996 年版，第 134—137 页。

资料来源：《本市下水道系统表暨工作报表》，1947 年 3 月 17 日，西安市档案馆藏，卷宗号：01－11－342－4，第 30—35 页。

里的排水系统①（见图5—4）。由于下水道排水系统各沟管的有效连通是保证排水顺畅的先决条件，因此为了更清楚地了解民国西安下水道系统的运行状况，兹将各出水口下水道流向及连通情况做一整理，见表5—4。

表5—4　　　　　民国西安下水道系统各街巷下水道流向统计

出水口	下水道街巷名称	流向	下水道街巷名称	流向
尚德路	尚德路	北流入北城壕	崇礼路东段	西流入尚德路
	崇礼路西段	东口入尚德路；西口入北大街	西半截巷	西流入马厂子
	马厂子	北流入尚德路	东十道巷	西流入观音寺巷
	观音寺巷	西流入马厂子	东县门街	西流入参府巷
	西号巷	北流入东厅门	东大街东段	西流入尚德路
	东仓门	北流入马厂子		
北门	北大街	北流入北城壕	平民坊	西流入北大街
	尚朴路	北流入西新街	新民街	北流入平民坊
	西新街	西流入北大街	武庙街	西流入北大街
	炭市街	北流转西入南新街	新化巷	西流入案板街
	案板街	北流转西入武庙街	南新街	北流转西入新化巷
	东大街西段	东口入南新街；西口入案板街	骡马市街	北流入案板街
	端履门街	北流入南新街	菊花园街	北流入东大街
	参府巷	北流入菊花园街	东木头市	东口入端履门，西口入南大街
	东厅门街	西流入端履门	柏树林	北流入端履门
	三学街	东流入柏树林	安居巷	西流入书院门
	书院门	西流入南大街	竹笆市街	北流入北院门
	西木头市街	东流入南大街	马坊门街	东流入竹笆市
	西大街	东段流入北大街；西段流入北桥梓口	南院门街	西流入大保吉巷

①　《本市下水道系统表暨工作报表》，1947年3月17日，西安市档案馆藏，卷宗号：01-11-342-4，第30—35页。

续表

出水口	下水道街巷名称	流向	下水道街巷名称	流向
北门	粉巷	西入南院门；东入南大街	德福巷	北流入粉巷
	大湘子庙街	东流入南大街	小湘子庙街	东流入大湘子庙
	五岳庙门街	东流入小湘子庙	北牛市巷	南流入南院门
	正学街	北流入西大街	北院门街	北流入西华门
	鼓楼南街	北流入北院门	西羊市街	东入北院门，西入狮子庙街
	南广济街街	南入大保吉巷；北入西大街	北广济街	北流入狮子庙街
	大皮院	东流入西华门	西华门	东流入北大街
	二府街	东入北大街；西入莲花池	王家巷	东流入北大街
	梁府街	东流入北大街	麦苋街	北流入莲花池
	红阜街	东流入莲花池	大莲花池街	北流转西入莲湖
	老民政厅	北流入粮道巷	粮道巷	北流入西华门
南四府街	南北四府街	南流入南城壕	太阳庙门	西流入南四府街
	大保吉巷	南流入太阳庙门	大车家巷	渗井
	五味什字	西流入北四府街	盐店街	西流入北四府街
	梁家牌楼	东流入北四府街	土地庙什字	东流入北四府街
	报恩寺街	东流入南四府街	甜水井街	南流入报恩寺街
	大有巷	东流入甜水井街	椰子市街	东流入土地庙什字
	菜坑岸	北流入菜坑	双仁府	北流入柴家什字
	大巷	东流入双仁府	大油巷	西流入白鹭湾
	白鹭湾	北流入菜坑	南马道巷	东流入白鹭湾
	柴家什字	北流入夏家什字		
玉祥门	夏家什字	北流入北大街	龙渠湾	北流入西大街
	南桥梓口	北流入西大街	甘露巷	东流入南桥梓口
	大麦市街	北流入洒金桥	城隍庙后街	西流入洒金桥
	牌楼巷	北流转东入西举院巷	贡院门	北流入东举院巷
	东举院巷	北流入新寺巷	西举院巷	东流入东举院巷
	新寺巷	东流入洒金桥	洒金桥	北流入老关庙街
	老关庙街	南北汇流玉祥门路	狮子庙街	北流转西入许士庙街
	许士庙街	北流转西入莲寿坊	莲寿坊	西流入玉祥门路
	东九府街	西流入西九府街	西九府街	西流入老关庙街
	玉祥门路	西流入西城壕	西仓	四周北接龙渠
	北校场	东流接龙渠	早慈巷	北流入香米园渗井

续表

出水口	下水道街巷名称	流向	下水道街巷名称	流向
北关	北关大街	南流入北城壕		
西关	西关大街	东流入西城壕		

　　资料来源:《西京市政建设委员会下水道工务所二十五年度水沟工作报告表》,1937 年,西安市档案馆藏,卷宗号: 04 - 295,第 202—203 页;《贰拾陆年度下水道水沟工程设计说明书》,1937 年 4 月 23 日,西安市档案馆藏,卷宗号: 04 - 295,第 200 页;《本市下水道系统表暨工作报表》,1947 年 3 月 17 日,西安市档案馆藏,卷宗号: 01 - 11 - 342 - 4,第 30—35 页。

　　考虑到民国时期西安落后的社会经济条件,以及抗日战争时期城市破坏与工料缺乏等实际情况,民国西安下水道建设还是取得了令人敬佩的成绩的。但是我们也要承认其在城区各集水区域的分布呈现不均衡的特点,即分布区域上西城区大于东城区,分布密度上北门、南四府街出水口集水区大于玉祥门、尚德路出水口集水区。

　　究其原因,西城区大于东城区,自然是由西安城市地势东高西低的特点而决定。而就下水道分布密集程度而言,地势较高的城中心、城西南区域却大于地势最低的西北区域,即北门、南四府街出水口集水区域最多,玉祥门出水口次之,尚德路出水口最少。这是因为北门出水口集水区域是西安的政治、经济中心以及城市交通枢纽所在。陕西省政府、西安绥靖公署、长安县政府及之后成立的西安市政府等党政军重要部门均位于该区域之内;这一区域还有钟鼓楼商圈、南院门商圈,而东西南北四大街既是城市交通的主干道同时又店铺林立,自然是西京市政建设委员会下水道工务所工作重点所在。仅该区域就修有下水道约 19 公里,几近全市总长的一半。作为传统商贸区的西南城区,在民国时期依然是西安市内商号密集之所,因此该区域的市政建设亦未被忽视。至于尚德路出水口集水区域,其主要覆盖新市区及东南城隅。这一区域是辛亥革命中西安城市破坏严重地,至 1934 年年底陇海铁路修抵西安才逐渐得以恢复和发展,[①] 因此该区域修建的

---

　　① 任云英:《近代西安城市空间结构演变研究 (1840—1949)》,博士学位论文,陕西师范大学,2005 年。

下水道最少。可见，西安城区各区域下水道密集程度在一定程度上反映了该区域在城市中的地位及经济发展状况。

四 城区道路下水道排水系统建设的影响

民国西安下水道排水系统，立足于陪都西京市政建设的需要，以排除城市道路积水为目的，经过 1936 年西京市政建设委员会下水道工务所大规模的兴筑，以及之后的不断增筑，到民国后期初步形成了近代西安下水道排水系统。作为城市建设的一项基础性工程，西安下水道排水系统建设不仅与城市水文景观、市民生活等直接相关，对关中地区社会经济的发展也有一定的影响。

首先，民国西安下水道直通城壕的开放式排水系统，取代了明清以来以城内池坑下渗为主的封闭系统，[1] 改善了城市水文景观。如前文所述，民国以降，特别是陪都西京筹备以来，西安城市进入快速发展时期，传统池坑排水的局限性成为制约城市发展和市容卫生的重要因素，下水道逐渐成为城市排水的主体。西安城区积水通过下水道排入城壕，减少了市内积水面积，在一定程度上起到缓解城市内涝的作用。

其次，民国西安下水道排水系统的修建，减少了城内污水的下渗，有助于改善城市浅水井水质。自清代以至民国，西安城市供水系统是以西瓮城甜水井及遍布全城的水井所组成的地下水井泉为主体，市民生活用水主要依赖井水的供应，[2] 而城内大量存在的渗水坑池对于地下浅表水质不无影响。是以下水道排水系统的修建，对于改善城内地下水微观循环，提高市民生活用水的质量，意义重大。

再次，民国西安下水道排水系统的修建，改变了市民生活中的排水习惯。在西安下水道排水系统建成之前，西安普通市民家中

---

[1] 史红帅：《明清时期西安城市地理研究》，中国社会科学出版社 2008 年版，第 152 页。

[2] 同上。

"大都设置渗井，家庭污水得以排泄"①。而在下水道修筑之后，西安城内居民家庭污水的排泄先后经历了随意倾倒临近下水道之小窨井内、私自修筑接通下水道之暗沟、向市政管理部门备案恳请监修连通下水道暗沟三个阶段。到 1940 年前后，普通商民接通下水道已经成为普遍现象，为了防止过量的排水损害下水道管道，西京市政建设委员会工程处先后制定了《本市阴沟受益费收纳办法》②及《市民接用阴沟取缔办法》③等，通过向接通下水道的商民收纳一定的使用费以限制接用下水道商民的数量，并严格规范商民用于接通公共下水道之管道的规格。因此，民国西安下水道排水系统的修建，在排除道路积水、养护路面路基的同时，也适当满足普通商民排水的需要，这对于改变市民生活中的排水习惯，改善其家居环境有着积极的作用。

最后，民国西安下水道排水系统的建设，在客观上也促进了民国西安乃至关中地区社会经济的发展。在下水道排水系统建设的过程中，西京市政建设委员会下水道工务所对城内大部分下水道工程采取招商承建的方式，这在一定程度上促进了民国西安建筑业的发展。而无论是工务所自行招工还是包商承建，都需要使用大量民工从事具体的建筑工作，因此民国西安下水道的建设给因灾荒和战乱流落西安街头的流民提供了一份工作，在一定程度上起到了以工代赈的作用。此外，在修筑下水道的过程中，大量资金通过购买各类工料、支付工资等形式进入关中地区民众的生活和生产领域，如采购自富平的石灰，交由铜川炉山陶瓷工厂烧制的钳土小窨井盖等，④

---

① 刘祝君：《本市沟渠工程概况》，《西安市工月刊》1936 年第 5 期。

② 《本市阴沟受益费收纳办法》，1939 年 11 月 25 日，西安市档案馆藏，卷宗号：04-381，第 3—4 页。

③ 《本市接用阴沟取缔办法》，1940 年 1 月 4 日，西安市档案馆藏，卷宗号：04-381，第 8—9 页。

④ 《铜川炉山陶瓷工厂呈文》，1947 年 6 月 11 日，西安市档案馆藏，卷宗号：01-11-339，第 151 页。

这不仅有利于增加百姓收入，稳定石灰、陶瓷等专门市场，也有利于提高手工业者和其他相关行业如交通业等从业者的生产积极性，客观上对关中地区手工业生产、商业贸易、物流运输等方面产生了一定的推动作用。

第二节　下水道道路排水系统对于
城市转型的意义分析

从广义的城市生态学角度来言，城市是一个融人、景、物于一体，生产和生活相辅相成的新陈代谢体，是在原有自然生态系统基础上，增加了社会和经济两个子系统构成的复合生态系统。[①] 因此，对城市生态系统的研究要以自然生态系统为基础，同时要综合考虑具有生物和社会双重属性人的因素。下水道作为近现代城市排水系统的主体，是城市生态系统中的重要一环。于城市自然生态系统而言，下水道作为雨水、污水等流通管道，关乎道路等基础设施养护及城市水文景观；于城市人文生态系统而言，下水道在公共卫生及市民生活等方面发挥作用，直接影响着市民生活的质量。从平面上看，下水道构成了城市排水的地下空间骨架；若从纵切面观察，市民居所、商铺厂家、路面路基、土地生物等各种自然和人文环境因子，通过人对水的排泄这一行为，在此空间中产生交集，呈现出独特的生态关系。因此，下水道作为公共排水空间，是城市公共空间在地下的延伸，具有自然和人文双重生态空间意义。

事实上，民国西安的下水道排水系统，既作为城市生态环境的侵入者，取代了原有城市排水系统，同时又成为城市生态空间的一部分，迫使人们不断调整自己的观念和行为，以适应新式排水系统所构建的生态环境。本节通过对民国西安城区道路下水道排水系统

---

① 赵运林、邹冬生编著：《城市生态学》，科学出版社 2005 年版，第 2 页。

的分析，力图展现在西安近现代排水系统出现与发展过程中，与下水道排水系统相关的人文生态环境的变化，以及在这种变化中表现出来的近代西安城市的转型，进而探讨西安下水道排水系统与城市社会生态之间的关系。

一 作为新型道路排水设施下水道的引入

上节内容已经述及，民国前期的西安排水设施，尚未从封建时代蜕变出来。作为一座内陆城市，当时西安的排水生态系统以池坑、洼地为特色，数量众多的公私涝池遍布市内。无论是自然降水，还是居民生活废水，都经过各类池、坑的收集下渗，实现排水的目的，因此，在一定程度上西安池坑系统可视为放大了的城市渗井群。①

然而，这些数量众多的池坑、洼地所构成的排水系统与现代意义上的下水道排水生态系统有质的差异。一方面，西安城区池坑、洼地依地形高低不一自然而成；另一方面，长期以来的城市建设，使用大量用土垒砌或压制土坯，出于基建等人为因素而形成的城区坑洼地数量众多，且多在居民区边缘及城区偏僻地带。② 更需注意的是，这些平时干涸无水，在雨涝时才发挥积蓄、排泄雨水功能的坑洼地，只是封建小生产经济条件下城市缓解雨涝问题的特殊产物。至于更多的市民家庭，大都于庭院中设置渗井用以排泄污水。③ 因此，民国前期西安城区的排水设施并未形成有机联系的排水系统，不具备近现代城市排水系统的性质和功能。

如上所述，这一时期西安下水道的建设可分为三个阶段：1935年的筹备，完成了城区水准地势的测绘、规划设计下水道方案等；1936—1937年上半年的兴建，基本建设起民国西安下水道排水干沟系统；全面抗日战争爆发至1949年的养护，包括对下水道淤塞的疏

---

① 史红帅：《明清时期西安城市地理研究》，中国社会科学出版社2008年版，第149页。

② 同上书，第148页。

③ 刘祝君：《本市沟渠工程概况》，《西安市工月刊》1936年第5期。

浚、塌陷的修复、大小窨井盖的增补改换等。总体而言，1936—1937年上半年西京市政建设委员会对西安城区下水道排水系统的建设，构成了民国西安下水道的主体。全面抗日战争爆发后至1949年，城区下水道虽有小规模的增筑，但其主要工作还是对已有下水道的养护。因此，经过1936—1937年上半年西京市政建设委员会对西安下水道排水系统的大规模兴建，加之抗日战争期间的历次增筑，1946年前后西安建成了一个拥有尚德路、南四府街、玉祥门、北门四大排水口，涵盖全市约100条道路，设有455个大窨井及1163个小窨井，全长约39公里的新式下水道排水系统。①

　　西安新型排水设施——下水道的出现，与陪都西京城市建设的新发展密切相关。自1934年至1940年年底，西京市政建设委员会完成了约长42公里、面积约33万平方米碎石马路路面，② 提高了西安城市路面的硬化率，但同时也增加了地表径流，加剧了城市的内涝。③ 而随着城市社会经济的发展，各类涝池、坑洼地对城市肌理平整性的损害，阻碍了城市的开发；④ 城市人口的增加以及市民社会公德意识的欠缺，随意向涝池、坑洼地倾倒垃圾与便溺，使得传统排水设施已然成为藏污纳垢、滋生病菌之地，严重影响市容和公共卫生，⑤ 故而对于各类公私涝池，西京市政建设委员会决定"于蓄水问题无碍时，即行用车运土填补"⑥，仅在城市边缘

---

① 《本市下水道系统表暨工作报表》，1947年3月17日，西安市档案馆藏，卷宗号：01-11-342-4，第30—35页。
② 郭世强：《1934—1941年西安城区道路工程建设的初步研究》，《中国历史地理论丛》2013年第3辑。
③ 严济宽：《西安地方印象记》，《浙江青年》1934年第2期。
④ 《函达限期查明新市区二三等公地内深坑涝池决议案》，1935年6月29日，西安市档案馆藏，卷宗号：03-312，第4页。
⑤ 《函请省会警察总局饬属调查西安全城涝池由》，1937年10月22日，西安市档案馆藏，卷宗号：03-401，第33页。
⑥ 《函达勘查本市涝池决议案》，1935年6月4日，西安市档案馆藏，卷宗号：03-312，第8页。

地区及郊区留有部分公私涝池以便建筑临时水沟，作为紧急泄水之用。① 因此，伴随着城市发展而来的城市路面硬化及传统排水设施对城市开发的阻碍，是导致整个城市排水系统生态环境发生重大转型的直接原因。

总的来说，伴随着西安城区道路下水道排水管道的建成使用，以池坑、洼地为代表的传统排水设施在城市生态空间中发生了巨大的变化。在此情况下，一种新型城市排水的生态环境产生了，由此开始改变西安旧有排水的社会生态状况，导致了与此相关的城市人文生态环境层面中新的城市行为的出现。

二　新型城市道路排水系统管理制度的建立

随着近代城市生态环境中物质层面的建立，体制层面如何与之相配套的问题也就产生了，即该如何维护与管理西京市政建设委员会所筑西安城区新型下水道排水系统。实际上，自下水道修建伊始，西京市政建设委员会就围绕下水道的修建与维护制定了一系列相关的制度措施。

首先，建立下水道修建的职能部门，制定城区下水道工程的施工规程。封建时代，城市设施建设基本上采用大工程由官府组织兴建，小工程则由地方官吏或绅士捐资兴办，② 而民国西安下水道的修建工程则按照资本主义方式运作，承包制成为修筑下水道的主要组织方式。为适应新式下水道工程建设的需要，西京市政建设委员会于 1935 年年初成立专门从事城市水准地势测量的测量队，以为科学规划与修建下水道工程提供准确的依据。③ 在城市水准测量完竣后，

---

① 《函达利用私人涝池建筑临时水沟工费额度决议案》，1935 年 8 月 16 日，西安市档案馆藏，卷宗号：03 - 312，第 2 页。

② 陈琍：《上海城市生态的近代转型——以晚清上海道路为中心》，《中国历史地理论丛》2007 年第 3 辑。

③ 《本市水准测量平板测绘之进行及经过》，1935 年 6 月 26 日，西安市档案馆藏，卷宗号：04 - 296，第 42—44 页。

1935 年 10 月，西京市政建设委员会成立了以刘祝君为主任工程司的下水道工务所，专职负责全市下水道的计划与兴修事宜。① 为保证下水道工程质量，西京市政建设委员会下水道工务所制定了关于承包商工程施工的说明书，对下水道工程中的进行程序、土工挖掘方法及深度、工料的选择、管道的安装、砖工的拘缝、完工后路面的平整等问题进行了详细的规定。② 同时，对包商承建的下水道设置保固期，保固期内如果下水道出现坍塌及其他损坏情况，一概由包商承担修复费用。③ 因此，作为西安城区下水道工程事务的主管机构，西京市政建设委员会下水道工务所应运而生，其所制订的下水道修建计划、工程施工及养护规程，又进一步推动了下水道的建设。

其次，为保证下水道正常使用，市政当局成立相关职能部门，专司下水道养护工作。1935—1949 年，虽然西安市政机构几经变迁，但专职负责城区下水道养护任务的职能部门一直存在，即 1935 年 10 月—1939 年 2 月之西京市政建设委员会下水道工务所、1939 年 2 月—1941 年年底之西京市政建设委员会工程处沟工队、1942 年 1 月—1944 年 9 月之西安市政处工务局、1944 年 9 月—1949 年 5 月之西安市政府建设科工程队等。④ 其养护工作的内容大体有疏浚淤塞、修复坍塌、加修窨井井盖等。一般而言，下水道的疏浚淤塞是各时期养护部门的主要工作，市内各处下水道一旦产生淤塞问题，养护部门在收到请求疏浚的呈文之后，即派工前往。如 1946 年 2 月 15 日，西安市政府收到陕西省会警察局电请疏浚南院门及大保吉巷等

---

① 《呈报成立下水道工务所已于本月二十日开始办公请备查由》，1935 年 10 月 29 日，西安市档案馆藏，卷宗号：03 - 315，第 135 页。

② 《西京市政建设委员会下水道工务所下水道工程施工说明书》，1937 年 8 月，西安市档案馆藏，卷宗号：03 - 315，第 3—8 页。

③ 《西安市政工程处修筑郭篓士巷阴沟工程说明书》，1935 年 10 月 16 日，西安市档案馆藏，卷宗号：03 - 288，第 10 页。

④ 1939 年 2 月，西京市政建设委员会合组省建设厅直属的西安市政工程处成立西京市政建设委员会工程处；1942 年 1 月，西京市政建设委员会奉令裁撤，西安市政处成立；1944 年 9 月，西安市政处改组成立西安市政府。

处淤塞下水道的呈文，2 月 19 日即交由建设科工程队前往上述地点，并于 3 月 5 日完成相应的疏浚工作。[①] 其疏浚淤塞工作大体如此开展。至于下水道坍塌的修复工作，则视工程量及花费的大小而定，工程量大及在预算范围之内者招商修复，工程量小或超出预算过巨者则自行招工修复。[②] 窨井井盖的维护也是下水道养护部门的一项重要工作，一般而言，西安城区下水道窨井各种质地井盖的制造工作交由承包商完成，下水道养护部门负责井盖的安装及保护工作。

再次，制定管理章程，实现下水道管理的制度化转变。在对下水道的养护过程中，西安市政管理部门经历了由下发行政命令到按行政法规办理的转变。下水道建成后，淤塞是影响下水道功能发挥的主要因素，而下水道的淤塞又与各沿街商户任意倾倒秽水及垃圾不无关系。因此，1935 年 8 月西安市政工程处、陕西省会公安局联合颁发布告，严禁不法商户向下水道内倾倒秽水、垃圾，一经岗警发现或被告发，即行扭局严惩。[③] 此后，西京市政建设委员会又多次函请陕西省会警察局令饬所属各分局，严禁马路两旁商铺及住户将家内及门前人行道上泥土扫向街中避免阻塞下水道。[④] 这些行政命令在一定程度上有利于减缓下水道的淤塞，但它们只是关于某一具体问题的规定，且缺乏具体的奖惩和权责划分，并不能从根本上实现对下水道的养护。因此，经过十余年下水道养护的实践，1947 年 3 月，西安市政府拟定了下水道养护暂行办法，并呈奉陕西省政府核定，于同年 12 月在西安市参议会上通过了修正后的《西安市下水道养护办法》，正式施行。作为西安下水道养护的正式行政法规，该办

---

① 《建设科工程队签呈》，1946 年 3 月 6 日，西安市档案馆藏，卷宗号：01 - 11 - 164，第 29—30 页。

② 《本府施政报告》，1945 年 8 月 1 日，西安市档案馆藏，卷宗号：01 - 1 - 87，第 12 页。

③ 《禁止向阴沟内倾倒秽水垃圾布告》，1935 年 8 月 28 日，西安市档案馆藏，卷宗号：05 - 233，第 228 页。

④ 《陕西省会警察局函复西建会关于严禁马路两旁商户将泥土扫向街中文书》，1938 年 5 月 16 日，西安市档案馆藏，卷宗号：03 - 110，第 326 页。

法共计有十五条内容，包含养护单位及个人权责的划分与奖惩、养护的内容及时间、各种禁止事项、下水道损毁及井盖遗失的惩罚、罚金的分配与使用等。[①]《西安市下水道养护办法》的通过与实施，变行政命令为行政法规，突出权责划分与奖惩、明确养护内容及办法，具有极强的操作性，是下水道管理上的一大进步。

最后，随着下水道这一城市生态环境中物质实体的修建，人文层面的制度建设也应运而生。可以说，新型下水道排水系统的产生，催生了近代化的市政管理机构及管理制度，而近代化的市政管理体制也进一步推动了城市的近代转型。因此，新的城市生态环境的建立过程，必然是物质环境与人文环境协同推进的结果。

三 下水道与新型城市排水行为的形成

下水道作为近代化物质文明的产物，自在西安修筑伊始，便在很大程度上改变了城市的公共生态空间：市民及城市排水的物质环境发生了很大的变化，下水道管理制度带来了新的规范和准则。这些迫使西安居民改变排水习惯及观念上转变，以适应全新的城市生态环境。

下水道修筑之前，囿于民国前期西安落后的社会经济状况，普通市民生活用水较少，其于庭院中设置的渗井基本能够满足排水需要，一般商铺用水较多也可将废水排入城内各公私涝池。随着下水道在西安的修筑以及传统坑池、洼地的大量填平，一般市民往往为私利而忘公义，将生活污水甚至垃圾便溺通过窨井倒入下水道中。[②]这会产生两个问题：一是污水冲刷，窨井盖四周石子松动，从而导致井盖外露受损；二是垃圾便溺等阻塞下水道水流的正常流通，并危害公共卫生。如前文所述，对于此类市民私自向下水道排泄污水

---

① 《西安市下水道养护办法》，1947年12月25日，西安市档案馆藏，卷宗号：01－11－431－2，第277—278页。

② 《关于洒金桥一带水沟情形的具报文书》，1940年2月5日，西安市档案馆藏，卷宗号：04－31，第24—25页。

秽物的行为，下水道养护管理部门是明令禁止的，然而由于人力有限，根本无法杜绝市民此类行为。

既然不能杜绝市民私自排泄污水秽物的行为，与其任由私自排泄损害下水道，倒不如制定相关管理办法，将市民接通下水道排泄污水纳入市政管理的范畴内。到 1940 年前后，普通商民接通下水道已经成为普遍现象，为了防止过量的排水损害下水道管道，西京市政建设委员会工程处先后制定了《本市阴沟受益费收纳办法》及《市民接用阴沟取缔办法》等，通过向接通下水道的商民收纳一定的使用费以限制接用下水道商民的数量，并严格规范商民用于接通公共下水道管道的规格及施工流程。西京市政建设委员会工程处所制定的这两部规范市民接用下水道的管理办法，其核心内容在于严禁民间私自向下水道排泄，并规定只可向下水道排泄洗涤用水及雨水。这在一定程度上满足了普通市民对于使用下水道排水功能的诉求，同时又对排泄物加以具体限制，有利于下水道的养护工作。可以说，以西京市政建设委员会工程处为代表的下水道管理部门的这一举措，使普通市民和下水道养护在一定程度上实现了双赢，同时也使得新型城市排水行为得以形成。

新型城市排水行为，对西安城市而言，即用以下水道为主体的直通城壕的开放式排水系统，取代了明清以来以城内池坑下渗为主的封闭系统；[①] 对普通市民而言，则是接通公共下水道排水，取代了传统家庭渗井的下渗。也就是说，传统城市排水行为是城市内部的自然下渗，新型城市排水行为则是近代物质文明主导下的疏导外流，对于西安这一单体城市而言，两者是截然不同的城市水文环境。在市民新型排水行为的形成过程中，需水量大的澡堂、洗衣局、饭馆、旅馆、戏院等商户成为先导，他们率先向西京市政建设委员会工程处提出书面申请，在西京市政建设委员会工程处实地查勘符合接通

---

① 史红帅：《明清时期西安城市地理研究》，中国社会科学出版社 2008 年版，第 152 页。

下水道要求后，便自备工料修筑完工，一俟西京市政建设委员会工程处验收通过，即行使用。①

民国后期随着西安城市社会经济的发展，下水道在城市排水中的作用越来越为普通市民所知晓。对于一般市民而言，他们已经从最初下水道排水系统的被动接受者与利益无关者，转变为城市下水道建设的吁请人和主动建设者。如 1945 年 8 月，崇信路及尚俭路两路市民公推代表向西安市政府呈请修筑下水道，在多次呈请无果的情况下，愿意自备工料和发动居民自行修筑下水道，只求政府派人前去督导即可。② 面对日渐增多的市民自备工料修筑下水道的请求，西安市政府于 1946 年 4 月制定《西安市民请求修筑道路及下水道暂行办法》，就市民请求自筑下水道的流程、规格、工料、建设、监工及验收等事宜予以具体规定。③

总的来说，民国西安下水道排水系统建成使用的过程，也是新型城市排水行为逐渐形成的过程。在这一新型城市生态环境的建构过程中，普通市民不甘游离于新式排水系统之外。因此，市民利用下水道的新型排水行为也经历了由非法到合法，由被动接受到主动参与的转变。而西安市政管理当局通过行政法规予以确认和规范市民的排水行为，进一步实现了城市生态环境人文层面的近代转型。

四　西安城区道路下水道排水近代转型的阻力

从上面的论述来看，随着下水道排水系统的建设与发展，近代西安市民的城市文明行为、规则意识、市民意识都在逐步形成。作

---

① 关于商户接通公共下水道的档案资料具体见于西安市档案馆藏《民国档案》，卷宗号：04 - 375、04 - 377、04 - 378、04 - 379、04 - 380、04 - 381、04 - 486 等卷记载。

② 《西安市政府送警察局训令》，1945 年 8 月 20 日，西安市档案馆藏，卷宗号：01 - 11 - 81，第 27 页。

③ 《西安市民请求修筑道路及下水道暂行办法》，1946 年 4 月 18 日，西安市档案馆藏，卷宗号：01 - 11 - 142，第 31—32 页。

为城市生态系统的两个方面，物质层面的下水道建设与人文层面的制度建设相辅相成，共同促进了以下水道为主体的西安城市排水系统的近代转型。然而在这一过程中，部分人群法制意识淡薄、谋私利而忘公义，也严重制约了下水道排水系统的发展。

窨井盖作为衔接地上与地下水流通的枢纽，在整个下水道排水系统中起着至关重要的作用。井盖丢失，"不惟易塞淤泥，对于夜间行人最易发生危险，而与市容观瞻亦属不雅"①。民国西安下水道排水管道建成之初，市内各大小窨井，均装置铁盖，同时系以铁链，然而"西安事变"爆发后，西安市内秩序一时失常，"贼人乘机偷窃，转售牟利"，大窨井盖因为太重不易销赃，因而小窨井盖成为丢失的重头，数月间竟至300余个。被窃井盖皆被窃贼利用重物击碎，以废铁价格贱卖，而其所获收益却远低于造价。② 为了解决日益严重的井盖被盗问题，西京市政建设委员会一方面在各街原有及增补井盖上系铁链并加锁，另一方面制定治标与治本两项办法：治标办法为函请省会警察局通饬各分局岗警，严加防范；治本办法为禁止本市各翻砂铁铺收买此项铁盖，使窃贼无处销赃。③ 这些严打举措虽然收到了一定的成效，"除较为偏僻巷道，仍略有被盗情事外，较前进步甚多"④，但一俟市政及警政当局监管有所松动，偷盗窨井盖的现象便又死灰复燃了。

全面抗日战争爆发后，虽然西安市政当局一再严查窨井盖被窃，然而偷盗现象却屡禁不止。1940年年底，西安市内各街大小窨井铁盖遗失甚巨，而当局此时已经无力继续添置窨井铁盖了，为节省费

---

① 《下水道工务所关于井盖遗失的报告》，1936年9月26日，西安市档案馆藏，卷宗号：05-599，第4页。

② 《西建会送陕西省会警察局公函》，1937年6月11日，西安市档案馆藏，卷宗号：03-314，第8—9页。

③ 《西建会送省会警察局防止本市窨井盖被窃办法公函》，1937年5月8日，西安市档案馆藏，卷宗号：03-314，第84页。

④ 《下水道工务所送陕西省会警察局函文》，1937年5月6日，西安市档案馆藏，卷宗号：03-314，第103—104页。

用，只得由包商义新诚木作铺承做窨井大木盖 50 个、小木盖 580 个，以补全各遗失窨井铁盖。① 以木盖代替铁盖，这是西安下水道排水系统发展的退步，却也是当局内外交困下的无奈之举。然而使用木盖毕竟是权宜之计，用不了多久不是被水浸泡腐朽，便是为行车所压坏。抗日战争结束后，西安市政府为补全各缺失窨井井盖，同时为避免铁盖被盗，决定添置钢筋水泥大窨井盖 100 块，坩土烧小窨井盖 1200 块。② 其中钢筋水泥大井盖系由市政府自行制作，坩土小井盖交由铜川炉山陶瓷工厂烧制。③ 钢筋水泥与坩土窨井盖的装置不得不说是民国西安市政府在推进以下水道为代表的城市近代转型中做出的艰辛努力。

因此，从一定意义上来说，实现城市的近代转型，不单单是物质层面的建设，更重要的是人文层面尤其是普通民众思想的转型。在对以下水道为中心的排水系统建设的考察中，我们可以发现，社会生态环境伴随着下水道排水系统的发展，发生了巨大的变化。西安市民的近代文明习惯、公共意识和规则意识逐渐形成，以适应新的物质环境。这种市民近代习惯和意识的形成，既是客观物质世界强行改造的结果，也是政府法令制度规范与驱使的后果。当然政府法令制度执行力的强弱直接影响着市民近代思想意识与行为习惯的转型，毕竟普通市民对于私利的谋取远大于对于公义的维护。

总之，以城区道路下水道排水系统演变为代表的西安城市生态的近代转型，深受社会生态环境变迁的影响。这些社会生态环境，不仅包括政府的规划设计、新生事物的出现与发展，也包括随时代发展而变化的市民行为与思想。

---

① 《西建会工程处呈订做窨井木盖文书》，1940 年 11 月 26 日，西安市档案馆藏，卷宗号：03 - 642，第 7 页。

② 《西安市政府招商制作大小窨井盖通告》，1947 年 2 月 26 日，西安市档案馆藏，卷宗号：01 - 11 - 339，第 67 页。

③ 《铜川炉山陶瓷工厂呈文》，1947 年 6 月 11 日，西安市档案馆藏，卷宗号：01 - 11 - 339，第 151 页。

第三节 路灯、行道树与公共厕所等
道路配套设施建设

　　路灯，尤其是电灯，作为第二次工业革命的产物，对道路夜间照明，提高道路的使用效率，同时维护夜间道路使用者的人身财产安全，具有重要的作用，是道路系统近代转型发展的一个突出表现。行道树与公共厕所同样是道路系统不可缺少的部分，对于城市绿化与市容整洁关系甚大，关系着道路生态卫生。

一　路灯——道路照明系统的发展

　　1934 年年底随着陇海铁路修抵西安，西安城市经济日渐繁荣，人口增多，市民对于夜间交通的需求日益增长，路灯管理成为西京市政建设委员会的当务之急。1935 年随着西京电厂的建成发电，西京电厂及陕西省建设厅将装置电力路灯提上了议程。而装置路灯，首先要解决的就是电杆的植立问题。对此，西京电厂西安办事处建议："西安城内三十公尺阔马路甚多，此种阔路将来装置路灯时，若只装在一面人行道上，则光线恐难达对方，若采用对绷式装置，则恐路面太阔，电杆绷力不足，易生意外，最好将电杆植立路中花圃内，而于每杆左右各装路灯一盏，则路灯光线，两旁均可达到，即对于接户线装置，亦较便利。"① 经过陕西省建设厅、西京市政建设委员会、西京电厂等有关机关的商议，并报经南京建设委员会决定，"东西南北各大街一律装在路心，其余各路则在一边"，至于架设路灯所需材料，电线、磁头、变压器等由南京建设委员会给予支持，其余灯罩、灯泡、路灯架等则由西京市政建设委员会自行

---

　　① 《西安市路灯装置办法》，1935 年 8 月 6 日，西安市档案馆藏，卷宗号：03 - 607，第 41 页。

筹办。① 而在实际的架设过程中，西安路灯建设费由西京电厂先行垫款，路灯及各项零部件也由电厂办理，西京市政建设委员会之后筹还，至于路灯的维持费和电费，则由市政经常费收入拨付。②

至于路灯的管理，陕西省建设厅奉省政府命令，仿照江西省路灯委员会办法，召集西京市政建设委员会、西京电气厂、省会公安局、长安县商会等机关会商，决定成立路灯委员会，随即拟具组织规程，呈奉陕西省政府核准，于1936年7月1日正式成立并开始办公。西京市路灯委员会，由西京市政建设委员会、陕西省建设厅、省会公安局、西京电气厂、长安县商会等机关组织，各派委员一人组成。内设总务科、设计科、会计三股，每星期二开常会一次，负责全市路灯的架设及管理工作。③

经过近一年的筹设，1936年1月22日，西安市路灯正式通电发光。④ 古城西安的夜晚正式进入电灯时代，第二次工业文明之光开始照耀西安这座古老城市的夜晚。经过数年间的发展，至1939年5月12日，西安城区已装设路灯676盏。具体各路灯在西安城区的分布见表5—5统计。

表5—5　　　　　　　　　1939年西安城区路灯一览

装置地址	装置数量（盏）	灯架规格	装置地址	装置数量（盏）	灯架规格
尚仁路	49	6尺灯架	卢进士巷	2	3尺灯架
东大街	55	6尺灯架	大保吉巷	2	3尺灯架

① 《西京市政建设委员会第39次会议记录》，1934年10月9日，西安市档案馆藏，卷宗号：03-416，第116页。

② 《西京市政建设委员会第44次会议记录》，1935年11月20日，西安市档案局、西安市档案馆编《筹建西京陪都档案史料选辑》，西北大学出版社1994年版，第279页。

③ 《西京市路灯委员会成立公函》，1936年7月6日，西安市档案馆藏，卷宗号：03-607，第29—32页。

④ 《西京电厂致西京市路灯委员会公函》，1936年7月24日，西安市档案馆藏，卷宗号：03-593，第56页。

续表

装置地址	装置数量（盏）	灯架规格	装置地址	装置数量（盏）	灯架规格
南大街	22	6 尺灯架	太阳庙门街	3	3 尺灯架
西大街	48	6 尺灯架	报恩寺	5	3 尺灯架
北大街	41	6 尺灯架	崇廉路西段	7	6 尺灯架
尚德路	11	6 尺灯架	县仓门	5	3 尺灯架
炭市	2	6 尺灯架	观音寺	1	3 尺灯架
崇廉路	9	6 尺灯架	北新街	3	6 尺灯架
小差市	6	6 尺灯架	崇礼路西段	6	6 尺灯架
武庙街	2	3 尺灯架	铁塔寺	2	3 尺灯架
崇孝路	8	3 尺灯架	开通巷	3	3 尺灯架
南新街	6	3 尺灯架	甜水井	4	3 尺灯架
案板街	3	3 尺灯架	北关大街	1	3 尺灯架
西新街	5	3 尺灯架	火车站前	12	6 尺灯架
通济坊	4	3 尺灯架	东南西北四门	10	壁杆灯
崇耻路	6	3 尺灯架	中正门洞	2	壁杆灯
小农村	4	3 尺灯架	中正门外	2	6 尺灯架
东木头市	7	3 尺灯架	钟楼内	1	壁杆灯
新化巷	5	3 尺灯架	鼓楼内	1	壁杆灯
骡马市	4	6 尺灯架	东县门	4	3 尺灯架
端履门	4	3 尺灯架	城隍庙街	6	3 尺灯架
菊花园	4	3 尺灯架	东厅门	3	3 尺灯架
马厂子	3	3 尺灯架	东羊市	3	3 尺灯架
大差市	4	3 尺灯架	五味什字	3	3 尺灯架
柏树林	3	3 尺灯架	土地庙	4	3 尺灯架
书院门	4	3 尺灯架	梁家牌楼	3	3 尺灯架
竹笆市	11	3 尺灯架	夏家什字	4	3 尺灯架
西木头市	4	3 尺灯架	土地庙什字	2	3 尺灯架
正学街	3	3 尺灯架	鼓楼南街	3	3 尺灯架
中牛市街	11	3 尺灯架	小莲花池	2	3 尺灯架
市场	4	3 尺灯架	九府街	6	3 尺灯架
粉巷	4	3 尺灯架	桥梓口	2	3 尺灯架
南院门	5	3 尺灯架	西羊市	4	3 尺灯架
南广济街	5	3 尺灯架	西华门	5	3 尺灯架
大小湘子庙	5	3 尺灯架	大皮院	5	3 尺灯架
南北四府街	6	3 尺灯架	北院门	11	3 尺灯架
盐店街	3	3 尺灯架	莲湖巷	1	3 尺灯架

续表

装置地址	装置数量（盏）	灯架规格	装置地址	装置数量（盏）	灯架规格
马坊门	2	3 尺灯架	麦苋街	3	3 尺灯架
钟楼四周	4	立式	梁府街	5	3 尺灯架
中正桥	20	立式	大莲花池	4	3 尺灯架
二府街	4	3 尺灯架	西举院巷	7	3 尺灯架
红埠街	5	3 尺灯架	狮子庙	3	3 尺灯架
许士庙	1	3 尺灯架	北广济街	5	3 尺灯架
郭签士巷	3	3 尺灯架	早慈巷	5	3 尺灯架
大学习巷	2	3 尺灯架	贡院门	3	3 尺灯架
大麦市街	2	3 尺灯架	东关大街	8	3 尺灯架
大车家巷	1	3 尺灯架	柿园坊	2	3 尺灯架
尚朴路	2	3 尺灯架	东关南街	5	3 尺灯架
珠光巷	1	3 尺灯架	南关正街	7	3 尺灯架
槲子市	2	3 尺灯架	西关正街	14	3 尺灯架
金家巷	3	3 尺灯架	安居巷	3	3 尺灯架
大油巷	4	3 尺灯架	中山门街	5	6 尺灯架
柴家什字	2	3 尺灯架	东柳巷	2	3 尺灯架
夏家什字	2	3 尺灯架	崇礼路东段	3	3 尺灯架
四浩庄	2	壁杆灯	后宰门	2	3 尺灯架
龙巷	2	壁杆灯	长巷	2	3 尺灯架

　　资料来源：《西京市路灯一览表》，1939 年 5 月 12 日，西安市档案馆藏，卷宗号：03 - 582，第 16—21 页。

　　表 5—5 中的统计数据基本上反映了这一时期西安城区以电灯为主体的路灯的数量及分布状况。做出这样的判断主要是依据以下事实：第一，1943 年西安市政处关于整理市区路灯的工作计划中有言：

　　　　本市路灯原由西京电厂经办，因连年积欠该厂电费为数甚巨亏累不堪。因此本市原有路灯七百余盏竟有四百余盏已经损坏而不能及时修复，入夜多呈黑暗状态……①

----

　　①　《西安市政处整理本市路灯工作计划》，1943 年 4 月 10 日，西安市档案馆藏，卷宗号：03 - 593，第 20 页。

路灯失明是因为积欠电费所致，因而失明路灯应该是电灯，至于电灯数量为七百余盏而非上述676盏，则是1939—1943年，逐渐增加的结果。第二，上述676盏路灯是电灯而非其他灯种的第二个缘由，则是早在1938年陕西省会警察局为防止日军轰炸西京电厂而造成城区路灯失明，即开始筹办煤油路灯，至1939年3月已在市内东、西、南、北四大街装设煤气灯42盏，其他重要街巷装设植物油灯1136盏，合计1178盏。[①] 表5—5所统计的676盏路灯截止时间为1939年5月12日，而这1178盏植物油灯、煤气灯的装置时间在同年3月份，早在676盏路灯统计之前，故而这676盏路灯不属于1178盏灯的范围之内。

1939年7月，西安市内各交通岗亭已经修理竣工，陕西省会警察局局长孙谋提出：

> 都市交通秩序端赖交通警之维护，而交通警之服务尤赖于交通设备之完善，特能发挥功效。全国各大都市交通岗亭，虽建筑式样不一，惟均有电灯装置。西安自创办交通警察建置岗亭以来，数年于兹此项设备，仍付缺如，以致夜间交通事故之发生，往往多于白昼，殊非交通之本。[②]

基于以上考虑，为整饬市容、改进设备起见，陕西省会警察局局长孙谋提议特将所有交通岗亭一律重新改建电灯装置，装置方法为从各岗亭附近路灯杆上挂一线至岗亭伞盖下，装置电灯泡一个。

因为交通岗亭装置电灯对市区夜间交通极其重要，西京电厂对于陕西省会警察局的此项请求积极配合马上投入岗亭电灯装置的工作。陕西省会警察局计划将市内34座交通岗亭全部加装电灯，西京电厂

① 《非常时期路灯管理暂行办法》，1939年3月25日，西安市档案馆藏，卷宗号：03-623，第159页。

② 《西京市政建设委员会送西京电厂公函》，1939年7月4日，西安市档案馆藏，卷宗号：03-623，第39—41页。

根据市内电网实际情况完成钟楼东、大差市、鼓楼十字、南门口、南火巷、梁府街、崇信路十字、中正门、骡马市口、小差市、广济街十字、桥梓口、钟楼北、糖坊街口、崇礼路十字、北新街、端履门、东门口、钟楼南、城隍庙门、西华门、北门口、崇廉路十字、后宰门、马厂子、钟楼西、滴水河十字、贡院门、二府街、民乐园、尚德路十字、中正门桥北32处岗亭的电灯加装，合计32盏电灯。①

　　前已提及，全面抗日战争爆发后，为防日军空袭电厂受损而影响市内路灯的正常使用，陕西省会警察局特于东、南、西、北大街装设煤气灯42盏。其他重要街巷装设植物油灯1136盏，所添设的植物油灯与煤气灯由西京电厂拨款购置。煤气灯每灯需油半斤，植物油灯每灯需油四两，所需油费由陕西省财政厅在警捐项下附征。点灯时间以每晚下午七时起至翌晨五时止，但也会按照季节变更时间。其中煤气灯的管理由陕西省会警察局委托熟悉该项技术的人员负责燃点及修理工作，工作人员的津贴由西京电厂按月垫交陕西省会警察局，再发给各管理人员。②

　　陕西省会警察局1939年所筹办的植物油灯及煤气灯，虽然在夜间照明功能的发挥上不如电灯，却是在全面抗日战争背景之下对市内路灯照明的有益补充。这一时期，西安城区装设电灯的区域主要是各重要街巷，对于城内僻远街巷则尚未普装路灯，入夜之后黑暗异常，不但行人多有不便，也给不法分子提供了可乘之机，严重影响城市治安。然而全面抗日战争期间，电灯材料来源困难，加之日军轰炸，电厂常有被炸之虞，因此陕西省会警察局在1939年4月1日起就从其他街巷移400盏植物油灯安装于各僻远黑暗街巷，③ 使路

---

① 《西京电厂装妥岗警32盏电灯地址》，1939年9月，西安市档案馆藏，卷宗号：03 - 623，第195页。

② 《非常时期路灯管理暂行办法》，1939年3月25日，西安市档案馆藏，卷宗号：03 - 623，第159页。

③ 《陕西省会警察局送市政建设委员会公函》，1939年4月30日，西安市档案馆藏，卷宗号：03 - 623，第161页。

灯照明的范围有所扩大，对于城市治安不无裨益。

抗日战争胜利以后，西安市区各小巷装设路灯者极少，每至夜晚一片漆黑，不仅行路不便，就是路遇不法分子也难以追捕。为维护地方治安起见，西安市临时参议会部分参议员认为西安城区有普遍装设路灯之必要，但限于地方财力有限，一时难以举办，因此提请西安市政府于市内各小巷没有路灯者，均装置玻璃油灯一盏，由各保保长通知保内住户轮流供给所需灯油，以利市民而防不测。① 对于此议案，西安市政府责令西安市路灯管理委员会进行办理。对此，西安市路灯管理委员会积极回应，设计相关方案，计划于市区增装路灯250盏，主要分布于北关正街、自强路、尚德路、东西各城门洞、尚俭路、玉祥门一带、北门里、曹家巷、王家巷等处。② 而各小巷增设玻璃油灯则由市区各区公所负责安排各保长进行办理，各小巷玻璃油灯，由政府制定派油牌一枚逐日按户递送，即甲户已派后将牌再传至乙户，以此类推周而复始，以保证灯油的供应。③ 不过此后，由于国民党战局的恶化，物价飞涨，政局动荡，西安市政府无力再于城区添设新的路灯，民国西安城区道路的路灯照明系统建设至此告一段落。

总体而言，民国西安城区道路路灯照明系统经历了三个阶段，即抗日战争全面爆发前后以电灯为主体的路灯照明系统，基本涵盖城区各重要街巷；抗日战争全面爆发中后期，为预防空袭影响电灯而筹设的以植物油灯、煤气灯为主体的路灯照明系统，这是对电灯照明系统的有效补充，使路灯照明系统在城区的空间分布得以延伸至各简区街巷；抗日战争胜利后，西安市政府对城区电灯照明系统

---

① 《王参议院秀青等十一人提请在本市各小巷装置玻璃油灯案》，1946年2月22日，西安市档案馆藏，卷宗号：01-11-143，第84页。

② 《西安市路灯管理为运会代电》，1946年3月6日，西安市档案馆藏，卷宗号：01-11-143，第90页。

③ 《关于在本市各小巷装置玻璃油灯的文书》，1946年2月22日，西安市档案馆藏，卷宗号：01-11-143，第65页。

进行了一定的修复和完善，并进一步在城区小巷增设玻璃油灯装置，不过路灯照明系统的发展却因为国民党战局的恶化而受阻。

二　城区道路行道树的栽植

随着西京市政建设委员会对城区道路的不断铺筑，栽植行道树事项也就提上了西京市政建设委员会的办公议程。1935 年年底，随着第一期至第四期碎石马路的相继完工，西安城区碎石马路已颇具规模，因此西京市政建设委员会令西安市政工程处负责调查东西大街花坛，以及已修各路有树孔需要种植的树苗数量，并通知陕西省林务局负责准备树苗。根据西安市政工程处的调查，这一时期西安城区东西大街及花池需要栽植树苗九千株，其中树苗由林务局负责提供，行道树的栽植则由西安国民劳动服务实施委员会负责。①

该九千株行道树，树种包括合欢一千株，中槐二千株，洋槐四千株，苦楝一千株，白榆一千株。东、西、北三大街街心筑有花坛，三街花坛共栽植合欢一百四十四株，桃八十一株，杏八十一株，樱桃六十三株，紫穗槐六十三株，合计栽树四百三十二株。② 其余各树苗则分别栽植于东、西、北三大街道路两侧，由第一、二、三、四各公安分局转饬花坛及附近各商户，按时灌溉加以保护，而各岗警及巡逻人员要负责督促，认真稽查商户对各临近行道树的养护情况。③

东大街、西大街、北大街三大街的行道树栽植，是陪都西京时期城区道路行道树栽植之始。通过上述资料可以看出西安城区行道树栽植的领导策划机关为西京市政建设委员会，具体负责调查接洽

---

① 《西京市政建设委员会关于栽植行道树的文书》，1935 年 12 月 3 日，西安市档案馆藏，卷宗号：03 - 184，第 85 页。

② 《雷宝华关于花坛植树的报告》，1935 年 12 月 10 日，西安市档案馆藏，卷宗号：03 - 184，第 81 页。

③ 《陕西省林务局函公安局切实责成花坛附近各商户分别负责灌溉及保护之责》，1936 年 5 月 21 日，西安市档案馆藏，卷宗号：03 - 184，第 9 页。

树苗事宜的是陕西省建设厅下辖的西安市政工程处，树苗的提供机关为陕西省林务局，树苗的具体栽植事宜则由西安国民劳动服务实施委员会负责，行道树的灌溉和保护由临近商户负责，陕西省会公安局则负责对行道树灌溉保护的监督事宜，由此构成了较为完备的行道树栽植养护系统。

虽然建立了上述较为完备的行道树栽植养护系统，但行道树枯死数目仍然占较大比重。通过表5—6西京市政建设委员会工程处对城区行道树成活数量的调查，一方面可以看出行道树的成活情况；另一方面通过对各街巷已成活及需补植行道树数目的估计，大体可以看出这一时期西安城区行道树的分布及数量。

表5—6　　　　　　　　　　西安城区行道树成活数量统计

马路名称	成活数目（株）	补植数目（株）	马路名称	成活数目（株）	补植数目（株）
东大街	880	540	西华门街	109	57
南大街	240	200	竹笆市街	207	63
北大街	496	18	马坊门街	36	20
西大街	560	210	正学街	52	45
尚仁路	390	450	南院门街	157	26
东新街	47	123	鼓楼南街	35	63
菜市街	107	420	马神庙巷	106	30
新城正街	87	90	贡院门街	47	40
梁府街	350	190	西关正街	330	290
九府街	140	27	北院门街	185	37
合计	4561	2939			

资料来源：《西京市政建设委员会工程处调查本市行道树及花坛内花木成活数量表》，1940年12月22日，西安市档案馆藏，卷宗号：04-147，第13页。

通过对行道树分布的分析可以看出，西京市政建设委员会行道树栽植的重点除东大街、南大街、北大街、西大街、尚仁路等交通干道外，其余主要分布于新城、南院门及北院门周边。这种分布状况在一定程度上反映了这一时期行政中心及商业中心依然在城市空间中占据重要地位。

1944 年西安市政府成立之后，基于这一时期西安城区行道树栽植的实际情况，制定了《西安市政府整理各街行道树计划书》。在这份计划书中，西安市政府首先肯定了行道树栽植的价值：

> 行道树除完成道路之效用俾利用愉快外，并有都市之绿化修饰诸效用。街道栽植行道树则呈富有生气之绿色，并有净化空气调节温湿之机能。其绿色整齐而延长之粗线可增加灰色街路之美观。[①]

但西安城区各街路行道树种类庞杂、树姿不整齐、大小不一、高低错落，因此西安市政府制订此整理行道树计划。

按照西安市政府的设计，西安城区行道树的整理以钟楼为核心，东、南、西、北四大街为干线，其余各街巷为支线，并且每一干线及支线的树种及树龄须相同。至于具体的实施办法则按照各街路的重要性逐年添补或重新栽植。即首先是四大街交通干线，其次是重要支线如尚仁路、南院门、北院门、竹笆市等，最后是其他支线等，每年春秋两季进行栽植或增补。至于行道树的栽植方式和距离，西安市政府计划采用中央圃式和道路两侧栽植式两种方式。中央圃式即于大道中央辟圃栽花、间植树木，并于两侧人行道上各栽植行道树一行，如东、西、南、北四大街及尚仁路。道路两侧栽植式即于道路两旁的人行道上各栽植行道树一行或两三行，考虑到西安城区的道路人行道过窄，各栽植行道树一行即可，城区各支线多采用此种栽种方式。至于栽植距离，根据实际情况将栽植距离规定为 24—36 米。[②]

---

① 《西安市政府整理各街路行道树计划书》，1944 年 10 月 26 日，西安市档案馆藏，卷宗号：01 - 11 - 30，第 10 页。

② 同上书，第 10—11 页。

关于树种的选择，根据西安周边的实际情况，西安市政府认为洋槐及中国槐较容易获取并且容易管理，因此计划行道树主要采用这两类树种。所需树苗由陕西省农业改进所供给，树苗费由市政府设置专项资金购买。关于行道树的管理和保护，由陕西省会警察局按照各街巷行道树及花坛树木植护须知的规定，监督市民及商号保护和管理，必要时则由市政府雇工办理。①

上述整理行道树计划，从西安城区行道树的实际出发，并结合西安地区有关树种生长的具体情况，考虑到市政府的财力和能力，统筹规划，具有一定的科学性和可操作性。有道是"十年树木，百年树人"，植树绿化工作本身就是一项长期的、艰巨的任务，不可能一蹴而就，尤其是在气候条件相对干旱的西北地区更是如此。加之，抗日战争胜利不久，国民党当局悍然挑起全面内战，西安作为胡宗南进攻延安革命根据地的大本营，自然是军事要地。随着国民党战局的日益恶化，西安市政府财政日渐枯竭，上述行道树整理计划并没有继续贯彻执行下去，西安城区行道树整理计划终因政府财政枯竭而无疾而终。

三　城区公共厕所的建设

公共厕所的修建，与道路的卫生整洁及市容市貌有着密切的联系。随着陪都西京城区新修道路的不断拓展，与陇海铁路修抵西安后城市社会经济的发展及人口的增加，公共厕所的修筑就成为迫切的现实需要。1935 年，随着市内四期碎石马路的逐渐完竣，西京市政建设委员会责令西安市政工程处招商包修市内公共厕所，是年 3 月到 9 月完成市内大小公共厕所 26 所。具体各厕所分布见表 5—7。

---

① 《西安市政府整理各街路行道树计划书》，1944 年 10 月 26 日，西安市档案馆藏，卷宗号：01 - 11 - 30，第 11—12 页。

表5—7　　　　　　　　1935 年西安城区修筑公共厕所情况统计

厕所类别	建筑地点	承筑人	厕所类别	建筑地点	承筑人
大厕所	涝巷	不详	大厕所	桃胡巷	刘瑞庭
大厕所	西门内	靳锡玉	大厕所	菊花园	刘瑞庭
大厕所	端履门北首	靳锡玉	大厕所	建国公园	刘瑞庭
大厕所	红十字会街	靳锡玉	小厕所	民众教育馆内	刘瑞庭
大厕所	莲湖公园	刘瑞庭	小厕所	西火巷	刘瑞庭
大厕所	革命公园	刘瑞庭	小厕所	城隍庙	刘瑞庭
大厕所	中正门外	刘瑞庭	小厕所	大差市	刘瑞庭
大厕所	北大街 （梁府街对口）	刘瑞庭	小厕所	建国公园	刘瑞庭
大厕所	书院门西口	靳锡玉	小厕所	鼓楼	刘瑞庭
大厕所	东门内	靳锡玉	小厕所	庙门村	刘瑞庭
大厕所	尚俭路北段	刘瑞庭	尿池	王家巷	刘瑞庭
大厕所	北门口	刘瑞庭	尿池	骆驼巷	刘瑞庭
大厕所	崇廉路	刘瑞庭	尿池	东举院巷	刘瑞庭

资料来源：《西安市政工程处马路养路杂项工程统计表》，1935 年 8 月 16 日，西安市档案馆藏，卷宗号：03 - 628，第 27—30 页。

上述各类公共厕所一般分布于各道路的两端、多条道路交叉之处和公园等公共空间，满足普通市民的需要。而公共厕所的数量在一定时期内保持稳定，根据 1938 年陕西省会警察局局长杭毅的报告，因为损毁等原因，1938 年前后西安市内共有公共厕所 21 处。而全面抗日战争以来各地难民纷至沓来，西安人口数量大增，公共厕所不敷使用，以致难民、乞丐等随地便溺，严重影响了市容景观。在这种情况下，陕西省会警察局提请陕西省建设厅并西安市政工程处于炭市街北口路东、小差市十字北路西、东柳巷东口外、东三道巷东口外、小保吉巷、南四府街南口城根、正学街、夏家什字西口、喇嘛寺巷西口、管家巷口南边、中正门内东城墙下、国民市场、尚德路北头城墙下、六合庄、七贤庄南边、童家巷南口关帝庙后、复兴路北边、北门外东边 18 处增设公共厕所。① 1939 年陕西省会警察局又提请于尚勤路南口马路西边公地、小保吉巷 42 号门首空地、南火巷 19 号后面空地、报恩寺南校场、曹家巷口以南、喇嘛寺北口税局后、尚勤路崇忠路十字西南角 7 处各增设公共厕所一处。② 上述 25 处公共厕所修筑与否，尚没有找到确切的资料进行证明，但就这 25 处拟筑公共厕所的分布而言，主要位于火车站周边、东南城隅、西南城隅等民国前期西安荒凉之处。公共厕所的增设和人口密度有着密切的关系，上述民国前期城市荒凉之所，在此时却成为公共厕所增设的主要区域，这在一定程度上展现了因人口增加居住区扩展而带来的城市开发。

随着 1941 年顺城路的逐渐贯通，西安城区各交通线路通过顺城路实现了贯通的目的。交通地位的上升，使得顺城路的使用人群日渐增多，为此西京市政建设委员会工程处又环城建修多所公共厕所。其中东城有崇义路东口帆布生产合作社后边、崇廉路东口 196 师城防部队左侧、崇悌路东口 196 师第四连后边、崇忠路东口贫民所左侧空地、崇孝路东口无线电台左侧、玄风桥红十字会后边空地、华兴织布厂左侧空地 7 处；南城有下马陵东边空地、南门内东边高地、五岳庙门 14 号后边、报恩寺街 22 号后边、甜水井关公庙后边、火药局西头 6 处；西城有小西门南边、大西门南边、大西门与玉祥门之间、玉祥门北边 4 处；北城有惠东医院西边空地、高阳里 6 号东边、明新巷东边空地、第十一班住址前边（老北门东 250 米处）、无线电台前边空地、新城坊 6 号东边、第十二班住址东边（中正门 300 米处）7 处，合计 24 处。③

---

① 《陕西省建设厅送西安市政工程处关于省会警察局提请增筑 18 处公共厕所训令》，1938 年 4 月 14 日，西安市档案馆藏，卷宗号：05 - 1067，第 9—13 页。

② 《本市应添建公共厕所地点一览表》，1939 年 10 月 4 日，西安市档案馆藏，卷宗号：04 - 500 - 1，第 69 页。

③ 《环城建修公共厕所详细地点表》，1941 年 4 月 28 日，西安市档案馆藏，卷宗号：04 - 500 - 2，第 85 页。

1944 年西安市政府成立之后，西安城区公共厕所的情况也和前述路灯、行道树的大体一致，即因为市政府资金缺乏，对于已有公共厕所的维修远多于新建。虽然从整体上来看，民国时期城区公共厕所的数量随着人口的逐渐增加，一直都处于不敷使用的状态，但是这仅有的数十处公共厕所毕竟是适应城市道路扩展而改良卫生、促进市容整洁的艰辛努力，尤其是在交通繁荣、人口密集之地设立的公共厕所，一方面方便了市民如厕，另一方面也为普通市民遵守社会公德、提高城市生活的文明程度提供了条件。

本章小结

下水道、行道树、路灯与公共厕所作为道路配套设施的主要构成部分，与道路路面一道构建起路上、路面、路下一个有机结合的综合立体空间结构。这些道路配套设施，随着西京市政委员会对道路系统建设的不断完善而逐渐发展，其主要成果均在筹建陪都西京时期取得。虽然 1944 年西安市政府成立之后也想致力于城市道路系统的完善与发展，但囿于国际、国内局势，在建设经费方面一直处于捉襟见肘的态势，故而新建成果不大，主要工作是对筹建陪都西京时期所建各下水道、行道树、路灯与公共厕所等设施的养护。

以下水道、行道树、路灯与公共厕所为主体的道路配套设施，从空间和时间上延伸了道路功能的发挥。下水道排水系统的完善对道路路面和路基有重要的保护作用，延长了道路的使用寿命。栽植行道树一方面具有保水蓄水的作用，能够减缓雨水对于道路的侵蚀，另一方面也兼具绿化的作用。路灯的建成使用，使夜间道路的交通功能得以顺利发挥，从时间上拓展了道路功能的发挥，同时也减少了交通事故和夜间犯罪等事件的发生。公共厕所的建立，一方面给市民出行如厕提供了极大便利，另一方面也有利于路面和市容的整洁，提高市民利用道路的质量。

第六章

城市道路系统建设与市政管理变革

在上述章节中，无论是碎石马路、煤渣路等道路主体工程，还是下水道、路灯、公共厕所等道路配套设施，都在物质实体上给古都西安带来新的变化。伴随着道路物质实体建设的不断开展，与之相伴的人文制度层面也在不断演化，两者的有机结合共同促进了民国时期西安城区道路的发展。从一定意义上来说，道路相关的管理制度是否完善并发挥作用，关系着道路建设的质量和功能发挥的水平。

随着以城市道路系统建设为代表的市政建设的不断推进，民国西安市政建设和管理职能逐渐独立并纳入近代管理机制中，形成专业化、独立化的市政管理机构，突破了封建时代城市设施建设基本上采用大工程由官府组织兴建，小工程则由地方官吏或绅士捐资兴办的建设机制。① 因此，西安城市道路系统建设的过程也是民国西安城市市政管理变革的过程，这种城市道路系统建设与市政管理变革，主要体现在市政建设管理机构的变迁、建设流程专业化的建立和道路管理职能的演变三个方面。

① 陈琍：《上海城市生态的近代转型——以晚清上海道路为中心》，《中国历史地理论丛》2007 年第 3 辑。

第一节　道路相关市政管理机构
变迁及建设流程管理

一　道路相关市政管理机构变迁

1927 年夏，陕西省建设厅成立，统筹负责陕西省内各项建设事宜。① 随着国人开发西北的呼声日益强烈，西安作为西北地区最重要的城市之一，加快市内各项市政建设就成为陕西省建设厅的应有之义。因此，为加快西安城区的各项市政建设，1931 年 1 月 2 日，直属于陕西省建设厅的西安市政工程处正式成立，负责办理城关一切市政工程事宜，由时任建设厅厅长李仪祉兼任处长。② 至此，西安城关各项市政建设就有了直接的管理机构。西安市政工程处成立伊始，就开始西大街碎石马路工程的建设，这也是西安市政工程处成立后开展的第一项大规模市政建设。西安市政工程处是民国时期直接管理西安城区道路的第一个职能部门，陕西省建设厅是其直接领导机关。

1931 年"九·一八"事变爆发，东北沦陷，抗日战争自此开始。1932 年"一·二八"事变爆发，作为国民党统治核心区域的上海直接遭受日本的侵略，民族危机日益严重。面对严峻形势，国人开发西北的呼声日益高涨，国民政府遂将目光投向比较闭塞的西北地区，制定开发西北的政策。1932 年，国民党四届二中全会决定西安为陪都，并组建"西京筹备委员会"，西安进入了 13 年的陪都建设时期。③ 1934 年 8 月，为解决西安城市建设与所需经费不足的尖锐矛盾，协调

---

① 雷宝华：《陕西省建设统计序》，1935 年 1 月 1 日，西安市档案馆藏，卷宗号：05 – 109，第 8 页。

② 西安市地方志编纂委员会：《西安市志》第 1 卷《总类大事记》，西安出版社2000 年版，第 90—92 页。

③ 郭世强：《1934—1941 年西安城区道路工程建设的初步研究》，《中国历史地理论丛》2013 年第 3 辑。

西京筹备委员会、全国经济委员会西北办事处、陕西省政府三单位工作，在宋子文提倡下，三家单位共同组建西京市政建设委员会，具体工作由西京筹备委员会运作。① 西京市政建设委员会成立后，推定刘景山、韩光琦、龚贤明、李协、雷宝华②五人为委员，五人委员会成为西京市政建设委员会行政领导机构。在此之下又设置总务科、工务科、会计室作为其内部组织，具体负责各项事宜。③

　　西京市政建设委员会的成立，拉开了西安城区大规模道路工程建设的序幕，④ 此后西安城区碎石马路建设迅速开展起来，有力地推动了西安城区道路的近代化水平。因此，从1934年开始，到1939年西京市政建设委员会工程处成立，西京市政建设委员会是西安市政建设的设计机关，陕西省建设厅直属的西安市政工程处是市政建设的执行机关。即1934—1939年，西安市政工程处仍然是城区道路建设的执行部门，这一时期属于西京市政建设委员会和陕西省建设厅共同管理的阶段。

　　1939年2月，为进一步加强西京市政建设委员会的建设职能，避免出现西安城区道路建设与养护工作政出多门、管理混乱的局面，西京市政建设委员会下属的下水道工务所、测量队，与直属于陕西省建设厅的西安市政工程处合并改组为西京市政建设委员会工程处。⑤ 工

① 吴宏岐：《抗战时期的西京筹备委员会及其对西安城市建设的贡献》，《中国历史地理论丛》2001年第4辑。
② 刘景山，时任全国经济委员会西北办事处主任；韩光琦，时任西安绥靖公署参谋长兼十七路军参谋长，是杨虎城在经济方面的主要助手；李协，即李仪祉，著名水利专家，时任西安市政工程处处长；雷宝华，国立北洋工学院教务长兼工程学系教授，时任陕西省建设厅厅长；龚贤明，暂无其相关任职情况。
③ 《西京筹备委员会行政组织系统表（二）"合组部分"》，西安市档案局、西安市档案馆编《筹建西京陪都档案史料选辑》，西北大学出版社1994年版，第32页。
④ 郭世强：《1934—1941年西安城区道路工程建设的初步研究》，《中国历史地理论丛》2013年第3辑。
⑤ 《西京市政建设委员会为成立该会工程处致西京筹备委员会公函》，西安市档案局、西安市档案馆编《筹建西京陪都档案史料选辑》，西北大学出版社1994年版，第58—59页。

程处"直属于西京市政建设委员会，办理全市一切市政工程事宜"，分设三课，第一课分设文书股、事务股、统计股，第二课分设测绘股、设计股、施工股、材料股、机械股，第三课分设审查股、登记股。其中第二课各股，测绘股负责市内的测量工作，附设有测量队；设计股负责市内道路、沟渠、桥梁、公园、市场及一切公用建筑等工程的规划、估计和投标事宜；施工股负责市内道路、沟渠、桥梁、公园、市场及一切公用建筑等工程的兴建、修补和保养工作，附设有工程队。可以说，第二课是西京市政建设委员会工程队核心职能部门，西安城区各类道路的设计、招标、修筑及养护工作均由该课具体进行。①

西京市政建设委员会工程处是对西安市政工程处的继承和发展，它的成立改变了之前西京市政建设委员会、省建设厅、市政工程处等单位协同工作的局面，通过对相关机构的合并改组，西京市政建设委员会工程处成为从设计施工到监管审查的有机统一体，市政建设能力得到很大提高。② 西京市政建设委员会工程处将原来西安市政工程处的三个路工队③扩建为四个路工队及一个沟工队，④ 增强了市政道路建设能力。他们负责日常道路和下水道的修筑、养护工作，极大地促进了民国时期西安道路的兴筑及养护工作的发展。⑤ 因此，1939 年 2 月开始，西京市政建设委员会工程处就成为这一时期西安城区道路管理的执行部门，西安城区道路管理进入了西京市政建设

————————

　　① 《西京市政建设委员会工程处组织规程》，西安市档案局、西安市档案馆编《筹建西京陪都档案史料选辑》，西北大学出版社 1994 年版，第 59—61 页。

　　② 郭世强：《1934—1941 年西安城区道路工程建设的初步研究》，《中国历史地理论丛》2013 年第 3 辑。

　　③ 《西安市政工程处廿五年十一月、十二月养路工程统计表》，《西安市工季刊》1936 年第 1 卷第 1 期。

　　④ 《市建会工程处职员表》，西安市档案局、西安市档案馆编《筹建西京陪都档案史料选辑》，西北大学出版社 1994 年版，第 73 页。

　　⑤ 郭世强：《1934—1941 年西安城区道路工程建设的初步研究》，《中国历史地理论丛》2013 年第 3 辑。

委员会一家执掌的阶段。

1941 年 12 月国民政府行政院奉蒋介石令，为整顿西安市政建设，撤销西京市政建设委员会。1942 年 1 月 1 日，西安市政处成立，[①] 接管原由西京市政建设委员会进行的部分工作。负责西安城区道路建设工作的西京市政建设委员会工程处，移交西安市政处工务局接收。[②] 西安市政处是正式成立西安市建制前的准备和过渡，在其存在的 2 年多时间里，西安城区道路的管理工作一直属于西安市政处的管辖范围。

1944 年 9 月 1 日，西安市政府正式成立，市内各项市政工程建设进入了西安市政府管理的阶段。西安市政府下辖建设科，通过分析相关档案资料可知，西安城区道路工程的查勘、绘具图样、造具预算、招投标、建设、验收、养护等工作均由其负责办理。[③] 因此，从 1944 年 9 月到 1949 年 5 月，西安城区各类道路的管理事宜均由西安市政府负责，具体的执行则由其下辖的建设科负责。

总体而言，在民国西安城市道路系统不断发展的过程中，与之相关的市政管理机构也在发生着变革，这一变革的过程正是城市建设职能逐渐独立并纳入近代管理机制的过程。民国时期西安城市道路系统建设的管理工作，其具体负责职能部门大体为 1931 年 1 月—1939 年 1 月的西安市政工程处、1939 年 2 月—1941 年 12 月的西京市政建设委员会工程处、1942 年 1 月—1944 年 8 月的西安市政处工务局、1944 年 9 月—1949 年 5 月的西安市政府建设科。而领导上述部门的上级管理机关也大体有 1931 年 1 月—1934 年 7 月的陕西省建设厅、1934 年 8 月—1939 年 1 月陕西省建设厅与西京市政建设委员

---

① 西安市档案局、西安市档案馆：《西安市古今大事记》，西安出版社 1993 年版，第 238 页。

② 《西京市政建设委员会办理结束报告》，西安市档案局、西安市档案馆编《筹建西京陪都档案史料选辑》，西北大学出版社 1994 年版，第 66 页。

③ 《西安市政府建设科关于西北大学请修煤渣路的签呈》，1946 年 6 月 25 日，西安市档案馆藏，卷宗号：01 - 11 -274，第 5 页。

会、1939 年 2 月—1941 年 12 月西京市政建设委员会、1942 年 1
月—1944 年 8 月西安市政处和 1944 年 9 月—1949 年 5 月西安市
政府。

二　民国西安城市道路系统建设管理流程

民国时期西安城市道路系统的建设，虽然是由上述各市政职能
部门负责管理，但在具体的施工上大多采用招标承包。在道路修筑
过程中，西安市政部门形成了一整套道路建设的施工管理流程，为
顺利和有效开展城区的道路建设提供了制度保障。

一般而言，西安城区道路的修筑工作大体要经过拟具工程计划
书，绘具全部设计及施工详图，拟具施工细则、工程估计预算书、
工程施行请示书，然后进行招标，中标者与市政部门签订详细合同，
并规定该包商承修路段施工监修负责人。完成上述工作后，将上述
所有文件上报陕西省建设厅、西京市政建设委员会等主管部门进行
审核。待审核无误后，方准定日开工，如果上述环节有任何问题，
除非道路工程非常紧张，亟须动工，否则不许开工。[①] 待工程完工
后，陕西省建设厅等管理部门派相关职能人员进行验收，若有验收
不合格之处即定期整改或扣罚工款，如果验收合格，则在保固期之
后，结算工程余款。接下来就通过分析 1944 年西安市政府建设科同
陕西省企业公司营造厂签订的翻修东大街合同，来一窥民国西安城
区道路建设管理的端倪。

该合同是 1944 年 9 月，西安市政府建设科为翻修东大街由端
履门至东门段碎石马路，而同包商陕西省企业公司营造厂签订的
合同。[②] 合同全文共二十条，第一条规定合同发生效力的时限，即
从订立合同之日起到工程验收后保固期结束。第一条规定在一定

① 《陕西省建设厅关于修筑道路规程的指令》，1932 年 3 月 25 日，西安市档案馆
藏，卷宗号：05 - 39，第 12—13 页。
② 《翻修东大街端履门至东门碎石马路合同书》，1944 年 9 月 11 日，西安市档案
馆藏，卷宗号：01 - 11—5 - 2，第 74—77 页。

程度上给工程的质量上了一个保险，也就是说只有在保固期没有质量问题，合同方告终止。第二条、第三条规定了西安市政府有权根据实际情况对工程进行更改或增减，包商不得拒绝，产生的价格变动以订立合同时规定的单价为准。这两条规定说明西安市政部门并不是一成不变地执行原定施工图纸，而是会根据实际情况进行工程的更改和增删，表明西安市政部门对道路的修建是动态管理。

第四条至第八条，规定了包商在施工过程中必须承担的责任，如工程所需的物料、工具必须经西安市政府建设科负责人员验收，合格后方准使用；包商要负责工人的安全和维持交通秩序；不得将工程转包他人；包商要在施工过程中委派具有相关资质的负责人进行现场监督，并需听从市政府工程负责人的指导，否则将予以撤换；包商要严格按照施工说明书及施工图施工，否则立即拆除并承担违约责任。这五条规定，明确了包商的责任和义务，对保证工程质量有着重要的指导意义。

第九条至第十二条，规定了合同的保证金、施工期限、工作质量及违反期限和出现质量问题时的处罚，这些规定将工程款项的结算同工程的完工期限及质量挂钩，直接关系到包商的收益，因而对包商的施工行为具有较强的约束力。第十三条、第十四条是关于包商担保企业的问题，陕西省企业公司营造厂在包工过程中必须要由其总公司陕西省企业公司进行担保，如果陕西省企业公司营造厂在承包过程中出现问题，其总公司要承担相应的责任。这两条规定就使得西安市政府在招商承包市政工程时所面临的风险尽可能地降低。

第十五条至第十九条，规定了工程款项的价格、工程分期、保固金的数额及保固期的期限。其中保固金和保固期的设置，使包商直面保证工程质量的压力。在上述工程款价格的设定中，不允许根据物价的上涨而增加工程款，这在一定程度上不利于包商的营业，而保固金占全部工款的5%，只有在保固期1年后才能返还包商，如果在保固期内出现问题则使用保固金修理。在物价不断上涨的民国中后期，包商盈利能力较低，只有保证工程质量，顺利拿到保固金，才不会在承包过程中亏损。因此，保固金和保固期的设定，进一步保证了道路工程的质量。

第二十条规定了订立合同、议价单、施工说明书、施工图等文书的数量及各相关单位持有的数量，以在验收时核对。合同最后由西安市政管理部门、包商及担保商户签字盖章。

通过上述对东大街端履门至东门段碎石马路工程包工合同的分析，可以看出民国时期西安城区道路等市政工程建设，已经建立起了相对完备的招投标管理制度。在上述合同中，西安市政管理部门在签订合同之前就已经完成了测绘、编制预算、制定施工说明书、绘制施工图纸等前期的准备工作，并根据市场价格制定出预算，然后才举行投标议价会。在订立的合同规定中，可以看出工程的质量和工期是西安市政当局最为关心的问题，上述各种规定的核心内容在于按时保质完成预定工程。通过合同可以看出，在工程的施工过程中，西安市政当局并不是一味地按照原本制定的说明书按部就班，而是具有根据实际情况变更工程或增减工程的自主权，其所施行的是一种动态管理模式。

总之，封建时代，城市设施建设基本上采用大工程由官府组织兴建、小工程则由地方官吏或绅士捐资兴办的方式，[1] 而民国西安市政工程的修建则按照资本主义方式运作，承包制成为主要的组织方式。[2] 以西安市政府为代表的市政管理部门对以道路为代表的公共工程的建设和管理，已经突破了封建时代的窠臼，具有明显的资本主义生产关系的雇佣色彩。

---

[1]　陈璐：《上海城市生态的近代转型——以晚清上海道路为中心》，《中国历史地理论丛》2007 年第 3 辑。

[2]　郭世强：《民国西安排水生态系统的近代转型——以民国西安下水道为中心》，《中国历史地理论丛》2016 年第 4 辑。

第二节　城市道路系统建设中的市政养护管理

　　道路的养护，作为市政管理的一项重要内容，其主要工作包括对道路路面、路基的保护和维持道路的整洁。道路的养护直接关系到道路功能的发挥和市容的整洁，因此自碎石马路道路系统建设伊始，道路的养护都是西安市政管理当局的一项重要工作。

一　民国西安城市道路养护制度

　　1935 年冬，在西安市政工程处完成第一、二、三期碎石马路仅一年之后，就对这三期碎石马路进行了较大规模的养护工作。这是因为上述三期碎石马路是 1934 年冬季赶工，路基因为地冻的原因，没有碾压坚实，同时为了加快工程进度，使用民工和兵工进行修筑工作，工程的质量没有达到预期，因而仅隔一年时间，就出现路面损坏的情况，亟待翻修。因此自 1935 年 11 月 30 日起，西安市政工程处令所辖养路队对全市碎石马路进行次第翻修，以盐店街、南广济街为开端，每次以两街马路为限，除遭遇雨雪天气需花费两天时间清除各街马路泥泞外，其余时间，西安市政工程处养路队均全部从事碎石马路的修补工作。所需要的各类材料，在每月的养路费项目中开支。①

　　通过对上述档案资料的分析，我们可以看出早在 20 世纪 30 年代初期，西安市政工程处就组建有专门的道路养护队伍——养路队，专职负责道路的翻修养护，同时设立有每月的养路费项目，给道路的养护提供资金支持。根据相关的档案资料分析，西京市政建设委员会对城市各项市政工程的修筑，如碎石马路、下水道、

---

　　① 《西安市政工程处为翻修各期碎石马路送建设厅呈文》，1935 年 11 月 30 日，西安市档案馆藏，卷宗号：05 - 335，第 74 页。

平民住所以及公厕，"其经费之来源，仅中央每月之三万元，以及新市区标卖公地之收入，毫未取诸于民众"①，因此养路费的资金来源于中央拨款和新市区标卖土地费用。不过随着抗日战争全面爆发，中央对于西京市政建设的拨款暂时中止，而新市区的公地也所剩无几，大规模的道路建设因此而停顿，但是养路工程却不能停止。因此，为了筹措道路养护的资金，西京市政建设委员会根据市政发展以来，城区各类车辆及商户因道路发展而受益的实际情况，提议征收养路费。② 具体的征收标准经过西京市政建设委员会、陕西省会警察局、长安县商会及各工会等开会协商确定，其中人力车每月每辆 3 角；马车每月每辆 5 角；拉车每月每辆 8 角；营业汽车每月每辆 2 元。房租每月征收养路费，分为商店和住宅两类，其中商店 20 元以下房租按 1% 征收，20 元以上房租按 1.5% 征收，40 元以上房租按 2% 征收，60 元以上房租按 2.5% 征收，80 元以上房租按 3% 征收，100 元以上房租按 3.5% 征收；住宅 20 元以下房租按 0.5% 征收，20 元以上房租按 1% 征收，40 元以上房租按 1.5% 征收，60 元以上房租按 2% 征收，80 元以上房租按 2.5% 征收，100 元以上房租按 3% 征收。③

　　以上养路费的征收按照谁受益谁承担的原则，征收数额的大小同所获得的收益具有正比例关系，具有一定的合理性和较强的可操作性。养路费的征收使得西安城市道路养护有了一定的资金支持，保障了道路功能的发挥。而为了保证碎石马路的翻修质量，西安市政工程处同时制定修补碎石路面的规章制度，将碎石马路翻修养护的流程予以规范，如规定碎石马路路面松动或坎坷不平时，需将损坏部分完全挖出，如土路基因埋设建筑物等原因，而被破坏者，须

---

　　① 《西京市政建设委员会关于征收养路费的文书》，1937 年 10 月 19 日，西安市档案馆藏，卷宗号：03-185，第 9 页。

　　② 同上书，第 10 页。

　　③ 《增收养路费办法》，1937 年 11 月 16 日，西安市档案馆藏，卷宗号：03-182，第 5 页。

分层填夯,至坚实为止;将挖出旧有石子过筛,然后再将大小石子分开;石子分开后,先铺小石子,铺至于原路面相差四五公分为止;石子铺好后,即用压路机来回滚压数次,如滚压后较原路面为低,仍需加铺小石子,再用压路机来回滚压,至与原路面平为止;石子铺压平后,即可灌1:1:2白石灰沙子黄土稀浆,上铺沙子厚半公分,再来回滚压至坚实为止;路面修补竣工后,24小时内,禁止车马通行。①

该碎石马路的修补章则,对已受损碎石马路的修复工作,进行了详细规定,具有较强的可操作性。如前所述,需要翻修的碎石马路如果面积较小,则由西安市政部门所属的养路队或工程队自行修复,如果受损路面较大或工程量过巨,则招商包修。至1940年前后,因西安城关马路范围扩大,养护工作繁重,西京市政建设委员会将全城马路划为四区,每区设置工程队一队,每队工人36名,队长1名,专职从事该区道路的养护工作。② 虽然在1945年西安临时参议会上曾提出成立养路队分区专职养护马路的议案,但西安市政府以经费不济,且市政府下辖工程队一直办理养路工作为由予以回绝。③ 因此,民国中后期西安城区各类道路的日常养护工作大体还是由西安市政部门下辖的工程队负责办理。

二 民国西安城市道路的清洁管理

民国前期,西安地区政局不稳,战乱频繁,天灾人祸不断,市政建设尚不能够得到有效发展,对于道路清洁而言,更加是无从谈起。随着碎石马路道路系统在城区的不断扩展,陪都西京的街道卫

---

① 《西安市政工程处修复碎石路面章则》,1937年6月19日,西安市档案馆藏,卷宗号:05-335,第110页。

② 《西京市政建设委员会29年度行政计划》,1940年11月,西安市档案馆藏,卷宗号:03-164,第14页。

③ 《西安市政府为函复成立养路队经常养护马路案》,1945年7月2日,西安市档案馆藏,卷宗号:01-1-35-1,第148页。

生便成为市政部门除道路养护外，另一项重要的工作。1936 年年初西京市政建设委员会会同陕西省会公安局，详细拟订街道清洁计划，添置洒水车，规定污水倾倒地方等，① 这是民国时期西安道路近代化清洁工作的开端。

民国时期，西安市政当局对道路清洁的管理主要体现在两个方面：一是洒扫，避免碎石马路尘土飞扬；二是成立清洁队，专职负责道路及城区的清洁工作。这两项工作的主管部门均是陕西省会警察局。1936 年 10 月，西京市政建设委员会为解决碎石马路尘土飞扬问题，曾计划将公安局洒水车交由西京市政建设委员会管理，并添购洒水汽车四辆，② 不过随着"西安事变"的爆发及随后全面抗日战争的开始，添置洒水汽车一事便不了了之。1938 年前后，陕西省会警察局下辖清洁队共有胶皮轮垃圾车 25 辆、木轮骡车 5 辆、骡子 30 匹、垃圾汽车 2 辆、洒水汽车 1 辆。胶轮及木轮骡车每日出发运除各街巷之垃圾，垃圾汽车除每日运除城区大量垃圾外，还要承担各机关单位的垃圾运除工作，而洒水车则每日两次洒水清洁路面灰尘。

清洁队共有清洁夫 170 人，外加队长 4 名，班长 20 名，共编为 4 队，依照警区广狭、人烟稠密程度分驻各区，接受各警察分局的就近指挥，每日出发扫除各区垃圾。卫生警察督促各商住户自行负责门前卫生。1938 年之后，因胶轮车骡马费用较重，清洁队担负不起骡马的饲养成本，遂将胶轮车及骡马呈交省政府。而全面抗日战争爆发后，汽油作为战略物资严格限制使用，因此两辆垃圾汽车也停止使用，改为添置手推垃圾车 60 辆。至 1943 年，西安城区翻修马路严禁硬轮骡马车通行，此时西安城区垃圾就靠着这些手推垃圾

① 《二十五年度市政计划》，1936 年 3 月，西安市档案馆藏，卷宗号：05 - 629，第 36 页。

② 《西京市政建设委员会关于注意街道勿让灰尘飞扬的文书》，1936 年 10 月 2 日，西安市档案馆藏，卷宗号：05 - 507，第 3 页。

车进行运除。[①]

　　一方面清洁队人力、物力紧张，运除垃圾工具不敷使用；另一方面西安人口迅速增长，而市民社会公德意识薄弱，随地丢弃垃圾，到 20 世纪 40 年代中期城区各街巷垃圾随处皆有，以至于西安市政府卫生科专门召开关于处置垃圾及清理公私厕所问题的谈话会议，决定：就现有清洁队人力、用具，督饬每日换班切实工作，并在短期内由警局发动组织民众，将各街巷堆积垃圾彻底清理。在此次清运垃圾后，由警局严督岗警及卫生警察切实注意环境卫生。同时由警察局会同市政府卫生科分区召集各保长训话，在城区各街巷重要地点由各保自行设置两个垃圾箱。垃圾箱设计图样由市政府处理。同时，要求各通衢大街的商、住户，于屋内设置木质活盖无底垃圾箱，以便清洁队负责运除。此外，各保设置的固定垃圾坑，由该管保长切实负责，自行管理，如有损坏随时补修完整，政府还晓谕各保民以自治精神，凡倾倒垃圾务必去向指定地点，不得任便乱抛，卫生警察随时稽查，并声明如再发现各街巷垃圾狼藉，则问责该管保甲长及值勤警察。[②]

　　至 1945 年上半年，西安城区人口密集的街巷大多已经设置了垃圾箱。根据西安市政府的卫生调查资料，这一时期西安城区设置垃圾箱的街道有骡马市、安居巷、南柳巷、北柳巷、一道巷、二道巷、三道巷、小庙巷、东仓门、东仓巷、县门北街、东县门、饮马池、东厅门、菊花园、开通巷、柏树林、朝贺巷、东柳巷、府学巷、肋子巷、戴家巷、印花布园、参府巷、城隍庙、德福巷、南四府街、大湘子庙街、北四府街、太阳庙门街、报恩寺街、甜水井、南马道巷、大油巷、双仁府、八卦楼、白鹭湾、骆驼巷、龙渠湾、柴家什字、菜坑岸、梁家牌楼、梆子市街、建国公园、东举院巷、早慈巷、

----

　　① 《陕西省会警察局清洁队工作报告》，1944 年 10 月 21 日，西安市档案馆藏，卷宗号：01 - 1 - 2 - 1，第 42—43 页。

　　② 《卫生科召开处置本市垃圾及清除公私厕所问题谈话记录》，1944 年 10 月 19 日，西安市档案馆藏，卷宗号：01 - 1 - 2 - 1，第 31—36 页。

后宰门、通济坊、二府街、郭签士巷、西仓、桃胡巷等。①

　　同时，为进一步推动城区各街巷的清洁工作，1945 年上半年，西安市政府又联合陕西省新生活运动促进会、陕西省政府、陕西省党部、三民主义青年团陕西支团部、陕西省社会处、陕西省卫生处、西京市党部、西安市商会、卫生事务所、西京市分团部第一分团、童子军理事会、西京市宪兵团、警备司令部、警察局、戏剧业公会、教育厅、陇海路局警备司令部党部、酒菜饭馆业公会、浴业公会、理发业公会、旅店业公会、中央社、力行社、西北社等多家单位共同组建"西安市清洁规矩运动推行委员会"，开展西安市清洁规矩运动，规定每月 1 日为清洁日，每周日为规矩日。其中，清洁方面的推行项目包括：严禁随地吐痰便溺；不许随地倾倒垃圾；规定广告标语栏；街道要每天洒水打扫；公共场所须设置垃圾箱并须每日清除；不许售卖腐烂食品果菜；饭馆食品应用纱布笼罩；浴室所用大小毛巾必须经常洗换，并应设备盆堂，凡患皮肤病者禁用澡堂；理发匠理发时必须戴口罩；机关学校必须经常保持整洁十条规范。平时的推行工作，由推行组切实推行，清洁日、规矩日由检查组派童子军 100 人、战干团学生 50 人协助推行，并检查。②

　　纵观整个民国时期，西安处于一个战乱不断的时代，即使在作为抗日战争的大后方，依然遭到了日军飞机的轰炸。因此在民国时期，城区街道的清洁管理都是一件较为艰辛的事务。自西京市政建设委员会开始筹办城区街巷的清洁工作，到 1949 年 5 月，陕西省会警察局下辖的清洁队在极端落后的物资装备情况下，勉力维持着西安城区的清洁工作，他们是这一时期西安城区道路清洁工作的主体。民国后期，西安市政府为推进城市的清洁工作开展了一系列的工作，为城市市容的整洁做出了一定的贡献，有利于推动市民公德意识的

---

　　① 《西安市政府卫生科垃圾箱检查记录表》，1945 年 4 月 13 日，西安市档案馆藏，卷宗号：01 - 1 - 2 - 2，第 188—189 页。

　　② 《西安市清洁规矩运动初步推行计划》，1945 年 3 月 20 日，西安市档案馆藏，卷宗号：01 - 1 - 2 - 2，第 156—157 页。

树立，也有利于提高市民城市生活的质量，具有进步性。

总之，民国中后期西安城区道路基本成形，此后以道路翻修和清洁为主体的养护工作，日益成为西安城区道路市政管理的主要内容。虽然这些工作成效一般，但我们也应该认识到在民国特殊的社会政治经济条件下，以西京市政建设委员会、西安市政府及警察局为代表的市政建设的工作者、管理者为推动西安城市道路系统的近代化所付出的努力，并肯定他们为推动城市的近代转型而做出的贡献。

第三节　城市道路系统演变中的近代交通秩序转变

在历史的进程中，各城市活动大都发生在城市的主要街道上。封建时代，街道不仅作为交通通道而存在，更多时候它还承载了聚会、交易等功能，如街头卖艺、沿街叫卖、游街示众等，具有明显的"街市合一"的特点。这种特点在以农业和手工业为基础的自然经济时代，与以人力、畜力等为主要动力的传统运输工具和交通方式，以及在此背景下的社会经济活动相适应。然而，当人类社会发展到以大机器生产为标志的工业经济时代时，货品运输和人员流动的规模越来越大、频率越来越高，对于城市而言，更加便利、发达的交通运输网络，就成为城市社会经济发展的先决条件。而新式交通工具的产生，尤其是以内燃机为动力机的汽车和以电力为动力的电车的诞生，更是给城市交通带来划时代的变革。这些工业时代城市交通的变化，迫切需要作为基础设施的城市道路的功能做出改变，即由"街市合一"的传统街道变为作为循环路径以供物流、人流快速通行的运动通道。

在此历史背景之下，西安城市道路系统也逐渐改变，这种演变以1912年东大街的恢复与建设为开端。虽然目前尚未找到直接关于东大街恢复与建设的原始文献，但通过 1915 年前往西安考察的日本东亚同文书院学生的考察报告可知，当时东大街已分别铺有人行道和车行道，实现了人车分离。东大街是民国时期西安市内第一条人车分离的道路，开启了西安城市道路近代化演变之端，给生活在西安城中的市民带来了视觉和思想上的冲击。

此后不同时期，西安各市政建设机关，在城市历次道路规划设计和建设中均设有车行道和人行道，使城市道路在形制上实现了人车分离，这就为改变几千年来人车混行、街市合一的状况奠定了物质基础，为改变几千年来城市居民的出行习惯，建立起近代化的城市交通秩序做了铺垫。

1936 年随着城区新修道路的不断扩展，人力车、公共汽车、载重大车等交通工具逐渐在城区活跃起来，而各交通工具及行人多没有规则意识，以致交通事故频发。有鉴于此，1936 年 2 月，陕西省会公安局计划在市内重要交通地点设置"人力车停放处"牌 40 个，"靠左缓行"牌与"汽车速度"牌各 45 个，以利交通。①

其中"靠左缓行"牌安放地点为：骡马市十字、炭市街丁字、大差市十字、柳巷口丁字、菊花园丁字、端履门十字、马厂子十字、东门口、东羊市人字、钟楼根、广济街十字、鼓楼十字、钟楼左右边、滴水河十字、粉巷西口、马坊门西口、南院门花墙东西边、城隍庙门口、琉璃庙街口、桥梓口十字、贡院门、牌楼巷口、西城门口、西关南火巷口、回回巷口、西郭门北边、东举院巷学校门、大学习巷学校门、省政府门、钟楼根、北关门口、莲花公园东门口、红埠街十字、狮子庙街口、吊桥坊、东大街、西大街、中大街、南大街、大新巷口、中正门口、民乐园十字、中正门外、童家巷丁字、北廓门外三岔路口。

"人力车停放处牌"安放地点为：东门口南侧空地、小差市口西

①　《陕西省会公安局送西安市政工程处关于设置公共设备指示牌的文书》，1936 年 2 月 29 日，西安市档案馆藏，卷宗号：05 - 770，第 28 页。

首马路中、大差市口东首马路中、马厂子东西首马路中、西京影院门前马路中、菊花园口西首马路中、世界舞台门口东首、西京饭店门前马路中、骡马市口东首马路中、邮政局门前马路中、钟楼根岗东首马路中、花园饭店门前马路中、三意社门口北首、三学街两侧、东羊市街东口北边、柏树林街东西侧、西大街各花池中间计九处、钟楼根南边、南院门花池南首、城隍庙门东首马路中、琉璃庙街西首马路中、贡院门口东首马路中、牌楼巷口东首马路中、西关分驻所门两侧、西廓门外两侧、西仓门口、大有巷两侧、北院门省府门前、第一监狱门、吕祖庙门、糖坊街东口、北城门内、教育厅门、东九府街口路北、吊桥坊南北侧、山西会馆门口、管家巷口、民乐园东西北角、西京招待所门西南角、中正门内西侧。①

　　1936 年 3 月，为规范市内公共汽车行驶，陕西省会公安局又根据市内公共汽车线路及车站数目，计划在每车站站台处设置"汽车速度"牌 1 个。其中东门至西门的第一路公共汽车共计有 12 站，南院门至中正门的第二路公共汽车共计有 10 站，南门至北门的第三路公共汽车共有 8 站。道路两侧每站站台均设置指示牌各 1 个，共为 60 个"汽车速度"牌。②

　　经过近半年的筹办，1936 年 9 月上述公共设备指示牌从上海购得运抵西安，其中"人力车停放处牌一百个，行人车马靠左边走牌一百个，汽车速度牌一百个，共计三百个"，因上述设备均关系市政建设，因此陕西省会公安局将上述各牌交由西安市政工程处予以安装。③ 上述指示牌的安置是民国西安历史上第一次装设各类公共交通指示牌，有利于规范市内各类交通工具的行驶，对于建立近代交通

　　① 《西安市各类公共设备安放地点表》，1936 年 2 月 28 日，西安市档案馆藏，卷宗号：05 - 770，第 24—27 页。

　　② 《本市公共设备计划表》，1936 年 3 月 10 日，西安市档案馆藏，卷宗号：05 - 770，第 21 页。

　　③ 《陕西省会公安局送西安市政工程处公函》，1936 年 9 月 8 日，西安市档案馆藏，卷宗号：05 - 770，第 2 页。

秩序，保障市民的生命财产安全，具有一定的推动意义。

本章小结

通过对城市道路系统建设与市政管理变迁的论述可以看到，随着道路物质实体建设的不断开展，对道路的市政管理也逐渐发生转变。封建时代，城市设施建设基本上采用大工程由官府组织兴建，小工程则由地方官吏或绅士捐资兴办的方式，民国时期，西安市政工程的修建则按照资本主义方式运作，承包制成为主要的组织方式。与之相关的职能部门和管理的规章制度不断完善，实现了对道路建设前、中、后三个时段的有效管理，极大地促进了西安城区道路的发展。同时，以西安市政府为代表的市政管理部门对以道路为代表的公共工程的建设和管理，已经突破了封建时代的窠臼，具有明显的资本主义雇佣性质。

民国中后期，以碎石马路和煤渣路为主体的西安城区道路系统基本成型。虽然以西安市政处、西安市政府为代表的城市管理及建设机关想要进一步推进城市道路系统的完善，但在落后的社会经济条件下，城市道路建设后续规划大多成为泡影，而以道路的翻修和清洁为主体的养护工作，则逐渐成为西安市政当局对城市道路管理的主要工作。经济基础决定上层建筑，虽然以西京市政建设委员会、西安市政府及警察局为代表的市政建设的工作者、管理者为推动西安城区道路系统的近代化竭尽所能，但由于战争的影响，城市建设经费捉襟见肘，各项建设成果相对较小。

西安道路系统的演变也改变了生活于其中的市民的社会生活，尤其是在近代交通秩序的建立上，"人车分离"的道路设计与相关道路交通秩序的制定及实施、道路交通秩序管理标识的制作及使用等，也在一定意义上建立起近代交通秩序，有利于市民形成近代交通规则意识。

第 七 章

道路利用冲突与管理

随着西安城市道路系统的逐渐发展，西安城区路面之上既有传统马车，也有以人力车、汽车、公共汽车等为代表的新式交通工具的出现。在民国特殊的经济社会条件和时代背景下，围绕道路的利用出现了以铁轮大车为代表的传统车辆对道路使用与道路养护之间的矛盾，新式人力车和公共汽车为争夺公共交通运营空间的利益冲突和人力车夫群体的治理问题等。西安城市治理当局通过对上述问题的解决，一方面构建起近代交通秩序，另一方面也在一定程度上实现了城市治理的近代转型。

第一节 传统车辆与新式道路的管理

民国初期，西安城区传统木质车轮大车进一步发展为铁轮大车，这些铁轮大车，车轮一般较窄，外钉铁皮或凸起的铁钉，对道路的损害十分严重。西大街碎石马路修筑完成后，所有载重大车由西门进城者，均令其由牌楼巷及龙渠湾绕道南北后街行走，以免损害路面。①

---

① 《西安市政工程处特种马路限制车辆条规》，1931 年 2 月 27 日，西安市档案馆藏，卷宗号：05 - 30，第 55 页。

然而，随着新修道路的不断扩展，西安城区可供铁轮大车行驶的路线越来越少，如何既能减少大车对路面的损坏又不影响其使用道路，就成为摆在西京市政建设委员会面前的一个难题。

为了解决上述难题，西京市政建设委员会从三个方面入手。第一，改良旧式车轮。经西京市政建设委员会决议，决定仿照北平改良车轮办法，将车轮宽度规定为 10 厘米，并且车轮一律改钉平瓦，西京市政建设委员会将上述车轮样式绘制图式，以供城内各车铺仿造。所有车铺制造的车轮必须经过西安市政工程处查验，发给合格证后方可上路，否则将以私制窄轮论处，处以罚金甚至勒令停业。在《西京市旧式车轮改良办法》公布后，凡宽轮单套车或人力推车均可在碎石马路通行，其他载重大车，则在规定大车路线行走，违者由岗警严行制止。①

第二，建立西京市四关货物转运站。西安城区市民生活所需物品均由运输大车拉运供给，1935 年年初，西安四郊碎石公路尚未修筑，因此在既不能强令运输大车改换宽轮，又不能无视市民生活需要的情形下，除非在四关城筹设供给转运货站外别无他策。故而 1935 年 1 月，陕西省建设厅指派专员切实研究大车转运问题，并与长安县商会对四关车店及过载行店与陇海路货物分等办法进行调查，后决定于每关设城郊货物转运站一处。城郊货物转运站每站设经理二人至六人，由各行店公推六人，呈主管机关审查后负责各项承办事宜。② 同时制定《西京市四关货物转运站暂行办法》，对转运站的各项运输及管理事宜进行了规定。③

第三，制定载重大车出入城内路线图。西安城区载重大车主要

---

① 《西京市旧式车轮改良办法》，1935 年 1 月 26 日，西安市档案馆藏，卷宗号：03 - 605，第 59 页。

② 《关于设置城关货物转运站的报告》，1935 年 1 月 6 日，西安市档案馆藏，卷宗号：05 - 211，第 27 - 28 页。

③ 《西京市四关货物转运站暂行办法》，1935 年 1 月 9 日，西安市档案馆藏，卷宗号：05 - 211，第 11 页。

包括载重汽车和载重马车两种，不过载重汽车虽然重，但因其车轮为胶质，车辆运行迅速，并且每天通行城区有时间性，故而对城区道路损坏程度较低。而出入四城门的载重骡马大车，自早至晚，络绎不绝，并且这些骡马大车多系铁轮并且车轮较窄，易损坏路面。因此，1934 年西安市政工程处制定的载重大车出入城内路线图，基本上是针对此类载重骡马大车而言。其出入城内路线，大体为"由东门出入载重大车欲向西南行者，走东道巷、周家巷之东，可直达西端及南端；由南门出入向东行者，走书院门街或东木头市之西口，可直达东端，由西门出入向南行者，可走马道巷，直达南端及东端，欲向北行者可走神器库巷或牌楼巷，可直达北端及东端，由北门出入欲向南行者，可走大街直达南端走糖坊街梁府街或二府街西华门街，可直达西端及南端分途并进"①。不过限定上述大车出入城内走专门路线，在施行的过程中阻力重重，第二年即为事实所迫，加以变更，在部分路段允许大车通行碎石马路。②

　　虽然西京市政建设委员会等市政管理部门，为养护城区新修各道路起见，对城内通行的各类车辆进行诸多限制，但在实际操作过程中却困难重重。仅以禁止旧式大车通行、改良车轮举措为例，在1935 年 1 月公布《西京市旧式车轮改良办法》以后，原定一月内如无按照要求更换车轮，即禁止旧式轿车等通行，但迟至是年 4 月"市内轿车及人力单轮车，迄未遵照办理，并且任意行驶各街，破坏路面，莫此为甚"，以至于陕西省会公安局、西安市政工程处发布布告，限 5 月 1 日前更换新式车轮完竣，否则禁止通行。③ 饶是如此，西安市政管理当局依然受到了来自素以亲民而著称的陕西省政府主

　　① 《暂定载重大车出入城内所经路线说明书》，1934 年 7 月 25 日，西安市档案馆藏，卷宗号：05 - 114，第 8 页。

　　② 《西安市政工程处送陕西省建设厅关于大车通行路线变更的呈文》，1935 年 6 月 29 日，西安市档案馆藏，卷宗号：05 - 205，第 2—3 页。

　　③ 《陕西省会公安局、西安市政工程处布告》，1935 年 4 月 3 日，西安市档案馆藏，卷宗号：05 - 200，第 33 页。

席邵力子的压力，1935 年 7 月 11 日邵力子训令西安市政工程处：

> 兹值麦禾收获以后，各乡农产物品，均待输入城市销售，而农民赖以运输之工具，率多沿用人力推车，未易骤加改良，若概予禁止，影响农村经济，颇为重大，且此项人力推车，如载重不多，当不致过损路面，为特别体念民艰，应准各乡载重较轻之人力推车，暂时入城通行各街马路。①

通过上述材料可以看出，在西安市政管理当局积极推进城市治理的制度化进程中，不仅会遇到市民的不配合，还会遇到来自政府高层的阻力。政府高层虽说是体恤民情，但在客观上却增加了市政管理的难度，故而限制对城区道路损害较大车辆出入，成为日后西安市政管理当局一项常抓不懈的任务。迟至 1945 年前后，即使西安市政府、陕西省会警察局、西安警备司令部等军政部门一再颁布禁止铁轮大车行驶市内各重要街衢的禁令，西安总工会等一些机关仍然希冀准许铁轮大车通行市区②，可见禁止铁轮大车通行市区十分艰难。

通过梳理，西安市政管理当局在解决道路保护与传统交通之间的矛盾时所遇到的困境与挫折，可以看出，道路系统的近代转型是一个道路、交通工具、管理制度、监察执行等相互作用的综合过程，不能光靠解决其中的一项就能达到目标。在民国西安城市道路近代转型过程中，西安市政当局对城市道路的建设取得了较大成果，然而作为城内生活物资最主要的运输工具之一的载重铁轮大车，因为其狭窄的车轮会对新式道路路面造成较为严重的损坏，因而随着新式道路的扩展，这些载重铁轮大车却逐渐无路可走，走向了新式道

---

① 《陕西省政府训令西安市政工程处第 4256 号》，1935 年 7 月 11 日，西安市档案馆藏，卷宗号：05 - 200，第 98 页。
② 《西安市政府送总工会指令》，1945 年 4 月，西安市档案馆藏，卷宗号：01 - 11 - 35，第 25 页。

路保护的对立面。在民国特殊的时代背景下，西安较为薄弱的社会经济基础，让铁轮大车的使用者既无财力也无动力去更换新式运输工具，这就使得铁轮大车在西安城市生活物资保障和城乡经济沟通方面发挥了重要作用。因此，西安市政当局希望通过行政命令禁止铁轮大车通行市区，以实现保护城市新式道路的举措，就注定会遭遇挫折。

第二节　新式交通工具的管理

一　西安新式交通工具变迁

西安人力车最早出现于 1912 年①，人力车公司成立伊始，资本额不足一万元，且"多为汉口、北京用过之废车，后乃渐渐纯为橡皮轮"②。虽然人力车在当时属于新式交通工具，对城市交通方式和市民出行产生了深远的影响，但民国早期因城市道路发展的滞后，"新式之马路尚未动工……大街皆石路……多系数百年前旧物，高低凹凸不平，车行颠簸特甚。小巷皆土路，多坑坎，遇风则扬灰沙，下雨则成泥泞，行人裹足……雨天人力车不能行"③。城市道路条件的落后，制约了人力车业的发展，至 1929 年西安人力车也不过八九百辆。④

1932 年 3 月西京筹备委员会的成立，开启了民国西安大规模城市建设的序幕。至 1942 年，西安城市道路建设成果丰硕，碎石路面基本涵盖城区各重要路段，与煤渣路面共同构成了西安城区道路的

---

① 任云英：《近代西安城市空间结构演变研究（1840—1949）》，博士学位论文，陕西师范大学，2005 年。
② 刘安国编：《陕西交通挈要》，上海中华书局 1928 年版，第 35 页。
③ 王桐龄：《陕西旅行记》，辽宁教育出版社 2013 年版，第 19 页。
④ 《本报特写：本市洋车夫生活素描》，《工商日报》（西安）1937 年 3 月 1 日第 3 版。

主体，初步改变了历史时期西安道路的面貌。而人力车业也获得长足的发展，车辆数目由 1933 年的 2043 辆发展到 1943 年的 4500 辆，① 增长 1 倍有余。这些路面无论晴雨，人力车皆可通行其上，大大提高了人力车对于道路的利用率，增强了其运营能力。毕竟遇到阴雨天气，愿意搭乘人力车的乘客自然增多，人力车的运营可谓是卖方市场，车夫可趁机加价。② 可以说，以路面状况改善为代表的西安道路基础设施的近代化转变，解决了雨天人力车运营困难的问题，奠定了人力车夫运营空间扩展的物质基础。

1934 年年底，陇海铁路潼关至西安段贯通，民族工业随之发展，给整个西安的商业市场带来了勃勃生机。城市经济的发展也给人力车业的发展提供了社会经济条件。随着西安人口日渐增多，城市经济活动逐渐活跃，市民对于公共交通的需求也就日趋旺盛，由于西安公共汽车业发展滞后，人力车俨然成为城市公共交通的主体。据陕西省会公安局调查，1933 年 4 月西安有人力车 2043 辆，③ 抗日战争全面爆发前夕西安市内有大小人力车行 87 家，人力车 2400 余辆。④ 全面抗日战争爆发后，外省难民大量涌入西安，西安缓慢发展的近代工商业无法吸纳大量的破产农民及外地难民就业，人力车夫这一职业也就成为他们的最佳选择。经过数年的发展，1943 年人力车数量增至 4500 辆，⑤ 1946 年竟达五千余辆。⑥

除人力车外，汽车作为新式交通工具也出现在这一时段。1915 年 1 月，袁世凯拨给陕西督军陆建章汽车两辆，西安始有汽车。

---

① 李云峰、王民权编：《民国西安词典》，陕西出版集团、陕西人民出版社 2012 年版，第 168 页。

② 《本报特写：本市洋车夫生活素描》，《工商日报》（西安）1937 年 3 月 1 日第 3 版。

③ 《本市交通工具调查》，《西京日报》1933 年 4 月 13 日第 7 版。

④ 《警局调查本市工商业》，《工商日报》（西安）1937 年 6 月 16 日第 3 版。

⑤ 李云峰、王民权编：《民国西安词典》，陕西出版集团、陕西人民出版社 2012 年版，第 168 页。

⑥ 《取缔人力车市府正拟办法》，《西京日报》1946 年 8 月 11 日第 4 版。

1922 年 1 月，陕西省长潼汽车局成立，7 月改为长潼汽车公司，有
汽车 30 辆。汽车号牌的领用，驾驶人员的资格审定，皆由长潼汽车
公司办理，这是西安市最早对机动车辆的管理。① 1923 年 1 月 24
日，陕西省长潼汽车公司开通钟楼至东门公共汽车线路，这是民国
西安公共汽车交通发展的开端。不过因为这一时期西安城市社会经
济发展滞后，市民对公共汽车的需求相对较小，公共汽车运营仅半
年就因经营亏损而停业。②

　　1934 年随着城区碎石马路道路空间的不断拓展，至 7 月 15 日西
安城内恢复运营公共汽车。当年只有车辆 2 辆，1935 年增至 16 辆，
至 1937 年已拥有 24 辆的公共汽车。③ 这一时期，西安公共汽车线路
共有 3 路，其中第一路公共汽车由东门驶往西门，共设东门、大差
市、马厂子、菊花园、端履门、骡马市、钟楼、鼓楼、广济街、城
隍庙、桥梓口、贡院门、西门 13 个站台；第二路公共汽车由南院门
至火车站，共设南院门、竹笆市、滴水河十字（西木头市）、东木头
市（即柏树林十字）、端履门、菊花园、马厂子、大差市、民乐园、
西京招待所、火车站 11 个站台；④ 第三路公共汽车则由北门至南门，
共设 9 站台。⑤ 除此之外，城内数百条街巷市民出行则要么步行，要
么依赖人力车。公共汽车营运空间的局限，给人力车的运营提供了
广阔的空间，可以说两者相辅相成，共同构建了主干道—次干道—
小街巷—市民居处的城市公共交通运营网络。

　　① 陕西省道路交通管理志西安分志编纂委员会编：《陕西省道路交通管理志·西
安分志》，陕西人民出版社 2000 年版，第 335 页。
　　② 西安市地方志编纂委员会编：《西安市志》第 2 卷《城市基础设施》，西安出
版社 2000 年版，第 194 页。
　　③ 李云峰、王民权编：《民国西安词典》，陕西出版集团、陕西人民出版社 2012
年版，第 63 页。
　　④ 王荫樵：《西京游览指南》，天津大公报西安分馆印行 1936 年版，第 80 页。
　　⑤ 李云峰、王民权编：《民国西安词典》，陕西出版集团、陕西人民出版社 2012
年版，第 63 页。

二　人力车与公共汽车的冲突及当局的管理

西安地处西北内陆，经济基础薄弱，城市基础设施落后，在沿海工业向内地转移之前，近代工业基础十分薄弱，① 电力工业尚不能满足城市居民照明需求，更遑论用于电车运行了。而除交通干道及重要街衢，在西京筹备委员会时期铺就碎石及煤渣路外，其他街巷仍为土路。加之全面抗日战争爆发后，西安多次遭到日军飞机轰炸，道路多有损害，② 因而发展电车运输更是困难。因此，人力车、公共汽车与骡马车就成为西安普通市民出行的主要交通工具。

然而，骡马车在同人力车及公共汽车的竞争中处于劣势，这是因为人力车除缴纳车租外很少有其他成本，而骡马车除人力成本外尚有骡马的饲料成本，因而人力车在同骡马车的竞争中可以根据实际情况减价招揽乘客，而骡马车则要保证骡马的饲料成本，自然也就缺乏竞争力了；相比于骡马车，一般乘客"在较远之正街路线，当愿搭乘汽车，省时而费廉"，因而在"汽车与洋车交相驰驱中，轿车马车营业每况愈下"③。

西安人力车和公共汽车在运营空间上的竞争关系，先后经历了1934—1937年的"和平共处"、全面抗日战争中期的矛盾激化和解放战争时期的"同病相怜"三个阶段。全面抗日战争爆发后，为节省汽油和煤油等战略物资支持抗日战争，虽然西安市内公共汽车运营每月都有盈利，于市民出行亦多有便利，但陕西省交通当局依然于1937年9月决定停止市内以汽油和煤油为燃料的公共汽车的运营，④ 这就给西安人力车的发展提供了一个契机，使其能独

① 吴宏岐：《西安历史地理研究》，西安地图出版社2006年版，第357页。
② 郭世强：《1934—1941年西安城区道路工程建设的初步研究》，《中国历史地理论丛》2013年第3辑。
③ 《汽车洋车交相驰驱，轿车马车每况愈下》，《工商日报》（西安）1937年5月18日第3版。
④ 《公共汽车拟停止驶行》，《工商日报》（西安）1937年9月15日第3版。

占公共交通运营。然而，发展近代城市公共交通毕竟是历史的进步、时代发展的要求，能够便利市民出行，加快城市生产、生活节奏，促进社会经济发展。一俟时机到来，致力于城市近代化发展的西安当局便决定再次恢复公共汽车运营，因而 1942 年 4 月，陕西省公路局陆续恢复 1 路（东门至西门）、2 路公共汽车（火车站至大差市）。① 这次公共汽车将西安城内最为繁荣的东西大街主干道与火车站通过尚仁路相连，对于市民出行及与外界联系大有裨益。然而开辟公共汽车线路，势必会对已经独占城市公共交通运营利益近五年之久的人力车形成竞争，因而激起了人力车夫罢工，被当局予以弹压。②

下面我们结合西京市总工会解决事件的报告，来一探当局对于人力车与公共汽车冲突的态度。

窃职奉令调处人力车夫工人怠工事件，当经前往东西大街、尚仁路、崇信路一带各车厂询其实情，均率闭口无言，或言非真情，有云奉传停车，有云吃饭、休息，究追其中领袖皆以摇头置之。旋将该业同、职两方王、李二会长及马专员等同赴警总局晋谒舒局长请示解决办法，即当场商定电各分局催车厂经理、组长于上午九时来局谈话，并令王会长祥麟派车三辆（跟随枪支）故意穿过街头，遇有工人阻止通行，即行逮捕。行至桥梓口有工人数名搁车，被随行便衣逮捕五人，押入总局。午后一时各有关机关及工人组长在警察局开会，由章书记长及舒局长勒令即刻复工，并由职等分赴各车厂规劝，又派警察沿街检查。时至五时全部复工。关于所请停止公共汽车通行大街一节，由人力车夫工会以书面呈请党

① 《公共汽车恢复在市内行驶》，《西京日报》1942 年 4 月 13 日第 2 版；《市内公共汽车将增辟新线》，《西京日报》1942 年 4 月 17 日第 2 版。
② 《奉令调处人力车夫工人怠工事件报告》，1942 年 4 月 15 日，西安市档案馆藏，卷宗号：011 - 1 - 44，第 30 页。

政机关核办，谨告。

中华民国三十一年四月十五日。[1]

通过上述档案资料，并结合《西京日报》记者对罢工的报道，我们可以看出各方对人力车夫罢工的态度。以《西京日报》记者为代表的市民阶层对此次罢工持反对态度，认为市内繁荣需要各类交通工具共同发展，人力车夫因为维护自身利益损害城市发展的大局；而各车厂主对罢工事件遮遮掩掩，可以说是支持工人罢工，甚至是工人罢工的幕后推手，因为在针对公共汽车的营运上，车厂主和车夫属于利益共同体；而处理工人罢工的管理当局——省会警察局及市党部对罢工则采取弹压政策，责令复工，遇有阻拦，即行逮捕，并派警察沿街检查复工情况；而人力车业同业公会及人力车夫职业工会的负责人员在此次罢工中只能执行警察局、市党部的命令。至于所请停止公共汽车通行一事，自然没有得到市党部的批准，只是到了1943年年底因为公共汽车车辆陈旧、破损严重、机件不全，不堪使用而又没有资本购买新车，才被迫停运。[2]

抗日战争结束之后，陕西省、西安市政府部门遵照国民党中央命令逐步取缔人力车，同时发展公共汽车和三轮车以取代人力车在城市公共交通中的作用，人力车的运营进入了衰退期。陕西省公路局于1946年起逐步恢复1、2、3路公共汽车，同时新辟火车站至勿幕门的4路公共汽车，钟楼至西稍门的5路公共汽车。[3] 然而，这些公共汽车多系抗日战争爆发后所封存旧车或由俘获日军军车改造而成，可谓"年老体衰"，加之政局动荡、通货膨胀，到1949年5月

① 《奉令调处人力车夫工人怠工事件报告》，1942年4月15日，西安市档案馆藏，卷宗号：011-1-44，第30页。

② 《公共汽车月底停开，省公路局负责人对记者谈》，《西京日报》1943年12月28日第3版。

③ 李云峰、王民权编：《民国西安词典》，陕西出版集团、陕西人民出版社2012年版，第64页。

时，西安市内仅有 1、2、3 路共 17 部公共汽车勉强维持营运。① 这对承载了民国西安城市公共交通运营主要任务的"难兄难弟"，在新中国的隆隆炮声中迎来了新生。

总之，以电车、汽车为代表的公共交通的兴起，对城市空间结构及功能的演化起了积极的推动作用，在创造可观的经济效益的同时，还推动了城市商品经济中人员、物资流动的速度，有力地促进了近代中国城市职能发生根本性转型。② 但与上海、天津等沿海、沿江口岸城市相比，民国时期西安公共汽车的运营就如同昙花一现，没能成为加快城市社会经济发展的牵引力。对于西安城市公共交通而言，人力车的引进和发展使得西安城市社会形成了一个人力车夫阶层，并逐渐成为西安市内从业人数最多的一个职业群体，是西安城市社会结构中十分重要的一环，使得城市原有的社会阶层结构发生了改变，这或许就是西安近代公共交通对城市社会发展的最大作用。

三　与人力车夫相关的道路交通秩序管理

对于作为城市无产者的人力车夫而言，他们生活困苦，在人力车夫日渐增多，竞争激烈的情况下，争揽顾客就成了普遍现象，遇有剧场、戏院散场就一拥而上，容易造成混乱，发生交通事故与纠纷。另外，人力车夫经济基础薄弱，生活条件恶劣，因而不注意个人卫生，衣衫褴褛，有损市容整洁，违背"新生活运动"的要求。因此，从整顿市面交通秩序、防止车夫间恶性竞争出发，对人力车夫在个人卫生和交通秩序的遵守上进行管理，也成为西安警察的一项日常工作。为此，陕西省会警察局在原有规章制度的基础上，结合现实情况，制定各种人力车需要遵守的交通规则和注意事项，并

---

① 李云峰、王民权编：《民国西安词典》，陕西出版集团、陕西人民出版社 2012 年版，第 63 页。

② 鲍成志：《近代中国交通变迁与城市兴衰研究》，四川大学出版社 2017 年版，第 291—293 页。

抄发各分局，要求纠正人力车夫的不良行为。

其中交通规则主要有：空车应遵照警局规定地点，按车到的先后顺序依次排放，不得沿街兜揽生意，随意逗留；人力车沿街行驶应紧靠马路左边鱼贯前进，不得越次争先，不得两车并行；人力车遇有民众集会及其他禁止通行的场所须听从警察指挥；夜间行车一律点灯；空车须避让实车；凡遇军队、各界游行队伍、消防队、清道或邮政用车时应立即停车或避让；各戏院、电影院门前，在戏散期间，允许人力车临时停车候坐，但必须要距离剧场门口五尺以外，并应靠马路左边按顺序停放，不得在剧院门口拥挤妨碍出入；一车不得载乘二人，但不满十二岁除外等。①

注意事项主要关乎市容整洁、职业道德、公共义务等，具体而言有：号衣不整洁、衣服污秽者不得拉车；无论何时，严禁车夫赤膊露体在街道行走或坐门前纳凉；车体内外及车座要保持清洁，如有污旧及破烂者禁止通行；车身破坏严重机件不全者，禁止通行；车上无车铃、车灯及未挂牌照者，禁止通行；车夫要遵守职业道德，营业时间一律要穿号衣，不得对乘客有侮慢之言行；乘客有遗漏物件，要送至最近的派出所报告招领，不得隐匿；车夫要承担公共义务，遇见形迹可疑的人或者是违禁物品应立即密报岗警等。②

上述交通规则和注意事项的制定，具有较强的操作性，对于违反规定的则视情节轻重分别处以停止营运半小时至2小时，或扣留人、车处以罚款等。在交通规则和注意事项的宣传上，1936年10月11日，省会公安局局长马志超召集全市三千一百余名人力车夫于革命公园进行训话，向车夫亲自宣讲交通规则和注意事项。并将所制定的各项规章，除抄送各派出所，严令警员执行纠正车夫不良习性

---

① 根据《西京日报》1936年10月12日第7版《马局长昨召集本市人力车夫训话》与1937年7月6日第7版《警局取缔人力车夫办法拟妥》相关报道整理。
② 根据《西京日报》1936年5月29—30日第7版《西安市整理市容办法》、1936年10月12日第7版《马局长昨召集本市人力车夫训话》、1937年7月6日第7版《警局取缔人力车夫办法拟妥》相关报道整理。

行为的命令外，还在《西京日报》《工商日报》等西安主要报刊全
文公布，最大限度地扩大相关规章制度的宣传，终于在规范城市交
通秩序，整理市容市貌方面取得一定的成效，人力车夫工会一度被
评为"示范工会"。① 这些举措的实行，一方面促进了城市道路交通
秩序的好转，但另一方面也将以人力车夫为代表的下层民众的公共
生活纳入国家权力的约束之下，近代化的城市治理模式展现出其强
大的力量。

第三节　从对人力车夫的管理看近代
城市治理的转型

民国特殊的社会经济条件和时代背景下，西安城市公共汽车发
展相对滞后，人力车逐渐成为公共交通的主要方式，而人力车夫也
就日渐成为市内人数最多的工人群体，② 对于城市公共交通运行乃至
社会稳定作用甚大。人力车夫以拉车为谋生的唯一手段，其生存之
依赖即道路。民国西安城市道路的发展促进了人力车夫群体的发展，
而作为城市道路使用最为频繁的群体，人力车夫队伍的扩大，也给
城市治理带来了诸如管理和救济等一系列问题，亟须西安城市管理
当局完善相关制度予以规范解决。

一　人力车夫带来的城市问题

伴随着人力车在西安城内的兴起，人力车夫也逐渐成为西安城
市数量庞大的群体之一。据 1944 年的调查资料显示，西京市人力车
业职业工会拥有会员 4808 人，而这一时期西京市总工会所属 23 个

---

① 《人力车夫工会被选为示范工会》，《工商日报》（西安）1941 年 11 月 19 日
第 2 版。

② 郭世强、武颖华：《陪都西京时期西安人力车夫救济研究》，《历史教学问题》
2017 年第 2 期。

职业工会工人的总数不过 13926 人，仅人力车夫就约占工人总数的 35%，成为该时期城市第一大职业团体。① 抗日战争结束后，人力车夫群体数量一度达到 8000 余人，虽然西安行政当局一直设法取缔人力车，但因政局动荡一再拖宕，进展缓慢，至 1949 年 5 月，全市尚有人力车约 4300 辆，人力车夫 4400 余人。②

与人力车夫相关的城市管理问题主要包括对人力车夫的管理、对车夫与利益相关体关系的协调两个方面。

首先，西安人力车夫日益增长，尤其是在陇海铁路西潼段通车后，大量流民的涌入，他们成为人力车夫，主要在城区拉人给城市治安带来严重考验。如何组织管理这些车夫，既与城市治安的好坏息息相关，又对西安这样一个缺乏近代交通工具城市的市民出行意义重大，因而有效地管控人力车夫日渐成为西安当局的一项重要工作任务。

其次，人力车夫拉载乘客获取的报酬是其唯一收入来源。然而在较长的时间里，人力车营运缺乏统一的价格标准，车资由车夫与乘客现场议定。这往往导致三个问题：第一，面对日益增加的竞争压力，车夫为揽到乘客，只得降低车资，没有统一价格标准指导的无序竞争损害了车夫群体的整体利益；第二，人力车夫处于社会底层，遇有狡黠乘客往往不会按照议定价格给付车资，产生纠纷；第三，全面抗日战争爆发后，西安物资紧缺，物价飞涨，车夫借此哄抬车价，给城市生活带来不利影响。因此无论是维护车夫权益，还是平定物价稳定社会，规范人力车价都是西安当局的重要工作。

协调人力车夫与利益相关体间的关系，也是人力车夫管理的重要方面。这里的利益相关体是车厂主和公共汽车。人力车夫和车厂

---

① 《陕西省西京市各级职业团体概况表》，1944 年 3 月，西安市档案馆藏，卷宗号：011 - 2 - 15，第 8 页。

② 李云峰、王民权编：《民国西安词典》，陕西出版集团、陕西人民出版社 2012 年版，第 168 页。

主间是租赁关系，租金的高低直接影响着车夫的实际收入。一旦车行提高车租加重对车夫的剥削，车夫忍无可忍只得采取罢工的方式加以抵制，在西安这样一个公共汽车数量较少，且时开时停的城市，人力车的停运会严重影响市民的出行，从而使当局介入调停。人力车和公共汽车的利益冲突及管理已在上节中做了论述，在此不再累述。

最后，以破产农民和外来难民为主体的人力车夫，在西安这样一个缺乏近代公共交通工具的城市，给市民出行提供了便利，促进了城市发展,[①] 但同时也带来了相关问题。这些问题能否得到解决，关乎市民生活乃至城市稳定，因而加强对人力车夫的管理就成为西安当局治理城市的一项重要工作。

二　对于人力车夫的管理举措

西安城市管理机构对人力车夫的管理主要包括控制人力车数量、登记车夫，规定人力车价格标准，成立工会加强控制，协调劳资关系四个方面。

（一）控制人力车数量、登记车夫

为控制人力车数量，防止出现供过于求的现象，人力车的直接管理机关——陕西省会公安局,[②] 控制人力车牌照的数量，并按照一车一牌照进行管理。为保证人力车的质量，维护乘客安全起见，陕西省会公安局制定《检阅人力车办法》，每年冬夏两季定期检阅一次，检查合格者继续换发牌照，并于次日进行复验，勘对车主及车夫姓名，登记新领车牌数目。如有不合格则将该人力车牌照收回公安局，并禁止该车行驶运营。[③] 收回的牌照以及增发的牌照再由公安

---

① 郭世强、武颖华：《陪都西京时期西安人力车夫救济研究》，《历史教学问题》2017 年第 2 期。

② 陕西省会公安局，1927 年 1 月由原省会警察厅改组而成，1936 年 12 月改组为陕西省会警察局。

③ 《公安局检阅人力车办法》，《西京日报》1935 年 5 月 31 日第 7 版。

局组织人力车厂及车夫抽签领用。①

由此可见，陕西省会公安局通过发放人力车牌照，对人力车进行动态的管理。一方面，通过一年两次的人力车检查及时淘汰老化车辆，将人力车的运营权限转交给符合运营条件的车主或车夫。另一方面，又根据城市生活及时局需要，适时增发一定数量的人力车牌照。如1935年9月，公共汽车服务范围仅有东西大街、南院门南北大街、西华门等处，为弥补公共交通的不足，在不阻滞交通的前提下，增发牌照200面；② 又如1937年11月，随着全面抗日战争爆发，难民纷至，苦力日多，而公共汽车停运、胶轮大车又多被征用，为了便利市民出行和救济难民苦力，陕西省会警察局又增加人力车600辆。③

在车夫登记事项上，陕西省会公安局一般只颁布行政要求，如规定每辆人力车可以登记的车夫数额，车夫的身体素质要求，"体格衰弱年龄在十七岁以下或五十岁以上者不得拉车"。④ 车夫登记在人力车夫职业工会成立之前由车厂主在出租人力车时进行，工会成立之后，则由工会负责。车夫登记制成为市党部加强对下层民众控制的代表手段。

（二）规定人力车价格标准

由于缺乏具体的车资标准，人力车夫与乘客间的纠纷时有发生，处于社会底层的车夫在这种纠纷中处于不利地位，而车夫收入的减少也影响其偿还车租的能力，使作为资方的车厂主也蒙受损失。因此全面抗日战争爆发前夕，作为资方的长安县人力车业同业公会便拟定了一份人力车价格标准，即自东门至钟楼根定为一角，其余车资按此标准类推。⑤ 这种半官方性质的参考价，在

① 《本市人力车增加》，《西京日报》1935年9月8日第7版。
② 同上。
③ 《本市人力车增加六百辆济难民苦力》，《西京日报》1937年11月21日第3版。
④ 《公安局拟定取缔人力车办法》，《西京日报》1936年10月16日第7版。
⑤ 《人力车公会拟定洋车标准价》，《工商日报》（西安）1937年6月23日第3版。

一定程度上有利于缓解乘客与车夫间的纠纷，但这毕竟只是一个笼统的参考价，纠纷仍然不断，反映出传统商业团体在自治管理上的局限性。

为了进一步解决乘客与车夫间的车资纠纷，1939 年陕西省会警察局制定了官方性质的人力车价格标准。规定"由东门至西门分十三站，由南门至北门分为十站，每站车价三分，遇天雨时增加一分，其他街巷照此比例作为标准"[①]。这份价格标准的制定是西安当局对人力车价格管理的进步。西安作为一座方形城市，将南北、东西大街距离核定，规定每站的价格，其他街巷以此参考，具有较强的操作性，打下了日后人力车价格调整的基础，标志着国家权力开始对人力车夫运营的管控。

随着抗日战争的继续，时局艰难，到1940 年西安物价高涨，车厂及车夫生活日益困难，只得呈请警察局提高人力车价。对此呈请，陕西省会警察局会同市党部核定，"自十一月一日起，改定每站车价六分，以示体恤"，并进一步对乘客中途下车及不足一站的车资进行了规定。[②] 不过这次价格上调只是开端，此后西安物价不断高涨，原定车资使车夫难以维持生活，人力车每站价格不断上调。1941 年 5 月调整为每站 1 角，[③] 而到了 9 月每站价格又增加了 5 分，为防止车夫哄抬车价，又由警察局在交通冲道设置站牌，并将人力车价目表贴于人力车后座，同时各岗警随时检查车夫遵守情况。[④] 然而这一时期西安的物价高涨已经达到了失控的地步，西安行政当局对人力车价目调整频率越来越快，价格越来越高，以至于到抗日战争后期对人力车价目的调整已由"定价"变为"限价"，1944 年 5 月每站限

① 《警局规定人力车价额》，《西京日报》1939 年 9 月 23 日第 2 版。

② 《人力车增加车每站改为六分》，《西京日报》1940 年 10 月 28 日第 3 版。

③ 《经济科、总务科三十年五月至八月份工作报告书》，1941 年 9 月，西安市档案馆藏，卷宗号：011 - 1 - 27，第 13 页。

④ 《人力车评定新价今后由岗警监督遵守》，《西京日报》1941 年 9 月 14 日第 3 版。

价 2.5 元，[①] 到 1945 年 6 月，陕西省物价管制委员会核定人力车每站限价 20 元。[②]

如果说抗日战争前期陕西省会警察局规定人力车价标准，是为了解决车夫和乘客间的车资纠纷，便利市民出行而做出的主动定价，那么到了抗日战争中期，面对日益高涨的物价，这时的价格调整已带有被动救济性质了。而到了抗日战争后期，通货膨胀已经到了不可收拾的地步，这时候的价格调整完全变成平抑物价的限价了。至此，人力车的价格完全被国家权力所控制。

（三）成立工会加强控制

随着抗日战争进入战略相持阶段，维护后方稳定就成为国民党当局的重要任务。西安作为后方战略要地，外省难民大量涌入，他们中相当一部分人从事人力车夫职业，加强对车夫的有效控制，对于维护后方稳定、便利城市交通运行等具有重要的作用。正是认识到这一点，1938 年 10 月"为加紧团结后方各工人团体，以期增强抗日战争力量起见"[③]，"以联络感情、增进知识技能并改善劳动条件及生活为目的"[④]，在国民党长安县党部的领导下，由长安县总工会依据工会法负责具体筹组事宜，并于该月 20 日召开长安县人力车夫职业工会成立大会。[⑤] 1939 年 7 月，国民党成立西京市党部，接收原长安县党部管辖的西安城关各分部，[⑥] 人力车夫因主要活动于西

[①] 《陕西省物价管制委员会训令》，1944 年 6 月 8 日，西安市档案馆藏，卷宗号：011 - 1 - 56，第 5 页。

[②] 《本市人力车限价，物管会核定每站廿元》，《西京日报》1945 年 6 月 28 日第 3 版。

[③] 《长安县总工会筹组人力车夫工会》，《工商日报》（西安）1938 年 10 月 1 日第 2 版。

[④] 《西京市人力车夫职业工会章程》，1940 年，西安市档案馆藏，卷宗号：011 - 1 - 19，第 12 页。

[⑤] 郭世强、武颖华：《陪都西京时期西安人力车夫救济研究》，《历史教学问题》2017 年第 2 期。

[⑥] 李云峰、王民权编：《民国西安词典》，陕西出版集团、陕西人民出版社 2012 年版，第 83 页。

安城关，遂由西京市党部管辖，于 1940 年改名为西京市人力车夫职业工会，而其上级直接领导机构长安县总工会也在同年改名为西京市总工会。①

人力车夫职业工会成立后，积极开展对人力车夫的各项管理工作。其主要工作事项可概括为两大类：管理、控制车夫与维护、争取车夫利益。结合相关档案资料分析，管理、控制车夫是人力车夫职业工会的主要工作，其具体内容又包括：登记车夫；完成市党部等当局交代的政治任务；发展党员，将车夫纳入党团管理系统；② 规范车夫运营及生活行为，如要求车夫佩戴标识，若沾染不良嗜好则加以劝导戒除，如果不服从劝诫则视情节轻重分别处以警告、停权、罚款、除名等处分③；强制车夫加入工会、限制车夫退出工会；④ 协调劳资关系等。维护和争取车夫利益，也是人力车夫职业工会的重要工作，这部分工作主要包括维护车夫正常权益、申请车夫救济、组织车夫福利等，如施舍病故车夫棺木、设置工人阅报处、成立"失业工人介绍所"等。⑤

虽然人力车夫职业工会具有管理和服务双重职能，但在实际工作中其管理职能大于服务职能，这一点可以从该工会 1942 年 9 月的中心工作成绩报表中看出。透过这份报表，我们可以发现，西京市人力车夫职业工会的中心工作共有五项，即"厉行强制入会、限制退会办法""个别训练会员""推行社会运动，参加战时服务工作"

① 《陕西省西京市各级职业团体概况表》，1944 年 3 月，西安市档案馆藏，卷宗号：011 - 2 - 15，第 8 页。

② 《西京市人力车夫职业工会三十年度工作计划》，1941 年 3 月 31 日，西安市档案馆藏，卷宗号：011 - 1 - 30，第 4—5 页。

③ 《本会常务第八次会议决议》，1938 年 12 月 11 日，西安市档案馆藏，卷宗号：011 - 1 - 4，第 9 页。

④ 《西京市人力车夫职业工会三十一年度职业团体中心工作成绩报表》，1942 年 10 月 11 日，西安市档案馆藏，卷宗号：011 - 1 - 42，第 5 页。

⑤ 《西京市人力车夫职业工会三十年度工作计划》，1941 年 3 月 31 日，西安市档案馆藏，卷宗号：011 - 1 - 30，第 4—5 页。

"评定人力车辆赁价""举办工人委托医院、浴室，职业介绍所及工人子弟补习班等福利事业"①。在这五项中心工作中，属于工会管理职能范畴的就有四项，属于其服务职能的仅最后一项——举办工人福利事业。就工作成效而言，效果不一，大体而言，属于管理职能范畴内的各项工作成果显著。例如会员的入会、退会方面，工会实现了市内所有车夫入会的目标；对会员的个别训练工作，工会专门派人在车夫的休息时间以谈话的方式进行，以使车夫遵守各项交通秩序；在推行社会运动和参加战时服务工作方面，工会组训干事在短短的一个月内即安排车夫连续参加国民精神运动、节约储蓄运动，且发动人力车 3000 辆参加战时义运工作；关于评定人力车辆租赁价格方面，工会也是按时参加由西京市党部召集的相关会议。而属于工会服务职能的各项福利事业的筹办，其成效可谓乏善可陈，除所创办的职业介绍所发挥了一定作用外，其他各项福利事业皆因缺乏经费和场地而处于停滞的状态。②

也就是说，人力车夫职业工会在成立之时，虽然标榜以"联络感情、增进知识技能并改善劳动条件及生活为目的"，但在实际工作的过程中，其主要职责是完成上级管理部门下达的各项行政命令及政治任务，以实现西安当局对城市流动人口有效管控的目的。

从一定意义上来言，成立人力车夫职业工会，是西安当局对以流民为主体的人力车夫管理上的一大进步，实现了对城市流动人口的有效控制，在抗日战争背景下，有利于巩固后方，防止敌人渗透。而工会也在尽力争取和维护车夫利益，对于保障车夫的生活也具有一定的作用。当然我们也必须认识到，建立在私有制经济基础上和国民党专制统治下的工会组织，并不能从根本上解决车夫的生存危机，由于人力车夫处于社会底层，工会对车夫而言，加强控制是主

---

① 《西京市人力车夫职业工会三十一年度职业团体中心工作成绩报表（九月份）》，1942 年 11 月 11 日，西安市档案馆藏，卷宗号：011 - 1 - 42，第 5 页。

② 同上。

流，工会制度的实质乃是国家权力对城市底层民众实行有效管控的手段。

（四）协调劳资关系的管理

人力车夫是出卖力气的苦力，车厂主作为人力车的所有者，双方是劳资关系。因为人力车夫赚取收入的生产资料归车厂主所有，大部分收入被车厂主以租金的形式占有。车夫一天辛苦所得仅能糊口以维持生命，时人调查，1937年最新式的洋车价值百元左右，半新的六七十元，而车夫每日需要交纳的租金一律是三角，① 也就是说，车厂主的一辆新车通过收取车夫租金最快一年的时间就能将成本全部收回，而之后收取的车租就成为车主的纯利润了。在西安这样一个公共交通不发达的内陆城市，人力车是市民出行的主要交通工具，因此开办人力车厂的利润也就十分丰厚。为了赚取更高的利润，在抗日战争爆发、物价上涨的情况下，车厂主往往以各种理由提高租金，作为价格制定被动接受方的车夫对车租的上涨自然会加以抵制，因此协调车夫与车厂主的劳资关系，确定双方都能接受的价格就成为当局一项重要工作。

一般而言，为了避免车夫和车厂发生劳资纠纷，西安当局对人力车租金及人力车载客价格进行统制，由当局评定车价明令执行。② 在由市党部领导的各工会成立后，遇有人力车厂"受物价飞涨影响，各家车厂生活不能维持"，则由人力车厂的商业联合组织——人力车业同业公会"依法呈请西京市党部，招集有关机关开评价会议，决定车辆赁价，以昭公允"，并知照西京市总工会，"以示劳资合作之真谛"。③ 1943年陕西省物价及工资评定委员会成立后，人力车租金

① 本报特刊：《本市洋车夫生活素描》，《工商日报》（西安）1937年3月1日第3版。
② 《陕西省物价及工资评定委员会第十五次例会》，1943年5月3日，西安市档案馆藏，卷宗号：011-1-48，第31页。
③ 《呈请西京市党部招集有关机关开评价会议决定车辆赁价知照由》，1941年9月7日，西安市档案馆藏，卷宗号：011-1-35，第13页。

及载客价格的调整，依然需要报评定委员会批准方可执行。因此民国时期，西安人力车租金及载客价格主要由西安当局评定。① 若有一方违背当局政令，必然会引起另一方的激烈反对，如 1941 年 7 月"省垣（西安）人力车夫，以最近各车厂厂主对于租车价目自四十元增至六十元，不堪负担，于昨（二十四）日起，纷起罢工，并在各街衢阻止未参加罢工车夫，一律加入"②。

　　为何会发生上述罢工呢？原来是人力车同业公会委员宋克昌，"在全体会员大会上主张即日增车价，不呈请任何机关备案，并反对通知职业工会"③，所以才激起车夫不满，引发车夫罢工。为了平息罢工，西京市党部组织各有关机关，召开解决车业公会与车夫工会纠纷会议，做出人力车夫即日复工、恢复人力车原租价、改组人力车同业公会及职业工会等决定。④

　　通过车夫此次罢工，人力车租价又回归原价，这是车夫反抗车行提价的一次胜利，也是当局解决车夫与车厂主利益纠纷的一个典型案例。不过我们也必须认识到，此次车租回归原价，一方面是车夫罢工，致使市内公共交通秩序紊乱，当局被迫介入调解，维护车夫利益。但另一方面更是因为此次车租涨价完全是不法公会委员无视当局命令自作主张，是对当局权威的挑战，因而市党部严令制裁宋克昌，取缔其委员资格。但车夫罢工更是不被当局所容忍，当局亦下令将此次人力车夫罢工领袖逮捕。⑤ 对于此次罢工的后续处理，西安市党部、省政府对同业公会和职业工会加以改组整顿，可谓是

---

　　① 郭世强、武颖华：《陪都西京时期西安人力车夫救济研究》，《历史教学问题》2017 年第 2 期。

　　② 《人力车夫罢工，反对车厂任意加价》，《西京日报》1941 年 7 月 25 日第 3 版。

　　③ 《工人复工后情形报告》，1941 年 7 月 27 日，西安市档案馆藏，卷宗号：011-1-35，第 4 页。

　　④ 《西京市各有关机关详解人力车业工会与人力车夫工会纠纷会议记录》，1941 年 7 月 25 日，西安市档案馆藏，卷宗号：011-1-35，第 7 页。

　　⑤ 《工人复工后情形报告》，1941 年 7 月 27 日，西安市档案馆藏，卷宗号：011-1-35，第 4 页。

各打三十大板，进一步树立了当局的行政权威，这对维护后方稳定，便利市民出行，发展以人力车为主的城市公共交通亦多有裨益。

三　对人力车夫救济的原因分析

翻阅民国西安有关人力车夫的报刊及档案资料，人力车夫生活困苦、亟待救济的报道及记录比比皆是。在西安这样公共交通主要依赖人力车的城市里，人力车夫的群体特征集中表现为生存资源匮乏、生活状态恶劣及社会地位低下等。

（一）生存资源匮乏、生活状态恶劣

西安人力车夫以周边破产农民和外省难民为主，当然还包括少量城市破产商贩，这类人群出身主要是农民，大多数没有读书，目不识丁，缺乏从事其他职业的技能。用当时人的话说，"退一步来说若稍有一点办法，或者为工，或者作小商，绝不作拉洋车（即人力车，下同）的"①，但他们"做兵无人要，作商没本钱"，只能依靠拉洋车出卖自己的力气了。因而近代城市中的社会网络资源就显现出其区别于传统自给自足的小农社会的重要性来，"只有拥有可以利用的稀缺资源或广泛的社会网络资源参与到社会交换中，才能换取自身发展的机会"②。没有人在来到城市伊始就愿意以人力车夫为职业，没有文化、技能，缺乏在城市发展所需的社会网络资源，这些外来流民只得以出卖力气为生。

人力车夫收入低微，食不果腹、衣不蔽体是生活常态。所穿衣物多半是破旧的，即使在冬天，大半是穿着单裤子，棉裤很少，手头稍有钱的也会买一件烂军衣。因为人力车是一件纯体力活，为了消除腹内的饥饿感，所食用的皆是不易消化的食物。至于居住条件，

---

① 《本报特刊：本市洋车夫生活素描》，《工商日报》（西安）1937 年 3 月 1 日第 3 版。

② 严昌洪：《从弱势群体特征看民国时期人力车夫救济制度》，《江汉论坛》2008年第 8 期。

除少数有家室的需要租房外，大多数都住在车厂里，打着草铺，三五个人睡在一起，多数人有一条烂被子，还有少数连一条烂被子都没有。① 对于人力车夫而言，他们以人力代替畜力，生活状态却连牲畜都不如。人力车夫最喜欢的是雨天和夏天，西安道路基础设施落后，一到雨天城内泥泞难行，乘坐人力车的市民就多了，而车夫又可乘机加价，增加收入。至于夏天，天气炎热，且白天时间长，愿意乘坐人力车的市民也多，收入也就增加。然而最危险的也是夏天，夏季高温，乘客催促快跑，人力车夫"一时连热带跑，身体稍弱的人，上气连不着下气，一跌倒就没的气了，就此完结一生"②，以至于西京市人力车夫职业工会在拟具年度工作计划时，第一条就是"拟请求人力车业同业公会，怜悯车夫死后无殓，恳求施给棺木五十具，以资救济而且葬埋"③！

人力车夫生活状态恶劣，其主要原因是作为一个流动职业，日益增加的人力车夫从业大军竞争激烈，虽然每日的收入是不固定的，但所承担的租价及税捐却是固定的。1932 年 3 月，国民党中央决定"以长安为陪都，定名西京"④，至全面抗日战争爆发前夕，西安经济社会发展迅速，物价较为稳定，以该时期为例，一个人力车夫一天的收入最多一元左右，⑤ 当然也有"由晨迄晚，没拉一个坐，不说个人衣食，车租亦无法交纳"⑥ 的情况。与此同时，人力车每天

---

① 《本报特刊：本市洋车夫生活素描》，《工商日报》（西安）1937 年 3 月 1 日第 3 版。

② 同上。

③ 《西京市人力车夫职业工会三十年度工作计划》，1941 年 3 月 31 日，西安市档案馆藏，卷宗号：011 - 1 - 30，第 4 页。

④ 《国民党中央确定行都与陪都地点决议案》，西安市档案局、西安市档案馆编《筹建西京陪都档案史料选辑》，西北大学出版社 1994 年版，第 5 页。

⑤ 《洋车夫——社会写真之一》，《西京日报》1933 年 4 月 17 日第 7 版；《本报特刊：本市洋车夫生活素描》，《工商日报》（西安）1937 年 3 月 1 日第 3 版。

⑥ 《本市人力车辆增加，乘客反较以前减少》，《西京日报》1934 年 4 月 21 日第 7 版。

的租价固定三角，车夫自己每天饮食也要花掉四五角，要是还有妻子老小，终日忙碌只是挣扎在死亡线上。1938 年成立人力车夫职业工会之后，为维持工会的日常运作，又向入会车夫每月收纳会费，包括入会费、经常会费、临时会费三种，其中最主要的"经常会费每人每月至多不得过收入百分之二，由会员按月缴纳之"①，会费的缴纳无形之中又增加了车夫的负担。

（二）社会地位低下

恶劣的生存与生活状态，使得人力车夫社会地位低下，集中表现在遭受乘客谩骂与军警等管理者不公正对待上。作为社会最底层的苦力，遭受一般乘客的谩骂是再正常不过的了，对此时人记述颇多，如：

> "他妈的，今天快要黑了，才拉得三角钱"，一个车夫自言自语地说道。
> "洋车，拉开元寺多少钱？"一个着西装的青年喊道。
> "先生，坐去，随便给吧！"
> "多少钱，讲一讲！"
> "给一角钱吧！"
> "混蛋！这么近的路，就能要一角钱吗？"
> "先生，给多少呢？"
> "不要你的，混蛋！"②

通过这段对话，我们可以看到一个一天只拉得车租收入的车夫正宣泄自己的不满，这时来了个乘客，立马毕恭毕敬，想要揽下这个乘客，但因价格问题遭到对方的谩骂，并一点不给商量的余地。

---

① 《西京市人力车夫职业工会章程》，1940 年，西安市档案馆藏，卷宗号：011 - 1 - 19。
② 《西安街景》，《西京日报》1933 年 6 月 18 日第 8 版。

在这里通过作者对乘客的描写"着西装的青年",我们可以推测该乘客应接受过近代教育,如此之人对待车夫态度都这般恶劣,那么普通市民对待车夫的态度也就可想而知了。

而军警等管理者对人力车夫的不公正对待,我们可以从1941年时任人力车夫职业工会常务理事李克亮,向西京市总工会主席张佐庭的呈请上了解一二:

> 窃本会工友为爱护国家复兴民族之热忱,前曾呈请国民兵团集体受训在案,不意受训伊始,即发现有警察以武力对待工友之举。于一月二十二日早四点四十分,有工人蔡自永从家往建国公园受训,经过洒金桥,因言语不和被守卫警士身戳二刀,鲜血淋漓。又同日,在公共体育场本人曾向工友讲话时,间有第四分局公共体育场派出所李班长者言,工友擅自动其烟具,不由分辩当即捕去刘义林、刘成林二名,并将本人带至警分局,信口雌黄。似此行为实属令人难堪……①

在这份呈请中,已经报经国民兵团批准的受训车夫只因和警察言语不合即被警士"身戳二刀,鲜血淋漓",车夫被警察诬陷更是可以随意批捕,人力车夫的人身安全没有制度和法律的保障。而在平日里,警察的警棍对于人力车夫而言更是家常便饭,据当时报纸报道,一个车夫拉了一个乘客,到了目的地乘客却没有按照议定的价格给足,车夫再三哀求,竟然被乘客殴打,警察过来也不问缘由,只是拿着蓝白的警棍进行驱赶。②

以破产农民和外来难民为主体的人力车夫,在西安这样一个缺乏近代公共交通工具的城市,给市民的出行提供了极大的便利。但

---

① 《呈为呈请转肯国民兵团协同警局予车业工友颁发徽章以资鉴别事》,1941年2月3日,西安市档案馆藏,卷宗号:011-1-35,第19—20页。

② 《本报特刊:本市洋车夫生活素描》,《工商日报》(西安)1937年3月1日第3版。

这些车夫生存资源匮乏、生活条件恶劣、社会地位低下，要想维系他们的正常生活，仅仅依靠他们自身的力量，实在是难以为继。这就迫切需要社会和政府力量的救济，否则不只人力车夫生活难以为继，就连西安城市社会的安宁也将难以保证。①

四 西安当局对人力车夫救济的举措

西安人力车夫的穷困问题在 20 世纪 30 年代初期开始凸显。这是因为自 20 年代末至 30 年代初，陕西迭遭大旱，西安周边农村经济破产，大量涌入城市的人口增加了人力车夫群体的数量。②加之 1934 年年底陇海铁路西安至潼关段建成通车，火车货运的天然优势挤占了西安、潼关间人力货运车的生存空间，使得这部分人力车夫只得转向西安城区谋生。此外，受 1929—1933 年世界经济危机的影响，"人人都感到经济的拮据，坐车的人数，比从前减少至三分之二"③，在乘客减少、车夫增加的情况下，人力车夫生活日渐拮据，引起了政府和社会的关注，展开了对人力车夫的救济活动。

（一）对人力车夫生活的救济

对人力车夫生活的救济，既包括传统慈善救济，如为车夫施舍茶水、棺木等；也有新式福利救济，如设立劳工食堂、修筑劳工宿舍等。传统慈善救济是将人力车夫视为一般的穷苦民众，这种救济不能从根本上改善人力车夫的经济状况和社会地位。但在民国这样一个内忧外患不断、民众生活困苦的时代里，这也能解民众一时之困。而新式福利救济，以政府部门为管控，以社会团体为主导，虽然囿于时代条件，于人力车夫的生活、地位的改变力

---

① 郭世强、武颖华：《陪都西京时期西安人力车夫救济研究》，《历史教学问题》2017 年第 2 期。

② 洪迅：《洋车夫——社会写真之一》，《西京日报》1933 年 4 月 17 日第 7 版。

③ 同上。

不从心，却是城市社会变革及现代公共福利事业建设的先声。

1. 设立劳工饮茶处

西安夏季炎热，贫民及苦力，多饮用不洁生水，容易染病，以陕西省会公安局、社会处为代表的政府力量，就将设立劳工饮茶处作为夏季救济贫民及苦力的主要举措。1935 年，陕西省会公安局在市内各重要地段设置 27 处劳工饮茶处。自 1936 年 6 月 22 日起，又增加 11 处，共 38 处劳工饮茶处。① 同时又发公函，要求市内各机关在"门前增设施茶缸一具，以便行人及劳动车夫饮用"，并对施茶关于卫生、放置地点、配套茶具等方面做出具体要求。②

到 1940 年 6 月，陕西省社会服务处又发起设立人力车夫饮茶处。如果说此前陕西省会公安局设立的劳工饮茶处面向全市贫民及苦力，那么人力车夫饮茶处的设置就成为人力车夫的专项救济举措了，两者在救济方式上有着明显的不同。陕西省会公安局主导下的饮茶处，其施茶费用由各殷实商户和公安局承担，③ 不出传统慈善事业的窠臼。而社会服务处发起设立的人力车夫饮茶处，其施茶费用则由各人力车主按每车一角缴纳，由社会处在钟楼设立一处，其他重要街口则以每月发放三十元的茶水津贴形式，委托茶馆代办。④ 这种以车主承担茶资设置饮茶处的方式，可以说是车主在夏天发放给车夫的一种福利。对车主承担茶资的标准、确立设置饮茶处的时限、落实饮茶处的施茶责任等方面的规定可见现代社会福利的雏形。

2. 殡葬与医药救济

人力车夫以出卖力气为生，体力消耗巨大，然而在饮食上却得

---

① 《本市共设茶缸三十八处》，《西京日报》1936 年 8 月 16 日第 7 版。

② 《供给行人饮料，各机关门前设施茶缸》，《西京日报》1936 年 8 月 20 日第 7 版。

③ 《人力车饮茶处，下月一日成立》，《工商日报》（西安）1940 年 6 月 28 日第 2 版。

④ 同上。

不到保证,尤其到了夏天,天气炎热,加之繁重的劳作,车夫倒毙现象时有发生。① 有鉴于此,从社会中获得棺木安葬车夫就成为人力车夫职业工会的一项日常工作,这可从人力车夫职业工会年度计划中略见一二:"拟请求人力车业同业公会,怜悯车夫死后无殓,恳求施给棺木五十具,以资救济而且葬埋。"② 从这则工作计划中,我们可以看出对于意外死亡的车夫,由西京市人力车夫职业工会负责筹措棺木进行安葬,棺木的来源则是请求以人力车厂为代表的社会力量捐赠。

对人力车夫施以医药救济,对保障人力车夫的生命健康,维系他们的生活具有重要作用。自 1938 年人力车夫职业工会成立以来,③工会一直将此项工作视为其重要任务,然而因为经费紧张等原因,一直没能实际进行。④ 直到 1944 年西京市工人福利社成立,其下设立劳工诊疗室,聘请医务人员对持有劳工福利证的劳工免费诊治。⑤这时对于人力车夫的医药救济才有了专门的社会团体负责。虽然从具体的效果上来言,只有 5 名医护人员的劳工诊疗室,显然难以满足包括人力车夫在内的全体劳工对于医疗的需求,然而从救济方式上说,劳工诊疗室的成立已经突破了传统慈善救济的方式,医疗救济向以团体占主导地位、非个人负责的公共事业发生转变。

(二)提高人力车夫经济、社会地位的救济举措

近代以来,随着西方救济理念传入内地,加之世界劳工运动下

---

① 《本报特刊:本市洋车夫生活素描》,《工商日报》(西安)1937 年 3 月 1 日第3 版。

② 《西京市人力车夫职业工会三十一年度职业团体中心工作成绩报表》,1942 年10 月 11 日,西安市档案馆藏,卷宗号:011 - 1 - 42,第 4 页。

③ 《长安县总工会筹组人力车夫工会》,《工商日报》(西安)1938 年 10 月 1 日第 2 版。

④ 《西京市人力车夫职业工会三十一年度职业团体中心工作成绩报表》,1942 年10 月 11 日,西安市档案馆藏,卷宗号:011 - 1 - 42,第 4 页。

⑤ 《西京市工人福利社三十三年度业务报告书》,1945 年,西安市档案馆藏,卷宗号:011 - 2 - 4,第 36 页。

各国的救济经验传入中国，使得一些先进的中国人认识到，要解决劳工的困难"绝非凭些微之慈善心肠，须彻底提高劳工待遇，而使其职业有保障，能维持其最低生活"①。因此，旨在提高西安人力车夫经济社会地位的救济活动也相继开展起来。

1. 成立人力车合作社，实现车夫有其车

为避免车夫受到车厂的剥削，最好的办法莫过于实现车夫有其车。20 世纪 30 年代，兴办合作社成为中国一种社会潮流，② 在借鉴南京等地区成立人力车合作社经验的基础上，1935 年 6 月，中国农民银行为使人力车夫"除避免高利贷车租之剥削外，并可于积年累月之劳力汗血中，挣得人力车一部，以作永久之谋生工具"③，与基督教青年会筹组人力车合作社。经过半年的准备，于 1935 年 12 月 24 日正式举行成立大会，④ 相关组织简章报请省建设厅批准。

根据合作社简章规定，人力车合作社购置车辆款项，由中国农民银行贷借，由社员逐渐归还。大约一年之后，车费即可还清，车费还清后，车辆所有权归车夫社员，管理权仍归属合作社。因为中国农民银行贷款数额有限，故人力车合作社社员以 100 名为限。⑤ 为改善车夫住宿及停车条件，由基督教青年会向中国农民银行借款，在青年会所属地皮上建造车夫宿舍及放车处，每月房租以不超过 1 元收取，远低于同时期市面房租价格。⑥

成立人力车合作社，实现车夫有其车，虽然因其数量太少对改变整个西安人力车夫群体的生存状态，无异于杯水车薪。但我们必

---

① 严昌洪：《从弱势群体特征看民国时期人力车夫救济制度》，《江汉论坛》2008 年第 10 期。

② 同上。

③ 《中农银行救济人力车夫，筹组人力车合作社》，《西京日报》1935 年 6 月 12 日第 7 版。

④ 《本市人力车合作社昨成立》，《西京日报》1935 年 12 月 24 日第 7 版。

⑤ 同上。

⑥ 《人力车夫利用合作社组织简章业批准》，《新秦日报》1936 年 4 月 4 日第 6 版。

须认识到旨在改变人力车生产资料所有权的变革，是近代救济制度的一大进步，是从经济根源上消灭剥削制度的一次有益尝试。

2. 成立工会及福利社，解决车夫福利问题

1938 年 10 月，长安县人力车夫职业工会成立，并于 1940 年改名为西京市人力车夫职业工会。[①] 人力车夫职业工会与 1944 年 10 月成立的西京市工人福利社，是该时期筹办人力车夫福利事业的主要社会团体。

筹办人力车夫的福利事业，是人力车夫职业工会的又一重要职能。其拟举办的福利事业，主要有筹办工人委托医院、工人委托浴室、职业介绍所、工人子弟补习班、工人阅报室、工人消费合作社及娱乐部等。然而因为经费及与相关医院、浴室、学校等的协调问题，各项福利事业只有职业介绍所成功举办并开展了相应的工作。[②]在 1944 年 8 月，西京市工人福利社筹设之时，即将设立劳工食堂、修筑劳工宿舍等作为自己的重要业务计划。[③] 工人福利社成立之后，迅速开办劳工诊疗室、劳工理发室、劳工书报阅览室等，对持有劳工福利证的工人实施免费诊疗、理发八折优惠，并订购各种适合劳工文化水准阅读的报纸、书籍等 60 余种。工人福利社举办的各项福利事业，对包括人力车夫在内的下层民众而言多有裨益，因而大受欢迎。[④]

以人力车合作社、西京市人力车夫职业工会、西京市工人福利社为代表的社会团体对于人力车夫各项福利事业的筹办，反映了公共福利领域官办机构退化，地方社会主动建立相关机构、逐步发展

---

① 《陕西省西京市各级职业团体概况表》，1944 年 3 月，西安市档案馆藏，卷宗号：011 - 2 - 15，第 8 页。

② 《西京市人力车夫职业工会三十一年度职业团体中心工作成绩报表》，1942 年 10 月 11 日，西安市档案馆藏，卷宗号：011 - 1 - 42，第 4 页。

③ 《中国劳动协会西京市总工会合办西京工人福利计划书》，1944 年 8 月，西安市档案馆藏，卷宗号：011 - 2 - 4，第 26 页。

④ 《西京市工人福利社三十三年业务报告书》，1945 年 1 月，西安市档案馆藏，卷宗号：011 - 2 - 4，第 36 页。

的趋势。这也表明，在公共福利领域，政府力量和社会力量可以相互补充，共同承担社会福利事业的发展责任。这也启示我们，在今天社会保障体系逐步完善的过程中，政府应积极充分吸纳社会组织和企业的力量，与之一道共同承担提供社会保障这一公共产品及服务的任务。[①]

五　从人力车夫管理看近代西安的城市治理转型

随着人力车业的兴盛，在西安形成了庞大的人力车夫群体。西安人力车业及人力车夫群体的发展壮大离不开陪都西京的建设及抗日战争爆发这一特殊的时代背景。陪都西京的市政建设，初步改变了西安落后的道路面貌，使人力车的运营空间得以扩展，奠定了人力车业及车夫群体发展的物质基础。而随着陇海铁路驶抵西安和战争时期沿海工业向内陆的转移，西安城市人口大量增加，社会经济逐渐活跃，市民对于公共交通的需求日趋旺盛与城市公共汽车运营发展滞后的矛盾，就成为人力车业及人力车夫群体发展壮大的社会经济原因。民国年间，西安周边天灾兵祸不断，破产农民大量涌入城市，而全面抗日战争的爆发，作为战略后方要地的西安更是成为沦陷区难民逃难之地。外来流民缺乏城市生存所必需的社会资源网络，要想在西安立足不致饿死，人力车夫就成了不得已的出路。

20世纪40年代，人力车夫成为西安城区人数最多的工人群体，因而对人力车夫进行有效的管理，不仅关乎市民出行和城市生产、生活的正常运转，而且是关乎城市社会稳定和国家权力对城市的有效控制。在传统中国城市发展过程中，国家权力很少直接干预基层民众的日常生活，从这个角度来言，西安城市管理机构对人力车夫管理的过程，也就是政府威权在基层社会不断加强的过程，是国家权力对城市社会管理不断强化的表现。

---

① 郭世强、武颖华：《陪都西京时期西安人力车夫救济研究》，《历史教学问题》2017年第2期。

西安当局对人力车夫的管理大致经历了三个阶段。以 1932 年西京筹备委员会成立为分界，在此之前为第一阶段，该阶段对车夫的管理是以车厂主为主导的商业团体性自治管理；第二阶段从西京筹备委员会成立到 1938 年人力车夫职业工会成立，该阶段对车夫的管理是省会公安局—警察局（按：1927.1—1936.12 为陕西省会公安局；1936.12—1949.5 为陕西省会警察局，下同）与车厂主的共同管理；第三个阶段为成立人力车夫职业工会之后，这一阶段的管理是县—市党部领导下的工会管理。

以车厂主为主导的商业团体性自治管理，最明显的特征是省会公安局不直接管理车夫，其有关人力车的管理在于人力车牌照的发放及税捐的征收，即管车不管人。至于车夫如何租车，则由车厂决定，一般程序是求租人通过铺保或人保等方式向车厂主租赁人力车，不论人力车新旧，租价一律每天三毛，车厂主视求租人缴纳租金及对人力车的爱护情况决定人力车夫所拉人力车的新旧。如果车夫连续数天欠车租，车厂主便收回人力车。因此，这一阶段的人力车夫管理依然是传统时期以城市精英为主导的商业团体对雇员的自治管理，不是现代国家角度上对于公民的治理。

然而这种国家权力与城市社会管理的关系，随着西京筹备委员会的成立，特别是 1934 年 8 月西京市政建设委员会成立之后，西安进入了近代以来最大规模的市政建设时期，而发生根本的变化。这一时期，陇海铁路西潼段建成通车，新市区日渐繁荣，城市道路等基础设施有了长足的进步，人力车夫则日益成为城市市容和交通秩序的破坏者，单纯依靠人力车主的自治管理，已经不能有效解决这一问题，必须要借助国家强制力对市容和交通秩序予以保证。因此，这一阶段，以陕西省会公安局—警察局为主要代表的国家权力开始通过颁布《人行道取缔规则》《取缔人力车办法》《西安市整理市容办法》等法令对人力车夫的日常行为进行干预。为保证时效，又采取集中车夫训话、进行警察知识培训、严令各派出所及岗警监督车夫行为，并对违反规定的车夫予以处罚等举措。通过这些举措，西安当局积极干预下层民众的生活，规范他们的行为，人力车厂主则开始失去对于车夫的管理。这意味着以车厂主为代表的西安地方精英对底层民众的支配权逐渐削弱，而以公安局—警察局为代表的国家权力对社会底层的控制逐渐加强。

县—市党部领导下的工会管理制度的确立，则标志着国家权力对社会基层民众控制的完全实现。工会的成立，将所有从事人力车业的人群，纳入工会的管理之下，车厂成立同业公会，车夫成立职业工会，会员资格的认定、车租及车资价格的确定、公共秩序的遵守、社会救济及福利的筹办等全部纳入工会的管辖之下。这一阶段对人力车夫的管理形成了"县—市党部"—"总工会"—"职业工会"—"各组组长"完备的管理链条，打破了以所属车厂为限的管理系统，形成了以各班组为单位的管控。各车夫的年龄、出身、籍贯、所属车厂、居住地、介绍人等一应信息全数上报县—市党部备案，车夫群体的决定必须要通过工会向县—市党部呈请批准。而对于违反当局政令的行为，都将受到当局的严厉制裁。

至此，以人力车夫群体为代表的下层民众的公共生活，已经全部由以县—市党部为代表的国家权力所控制。保甲制度对于城市户籍人口的管控、工会制度对于以流民为主体的工人控制、警察制度对于城市秩序的维护，共同构成国家权力在西安城市基层社会中完备的管治系统，从而使西安实现了向近代化城市治理的转型。

而对人力车夫的救济，则是近代城市转型下公共福利事业发展的一个缩影。首先，从救济的方式来言，陪都西京人力车夫的救济，既有传统慈善救济，也有新式的以提高车夫经济社会地位为目的的救济。传统慈善救济的点滴施舍不能从根本上解决车夫生活困苦的问题。以实现车夫自有其车为目的人力车合作社的举办，通过改变生产资料的所有权性质，一定程度上改变了被剥削阶级的处境。社会团体通过创办各项福利事业，建立起劳工群体的公共福利体系，虽然这对于整体人力车夫经济社会地位的改变无疑是杯水车薪，但这毕竟是民国时期西安城市社会变革及现代公共福利事业建设的先声，具有历史进步性。

其次，从救济的主体而言，对人力车夫救济的主体不再仅仅局限于官办、民办慈善机构及慈善家，更多的社会力量参与进来，如中国农民银行、基督教青年会等。而人力车夫职业工会及工人福利社等团体对于车夫公共福利事业的筹办，也反映了政府对于社会福利活动的管控由"参与"向"主导"和"控制"转变。

最后，陪都西京人力车夫职业工会和工人福利社的相继成立并展开救济工作，反映了近代公共福利事业实现了由建立在个人捐赠基础之上的传统民间慈善向以团体占主导地位、非个人负责的公共事业的转变。而这种团体主导的公共事业就成为近代城市转型中，在政府对于城市治理的逐渐强化下，地方精英参与城市治理的载体。[1]

本章小结

随着西安城市道路系统的逐渐发展，西安城区路面上既有传统马车穿梭其间，也有包括人力车、汽车、公共汽车等为代表的新式交通工具的出现，各式各样的交通工具给当时的城市道路建设和管理带来了挑战。

民国初年，一些传统的木质车轮大车进一步发展为铁轮大车，但这种铁轮大车车轮一般较窄，而且外钉铁皮或凸起的铁钉，对道路的损害十分严重。为了减少大车对路面的损坏，同时又不影响其使用道路，当时的西京市政建设委员会从以下三方面入手：改良旧式车轮，建立西京市四关货物转运站，制定载重大车出入城内路线图。但在实际的操作过程中却困难重重，铁轮大车特殊的车轮材质

---

① 郭世强、武颖华：《陪都西京时期西安人力车夫救济研究》，《历史教学问题》2017 年第 2 期。

对以路面硬化为表征的新修马路造成较为严重的损坏，影响了道路交通功能的发挥。

西安人力车最早出现于民国元年（1912），囿于当时城市道路发展的滞后，人力车公司成立伊始，规模较小。随着20世纪三四十年代西安城市道路系统的建立与发展，人力车业也因此获得长足的发展，车辆数目由1933年的2043辆发展到1943年的4500辆。人力车作为一种新式交通工具，对近代西安城市交通方式的变革和市民出行产生了深远的影响。

在民国特殊的经济社会条件和时代背景下，西安城市公共汽车发展相对滞后，人力车逐渐成为公共交通的主要方式，而人力车夫也就日渐成为市内人数最多的工人群体，对城市公共交通乃至社会稳定具有重要影响。人力车夫队伍的扩大，给城市治理带来了一系列问题，亟须西安城市管理当局完善相关制度。当时西安城市管理机构对人力车夫的管理举措主要包括控制人力车数量及登记车夫、规定人力车价格标准、成立工会加强控制、协调劳资关系四个方面。通过这些举措，西安城市管理当局，一方面构建起现代交通秩序，另一方面也实现了城市治理的近代转型。

第 八 章

结　语

古都西安在近代百余年的发展中，一直处于农业文明向工业文明转型发展的过渡阶段。民国时期，随着新的政治体制的建立，以满城拆除带来的城市格局的变革为标志，西安城市近代转型的步伐开始加快。抗日战争爆发后（1931—1945），伴随着国人"开发西北"呼声的日益高涨，筹建陪都西京计划和陇海铁路潼关至西安段的建成通车，给西安城市的转型注入了现代交通技术和机器工业的新活力，使西安实现了由商贸型经济模式到工业型经济模式的转变。[①] 作为城市发展先导性基础设施的城区道路，在物质实体和制度建设两个层面上，逐步实现了从"马车时代"到"汽车时代"的转变，并由此引发了城市治理的近代转型。

一　民国西安城市道路系统演变的特征及原因

辛亥革命后，随着满城的拆除，东大街、北大街先后兴筑，民国西安城市道路系统演变自此开始。至1949年5月，城市道路系统演变大致经历了民国前期的初步变革（1912—1930）、筹建陪都西京前期碎石马路道路系统的建立（1931—1938）、全面抗日战争爆发后

[①] 任云英：《近代西安城市空间结构演变研究（1840—1949）》，博士学位论文，陕西师范大学，2005年。

西京市政建设委员会对城市道路系统建设的勉力维持（1938—1941）及民国后期西安市政处—西安市政府治下的道路系统演变尾声（1942—1949）四个阶段。

1912—1930 年，民国前期西安城区道路的发展演变集中体现三个方面。首先，满城城墙的拆除，东大街的兴筑以及北大街的复建，使西安城市重新恢复了以钟楼为中心，以东、西、南、北四大街为主干道的十字形交通干道框架结构。其次，伴随着新市区的开发，新城成为陕西省政府所在地，周边道路系统逐渐兴筑，开辟了南新街、北新街、东新街、西新街四条道路，这四条道路成为原满城区域与城内主要大街沟通的主要线路。同时，随着西安市政府的首次成立，新市区得到进一步开发，原满城区域逐渐规划兴筑了七纵八横的道路网络，成为日后新市区道路的主体。最后，中山门和玉祥门的开辟，适应了城市交通发展的需要，是对以城门连接城市内外交通瓶颈的突破，反映了明清以来城墙军事防御功能的衰退，以及城市对外联系加强的趋势。

1931—1938 年是西安城市道路系统演变的第二阶段。这一阶段，在碎石马路道路系统的建立过程中，西安城市近代转型特点得到了较为充分的显示。首先，从道路规划设计上，无论是西安市政工程处还是西京市政建设委员会，均基于城市功能分区的考虑，立足于城市交通发展的需要，增加了市内各街道宽度，以满足汽车等新式交通的需要。除通巷等城区基层街道外，其他各等级道路都实行行车道与人行道的分离，以增强道路作为城市交通快速通道的功能。

其次，在碎石马路道路系统的建设过程中，碎石机、压路机、运输汽车等近代机械工具的使用，从生产力角度突破了传统的人力、畜力；在道路工程建设中以招投标为形式的承包制，在生产关系上具有明显的资本主义雇佣色彩；在道路建设管理上，西安市政工程处、西京市政建设委员会等市政建设专业机关得以建立并发展，使城市建设职能趋于专业化及独立化，近代城市市政管理机制逐渐确立。

而以碎石马路为主的西安城市道路系统，之所以在这一阶段得以迅速发展，与陪都西京的筹建及陇海铁路的修通有着密切联系。陪都西京建设时期，是近代以来西安城市近代化进程中最为重要的阶段。西安以"陪都"的身份成为大后方的军政文化重镇，城乡重大工程建设事业得到了从中央到地方的高度重视，较为充裕的资金支持，是该时段碎石马路道路系统得以确立的最主要原因。① 而陇海铁路修抵西安最大的影响在于促进了东北城区的发展，促使作为连接火车站与东大街的尚仁路的开辟，这成为交通导向型及经济导向型城市道路系统建设的集中体现。

除此之外，西安城市交通干道碎石马路系统，也具有明显的外向型发展特点。这一时期，通过对作为交通干道甲等碎石马路的分析可以发现，这类碎石马路基本上都与城门相连通，如尚仁路连通中正门，南四府街连接勿幕门，老关庙街与玉祥门相距不远，更遑论东、西、南、北四大街与四大门的直接连通。这种适应开辟城门建设城市道路干线的做法适应了新的动力条件下对城市交通的需求。

1938—1949 年民国中后期西安城区道路的发展，按照前后主管部门不同可以分为 1938—1941 年西京市政建设委员会勉力维持和1942—1949 年西安市政处—西安市政府建设的尾声两个阶段。在前一个阶段，西京市政建设委员会努力克服抗日战争的不利影响，积极营建煤渣路道路系统，并平治城区土路，改善市内交通状况。后一阶段因为战争影响，虽然市政府踌躇满志，但各类城区道路建设规划大多流产，实际成果不可与西京市政建设委员会时期同日而语。

自 1938 年崇廉路、北新街等处煤渣路工程开始修筑，到 1949 年，修筑煤渣马路成为民国后期西安城市道路系统建设的主要内容。在此期间，西京市政建设委员会、西安市政处、西安市政府，在战乱频仍、经费不济的艰苦条件下，完成煤渣马路约 62 条。这一时段

---

① 史红帅：《民国西安城市水利建设及其规划——以陪都西京时期为主》，《长安大学学报》（社会科学版）2012 年第 5 期。

煤渣马路的修筑也得益于西安近代工业的发展，西京电厂、大华纱厂、华峰面粉公司等提供了煤渣，也就是说，民国西安近代工业的发展为城市煤渣马路道路系统建设提供了物质基础。

从民国后期城市道路系统建设的分布而言，东北城区碎石路和煤渣路的建设成果最为突出。造成这一分布局面的原因，一方面是新城作为政治中心地位的确立，另一方面是陇海铁路西安至潼关段的建成通车以及抗日战争全面爆发后民族工业的内迁带来的经济发展、人员流动。这种分布局面的出现，体现了近代城市转型发展中，新式交通工具和工商业因素日益成为城市发展的决定性因素。

二 民国西安城市道路演变的近代化表征

如前所述，纵观整个民国时期，虽然在不同的历史阶段，西安城区道路系统都在为适应城市近代化转型而改变，但以 1931—1941 年碎石马路和煤渣马路为代表的路面硬化为民国西安城区道路近代化演变的最大表征。作为陪都，这一时期西安城区道路系统的建设，得到了国家财政的大力支持，而陇海铁路的建成通车和抗日战争背景下民族工业的内迁，更是加快了西安城市由农业文明向工业文明的转变，这就给城区新式道路系统的建设提供了发展的动力——以汽车、火车为代表的大宗产品的运输需求，和生产力支持——碎石机、压路机等机器在筑路中的广泛使用。即工业时代的新式交通运输和机器生产是民国西安城区道路演变的主要推动力。

而民国中后期，随着西安城区道路建设的逐渐开展，新式下水道排水系统和电力照明路灯成为这一时期道路系统近代化转型的另一个重要表征。1935 年西安完成了城区水准地势的测绘、下水道方案的规划设计。经过 1936—1937 年上半年西京市政建设委员会对城区下水道排水系统的大规模兴建，和抗日战争期间的历次增筑，1946 年前后建成了一个拥有尚德路、南四府街、玉祥门、北门四大排水口，涵盖全市约 100 条道路，设有 455 个大窨井及 1163 个小窨井，全长约 39 公里的新式下水道排水系统，[①] 实现了城区道路排水系统的近代转型。而电力路灯，作为第二次工业革命的产物，对道路夜间照明、增加道路的使用时间、维护夜间道路使用者的人身财产安全，具有重要的作用，是道路系统近代转型发展的一个突出表现。随着 1935 年西京电厂的建成发电，装置电力路灯就提上了西京电厂及陕西省建设厅的议程。经过近一年的筹设，1936 年 1 月 22日，西安市路灯正式通电发光。[②] 古城西安的夜晚正式进入电灯时代。经过数年的发展，至 1939 年 5 月 12 日，西安城区已装设路灯676 盏，[③] 城区主要交通线路电力路灯安装初具规模。

除上述物质层面的近代化表征之外，西安城区道路演变过程也具有明显的人文层面的转型意义。最具代表性的就是其建设和管理过程中所体现出来的资本主义生产关系和近代市政管理制度等。封建时代，城市设施建设基本上是大工程由官府组织兴建，小工程则由地方官吏或绅士捐资兴办，[④] 而民国西安城区道路系统建设则按照资本主义方式运作，承包制成为市政建设的主要组织方式。与之相关的职能部门和管理的规章制度不断完善，实现了对道路建设前、中、后三个时段的有效管理，极大地促进了西安城区道路的发展。在此过程中，以西安市政府为代表的市政管理部门对城市以道路为代表的公共工程的建设和管理，已经突破了封建时代的窠臼，具有明显的近代转型意义。

此外，通过考察西安城市治理当局对基于城市道路发展而不断壮大的人力车夫群体的管理和救济，可以发现这一时期西安城市治

①　郭世强：《西安城市排水生态系统的近代转型——以民国西安下水道为中心》，《中国历史地理论丛》2016 年第 4 辑。

②　《西京电厂致西京市路灯委员会公函》，1936 年 7 月 24 日，西安市档案馆藏，卷宗号：03 - 593，第 56 页。

③　《西京市路灯一览表》，1939 年 5 月 12 日，西安市档案馆藏，卷宗号：03 -582，第 16 - 21 页。

④　陈珽：《上海城市生态的近代转型——以晚清上海道路为中心》，《中国历史地理论丛》2007 年第 3 辑。

理也实现了一定程度上的近代转型。对人力车夫的管理，经历了车厂主为主导的商业团体性自治管理、省会公安局与车厂主的共同管理以及市（县）党部领导下的工会管理三个阶段，形成了"市（县）党部—总工会—职业工会—各组组长"完备的管理链条，打破了以所属车厂为限的管理系统，形成了以各班组为单位的管控。各车夫的年龄、出身、籍贯、所属车厂、居住地、介绍人等一应信息全数上报市（县）党部备案，车夫群体的决定必须通过工会向市（县）党部呈请批准。以人力车夫群体为代表的下层民众的公共生活，已经被以市（县）党部为代表的国家权力所控制。到民国中后期，保甲制度对城市户籍人口的管控、工会制度对以流民为主体的工人控制、警察制度对城市秩序的维护，共同构成国家权力对于西安城市基层社会完备的管治系统，从而使西安实现了城市治理的转型。

三 道路系统演变对城市社会经济发展的影响

在人类社会历史上，城市活动大都发生在城市的主要街道上。封建时代，街道具有明显的"街市合一"的特点。这一特点适应于以农业和手工业为代表的自然经济时代，以人力、畜力和自然力为主要动力的传统运输工具和交通方式，以及在此生产力背景下人们的社会经济活动。然而，当人类社会发展到以机器生产为标志的工业时代，社会生产流通领域的货品运输和人员流动等的规模越来越大、频率越来越高，于城市而言，更加直接、便利、发达的交通运输网络建设，就成为工业时代城市社会经济发展的先决条件。而新式交通工具的产生，尤其是汽车和电车的诞生，更是给城市交通带来划时代的变革。这些工业时代城市交通的变化，迫切需要作为基础设施的城市道路的功能改变，即由"街市合一"的传统街道变为作为循环路径以供物流、人流快速通行的运动通道。

在此历史背景之下，西安城市道路系统也逐渐发生改变，这从1912年东大街的恢复就已开始。东大街是民国时期西安市内第一条人车分离的道路，开了西安城市道路近代化演变之端。

1931—1938 年，是西安城市碎石马路道路系统建设并形成的主要阶段，而伴随着以城市道路为代表的基础设施的改善，西安城市社会经济也得到了较为迅速的发展。从一定意义上说，以陇海铁路为代表的新式交通，对西安城市社会经济的发展具有关键性作用，是西安城市近代转型的重要动力，而以碎石马路道路系统为代表的城市基础设施，既是西安城市社会经济发展的物质基础，又是沟通新式交通工具与城市社会经济发展的桥梁。

1934 年年底陇海铁路西安至潼关段建成通车，这是西安城市交通史上划时代的大事，也给西安乃至关中地区社会经济的发展提供了重要契机，西安的近代工商业发展进入了一个崭新的历史阶段。为了适应陇海铁路的建成通车，西安市政建设管理当局开辟中正门、修筑尚仁路碎石马路，直接与火车站相通。尚仁路碎石马路，是西安东北城区最为重要的交通干道。陇海铁路修通后，西安新的工业企业主要分布在城市东北城区，[①] 而中正门及其衔接的尚仁路碎石马路，正是从火车站进入西安东北城区的唯一直接通道。从一定意义上说，陇海铁路为西安输送了近代工业和技术人才，而碎石马路及煤渣马路道路系统则为它们在西安的稳定发展提供了最为基础的交通保障。

抗日战争全面爆发是西安城市道路系统发展的分水岭，也是西安城市社会经济发展的分水岭。于城市道路系统而言，全面抗日战争的爆发打断了西安城市道路乃至整个市政建设的正常节奏，中央筹建陪都西京的建设经费停止拨发，加之日军对西安的轰炸，使各项建设陷入停顿。面对如此状况，西安市政建设与管理部门仍然对城市的道路建设与养护做出了艰辛的努力，通过积极修筑煤渣路继续构建城市主要交通道路体系。于城市社会经济发展而言，抗日战

---

① 任云英：《近代西安城市空间结构演变研究（1840—1949）》，博士学位论文，陕西师范大学，2005 年。

争的爆发却为西安城市社会经济的发展提供了契机，西安位处大后方，局势相对平静，前期陪都西京的筹建为城市社会经济的发展提供了必要的基础设施条件，加上全面抗日战争爆发后东部沿海地区工商业及大量人口涌入，城市的发展不仅没有倒退或停滞，反而出现一定的繁荣。①

西安工商业的发展也促进了民国中后期其城市道路系统的发展，甚至决定了城市煤渣马路道路系统的空间格局。工商业的发展为城市煤渣马路的修筑提供了必要的物质基础，各企业及商号用后的煤渣是修筑煤渣路的主要来源。没有民国时期西安工商业的发展，就没有煤渣马路的修筑。此外，大量内迁的工业企业以东北城区一带分布数量最多，东北城区俨然成为西安新兴工业区。作为新兴的工业区，加之邻近火车站，车流、物流繁忙，在碎石马路建设无以为继的情况下，煤渣马路也就成为城区道路需要适应"汽车时代"货运要求的无奈之选。这也就决定了东北城区成为煤渣马路最为重要的分布区域。

此外，民国西安城市道路系统的发展，也奠定了西安新的交通空间导向型商业中心的基础。伴随着城市商业的发展，西安逐渐摆脱封建时代政治中心即商业中心的发展模式，转为交通导向型发展模式，具有明显近代转型特征，出现了商业中心与行政中心在空间上的分离。明清以来，南院门地区既是西安的行政中心也是商业中心。以西大街、南院门为中心的盐店街、梁家牌楼、五味什字街、南北广济街、竹笆市所形成的传统商业区，在民国前中期西安城市商业中处于中心地位。不过伴随着陇海铁路的建成通车，沟通火车站与城市交通干线的尚仁路、东大街一线的商业逐渐兴起，并成为新的城市商业中心，使得西安城市商业中心出现分化。

因此，从整体上而言，新式交通陇海铁路的建成通车及城市道路系统的不断建立，奠定了民国时期西安近代化工商业发展的基础，

---

① 吴宏岐：《西安历史地理研究》，西安地图出版社 2006 年版，第 355 页。

是民国西安近代化经济发展的先导性条件。近代工商业的发展，对于交通运输的要求越来越高，得益于西安城市近代化交通的发展，至民国中后期，西安开始向近现代工商业城市转变，这不仅为民国中后期城市道路系统的继续发展提供了物质基础，还决定了城市道路系统的空间分布。

四　西安城市道路系统近代化演变的动力分析

城市及其周边道路交通系统的演进，是影响城市兴衰重要的因素。诚如本书所示，全面抗日战争爆发前陇海铁路和西安碎石马路道路系统，为西安城市社会经济的发展提供了必要的交通条件，奠定了西安新式工商业空间分布的物质基础，而西安新式工商业的发展则为城市煤渣马路道路系统的修筑提供了材料支撑，决定了煤渣马路道路系统空间分布的主要格局，两者的互动，推动了西安城市的发展。

有学者认为，近代中国"城市现代化首先是从经济方面开始的，而经济方面又首先是从商业化开始，商业化的发展推动交通工具的进步，近代金融业的出现，以及工业的进行"①。以城市道路系统为代表的西安城市近代化转型似乎有所不同，尤其是在转型的动力上，来自国家层面的政策与财力支持在西安早期近代化转型过程中发挥了更大的作用。民国前期，西安地区战乱频繁、天灾人祸不断，城市社会经济几经摧残，发展缓慢，直到陪都西京的筹建，因为有了中央的财政支持，城市建设及城市社会经济发展才有起色和发展。因此，比起其他城市是商业化推动交通工具的进步，西安的近代化发展更多依赖外力，其城市内部缺乏推动城市近代化转型的足够动力和物质支撑。这一点在以碎石马路为代表的城市基础设施建设上尤为突出。因为得到国家筹建陪都的财政支持，西安城市基础设施建设风生水起，一改往日风貌，但全面抗日战争爆发后中央财政支

---

① 何一民：《中国城市史纲》，四川大学出版社 1994 年版，第 286 页。

持逐渐削减停止后，西安基础设施建设即陷于停顿。

因此，相比于上海为代表的沿海、沿江开埠城市，西安城市道路系统的近代化演变在深度和广度上往往缺乏自生的内在动力。以上海为例，在近代开埠之前，作为县城的上海，其街道十分狭窄，仍属于传统市镇的街巷布局，不具备近代城市道路系统的性质和功能。自租界开辟以后，西方人带着他们本国的经验、技术以及城市理念，开始了对上海城市化的改造之路，经过几十年的建设，至20世纪初，上海即形成了配备有排水系统、行道树、路灯等设施的近代化的城市道路体系。[①] 比之西安，上海的近代化城市道路体系更为完善和健全，与之配套的道路管理体制更加具有科学性和近代化的城市管理特性。而上海之所以能够形成如此高度发达的近代化道路系统和城市管理体制，其根源在于开埠后上海对外贸易的迅速发展直接推动了城市资本主义工商业的发展，带来了城市社会经济的全面进步和城市规模的迅速扩大。民国后期上海一跃成为中国规模最大的城市，集航运、外贸、金融、工商业、信息中心为一体的多功能经济中心和集教育、出版、电影、广播、娱乐等为一体的多功能文化中心，并跻身于国际大都市行列。[②] 上海自身强大的经济实力和活力，为城市道路系统的近代化建设提供了源源不断的财力支持和经济发展的内在需求，同时作为国际化大都市也给城市道路的近代化转型提供了智力支持和人才保障。

此外，以上海为代表的沿海、沿江口岸城市，在开埠通商以后，大量工商业企业的开办，推动了城市的发展，扩大了城市的规模，尤其是大量工业企业往往选址在城市郊区，因此就必须要有城市与郊区的通勤交通。而伴随着工商业的快速发展，人口迅速增加，城市规模更是急剧膨胀，这就为城市交通的快速发展和近代公共交通

---

① 陈琍：《上海城市生态的近代转型——以晚清上海道路为中心》，《中国历史地理论丛》2007 年第 2 辑。

② 鲍成志：《近代中国交通变迁与城市兴衰研究》，四川大学出版社 2017 年版，第 114 页。

的传入奠定了现实需求基础。如上海在开埠时人口仅 20 万左右，至 1936 年则超过了 300 万人；天津也从 1840 年前后的不足 20 万人，增加到 20 世纪 30 年代的百万人左右。伴随着人口的增加，城市规模也日益扩大，如上海的租界由最初设立时的 3.19 平方公里发展到 1930 年的 32.82 平方公里。[①] 急剧增加的人口和不断扩张的城市规模，就使得近代化的城市道路交通及公共交通系统的发展成为城市自身发展的现实需求。

反观民国时期西安城市的发展，一直都没能突破城墙的界线，内迁的工商业主要分布在城墙范围内的东北城区，城墙范围外也主要是火车站周边区域，相去城墙并不远。因此，与上海这种沿海、沿江口岸城市相比，西安近代化工商业的发展水平远远落后，也正因此，在战争期间涌入西安的大量难民——城市人口由 1935 年前后的约 15 万人，增加到 1945 年前后的近 50 万人，1947 年更是突破 60 万人口大关——并没有足够的工商业来消化吸收，没有转化成促进城市发展的人力优势，反而成为城市发展的负担。大量外来难民和本地穷苦市民无处栖身，甚至在城墙上挖窑洞居住，由于没有工作，1947 年年底西安竟有占城市人口总数十分之一的难民和乞丐，要靠政府或社会福利组织的救济来维持基本的生活，[②] 这成为民国后期西安日渐严重的社会问题，严重制约了城市发展，更勿论给城市道路交通发展带来需求动力了！

总之，因为特殊的时代背景和较为薄弱的社会经济基础，尤其是近代工商业经济发展的滞后，民国时期西安城市道路系统演变及城市近代转型，其发展演变的动力，并不是像沿海、沿江口岸城市那样是近代化交通的技术性变革在其中起至关重要的作用。对于西安而言，国家层面的政策性支持和战略选择在城市道路系统变迁和

---

① 鲍成志：《近代中国交通变迁与城市兴衰研究》，四川大学出版社 2017 年版，第 272 页。

② 吴宏岐：《西安历史地理研究》，西安地图出版社 2006 年版，第 368—369 页。

城市近代化转型中发挥了更为重要的作用。民国时期过多依赖外力
支持促进城市的发展，这是西安这一千年古都的不幸，因为自近代
以至民国时期，西安越来越落后于同时代沿海、沿江口岸城市的发
展；但西安也是幸运，陪都西京的筹建和抗日战争时期国家大后方
战略地位的确立，毕竟也开启了西安近代化转型发展，虽然缓慢，
但却也是西安从一个封建军事堡垒的区域中心城市成长为今天现代
化的城市不可忘记的一段历史。

附录 民国西安城市道路建设档案选辑

为使读者更加清晰地了解本书使用的档案资料情况，特从所收集档案中选取以下九份档案资料作为附录，以供读者参考。该九份档案资料，包括道路工程数据、道路建设计划及经过、道路养护制度等相关内容。

一 西安市政工程处马路养路杂项工程统计表（民国二十三年二月至二十四年五月）

（中华民国二十四年八月十六日）

期数	街名	长度（公尺）	街宽（公尺）	碎石宽度（公尺）	开工 年月日	完工 年月日	备考
1	北院门	517.35	9.5	6	23.9.15	23.9.25	石牙
1	西华门	297.80	12	7	23.9.26	23.1015	石牙
1	盐店街	272.6	6.5	5.5	23.10.29	23.11.30	石牙
1	南广济街	424.2	6.5	5.5	23.10.29	23.11.30	石牙
1	西木头市	335.8	7.5	6	23.11.11	23.11.30	石牙
1	南大街北段	352.3	16	8	23.11.16	23.12.10	石牙
	总长	2200.05					1期全长2200.05公尺
2	西羊市	428	7.5	5.5	23.1.18	24.1.30	石牙
2	三学街	283.3	7.5	5.5	23.1.18	24.2.4	孔庙前砖牙一段

续表

期数	街名	长度（公尺）	街宽（公尺）	碎石宽度（公尺）	开工 年月日	完工 年月日	备考
2	东举院	529	7.5	5.5	23.1.18	24.2.4	
2	西仓门	589.2	7.5	5.5	23.1.18	24.2.4	石牙
2	端履门	379.55	7.5	5.5	23.1.18	24.1.4	
2	西举院	399	7.5	5.5	23.1.18	24.2.4	石牙
2	书院门	700	7.5	5.5	23.1.18	24.1.25	
2	柏树林	428.4	7.5	5.5	23.1.18	24.1.11	
2	牌楼巷	180.5	7.5	5.5	23.1.18	24.3.4	
2	尚仁路	669	20	12	23.1.18	24.1.9	北段
	总长	4585.95					1.2 两期共长 6786 公尺
3	南关大街	702	7.5	5.5	24.1.6	24.2.21	南瓮城并入南关大街
3	大湘子庙	199.4	7.5	5.5	24.1.6	24.3.8	石牙
3	小湘子庙	278.9	7.5	5.5	24.1.6	24.2.21	石牙
3	粉巷	334.5	7.5	5.5	24.1.6	24.3.1	石牙
3	德福巷	363.1	7.5	5.5	24.1.6	24.3.3	石牙
3	东羊市	206.3	7.5	5.5	24.1.6	24.3.26	
3	大差市	232.6	7.5	5.5	24.1.6	24.3.28	
3	大油巷	407.2	7.5	5.5	24.1.6	24.2.21	
3	梆子市	239.4	7.5	5.5	24.1.6	24.2.21	
3	土地庙街	327	7.5	5.5	24.1.6	24.2.21	石牙
3	五味什字	307.7	7.5	5.5	24.1.6	24.2.21	石牙
3	梁府街	401.4	7.5	5.5	24.1.6	24.4.21	砖牙
3	狮子庙街	403	7.5	5.5	24.1.6	24.4.6	石牙
3	红埠街	378.6	7.5	5.5	24.1.6	24.4.6	石牙
3	二府街	369.9	7.5	5.5	24.1.6	24.4.6	石牙
3	大莲花池	429.5	7.5	5.5	24.1.6	24.4.6	石牙
3	东厅门	380.9	7.5	5.5	24.1.6	24.3.24	
3	东县门	269.8	7.5	5.5	24.1.6	24.3.25	
3	南大街南段	454.7	16	8	24.1.6	24.2.21	石牙
3	东木头市	633	8	6	24.1.6	24.3.23	石牙
3	武庙街	230	7.5	5.5	24.1.6	24.2.21	
	总长	7549.4					1.2.3 三期共长 14335.4 公尺
4	西大街	1903.2	20	12	24.4.1	24.6.25	石牙，花坛及停车场各3公尺宽

续表

期数	街名	长度（公尺）	街宽（公尺）	碎石宽度（公尺）	开工 年月日	完工 年月日	备考
4	院门巷	144.6	7.5	5.5			宽度未详奉令缓修
4	东新街	588.2	7.5	5.5			
4	南新街	395.8	7.5	5.5			拟修筑
4	西新街	432	7.5	5.5	24.6.30		拟修筑
4	北新街	68.1	7.5	5.5			
4	麦苋街	272	7.5	5.5	24.4.24	24.5.22	砖牙
4	大皮院	368.3	7.5	5.5	24.4.24	24.5.22	砖牙
4	尚仁路中段	650.9	20	12			
4	龙渠湾	220.9	7	5.5			
4	白鹭湾	228.2	7	5.5			
4	五岳庙门	245.5	7.5	5.5	24.6.30		
4	早慈巷	378.4	5	3	24.6.30		
4	府学街	258.6	5	3	24.6.30		
	总长	3199.8					1.2.3.4 四期共长 17535.2 公尺
4	东大街	2154	28.4	17	24.7.15		两旁水沟各宽三公尺 沟牙二公寸花坛及 停车场各 3 尺
4	钟楼四周	199.6	13	11.04	24.6.27	24.7.17	平均宽度11.04公尺
4	西门至玉祥门 水车路	1105.1	4	2	24.7.9		砖路2公尺, 土路基4公尺
4	民政厅马路	310		4.4 2.2	27.7.20	24.8.26	砖路4.4公尺; 2.2公尺；宽者 160 公尺长；150.6 公尺
4	财政厅马路	39.8		3.4 4.1	24.7.20	24.8.26	碎砖路

杂项工程

号数	工程名称	工程情形或地点	开工日期	完工日期	备考
1	新开中正门城洞两座 中正门外桥梁涵洞	尚仁路北首	23.9.3	23.12.31	
2	修理及油漆鼓楼	鼓楼街	23.9.28	23.11.19	
3	建筑公共厕所	涝巷	23.8.31		已完
4	修中山中学校后墙	大莲花池	23.12.1		已完
5	新建军房	玉祥门	23.12.5		已完

续表

号数	工程名称	工程情形或地点	开工日期	完工日期	备考
6	铺垫人行道	北院门民政厅后门	23.12.6	23.12.29	
7	铺垫人行道	西华门省立医院	23.12.28		已完
8	修补梁家牌楼街		24.2.16	24.2.20	由建厅工队修筑
9	修补南桥梓口街		24.2.25	24.2.28	由建厅工队修筑
10	修葺城垣垛口	由北门经中正门至东北城角一段	24.1.5	24.1.16	
11	省政府前水井架	修换井架			已完（由建厅工队修筑）
12	拆除南郭北门		24.2.1		该门位于南关大街北端因低狭有碍交通故拆除
13	筑沟渠	本工程并莲花池街马路项内			莲花池街积水筑渠引莲湖公园以免有碍交通
14	禁止大车通行牌	计二百面			订立各马路旁
15	中正门驻军房屋	共计瓦屋八大间	24.2.17	24.3.27	承包人崔汝连
16	鼓楼传达室	在鼓楼入口处计瓦屋一间	24.2.26	24.3.6	承包人同义工厂
17	公共厕所	西门内	24.3.2	24.5.5	承包人靳锡玉
18	公共厕所	端履门北首	24.3.2	24.5.5	承包人靳锡玉
19	公共厕所	红十字会街	24.3.2	24.5.5	承包人靳锡玉
20	公共厕所	莲湖公园	24.3.2	24.5.5	承包人刘瑞庭
21	公共厕所	革命公园	24.3.2	24.5.5	承包人刘瑞庭
22	公共厕所	中正门外	24.3.2	24.5.5	承包人刘瑞庭
23	公共厕所	北大街（梁府街对口）	24.3.2	24.5.5	承包人刘瑞庭
24	公共厕所	书院门西口	24.3.2	24.5.5	承包人靳锡玉
25	公共厕所	东门内	24.3.2	24.5.5	承包人靳锡玉
26	公共厕所	尚俭路北段	24.3.2	24.5.5	承包人刘瑞庭
27	添筑西北门驻军房屋	原有三大间不敷应用拟再添六大间	24.3.27	24.6.11	承包人张云岐
28	修葺全市城垛口及水道	全市城墙	24.4.18	24.5.18	承包人李怀南

号数	工程名称	工程情形或地点	开工日期	完工日期	备考
29	补建中正门驻军房屋厕所厨房围墙	中正门内	24.4.21	24.5.10	承包人崔汝连
30	修葺南瓮城城墙缺口	南门瓮城	24.5.4	24.5.12	承包人靳锡玉
31	建筑小厕所	民众教育馆内	24.5.8	24.6.12	承包人刘瑞庭
32	修理尿池	王家巷、骆驼巷、东举院巷	24.6.15	24.6.20	承包人刘瑞庭
33	小厕所	西火巷	24.6.19	24.7.28	承包人刘瑞庭
34	小厕所	城隍庙	24.6.14	24.7.28	承包人刘瑞庭
35	小厕所	大差市	24.6.20	24.7.31	承包人刘瑞庭
36	大厕所	北门口	24.6.20	24.7.30	承包人刘瑞庭
37	大厕所	崇廉路	24.6.20	24.7.29	承包人刘瑞庭
38	大厕所	红埠街	24.6.20	24.7.27	承包人刘瑞庭
39	大厕所	菊花园	24.6.10	24.7.31	承包人刘瑞庭
40	建筑本处办公厅	市政工程处	24.4.23	24.7.31	承包人天成公司
41	建筑轧路机室	市政工程处东边空地	24.5.20	24.7.31	承包人天成公司
42	阴沟带窨井	钟楼	24.7.21	24.7.27	窨井二沟一承包人天成公司
43	阴沟带窨井	竹笆市北口	24.7.21	24.7.27	窨井二沟一承包人天成公司
44	阴沟带窨井	广济街十字	24.7.21	24.7.27	窨井三沟二承包人天成公司
45	阴沟带窨井	大学习巷南口	24.7.21	24.7.27	窨井二沟一承包人齐思财
46	阴沟带窨井	桥梓口	24.7.21	24.7.27	窨井二沟一承包人天成公司
47	阴沟带窨井	洒金桥十字	24.7.21	24.7.27	承包人
48	阴沟带窨井	大油巷玉皇楼	24.7.21	24.7.27	承包人窨井二沟二承包人天成公司
49	阴沟带窨井	早慈巷南口	24.7.21	24.7.27	窨井一沟一承包人齐思财
50	渗井	长安县附近	24.7.21	24.7.27	路南二路北一承包人刘新林
51	阴沟带渗井	大油巷东口	24.7.25	24.7.31	承包人齐思财
52	阴沟带渗井	麦苋街北口			承包人齐思财

续表

号数	工程名称	工程情形或地点	开工日期	完工日期	备考
53	阴沟带渗井	红埠街西口			承包人齐思财
54	阴沟带渗井	东厅门街参府巷南口	24.8.15	24.8.19	承包人天成公司
55	阴沟带渗井	东县门街东口	24.8.15	24.8.19	承包人天成公司
56	阴沟带渗井	梁府街西口	24.8.13	24.8.18	承包人天成公司
57	丁种渗井	大皮院西口	24.8.12	24.8.19	承包人天成公司
58	丁种渗井	东木头市西口	24.8.12	24.8.20	承包人天成公司
59	疏通旧沟	北广济街			承包人天成公司
60	疏通旧沟	许士庙街			承包人天成公司
61	疏通旧沟	四府街			承包人天成公司
62	疏通旧沟	大学习巷			承包人天成公司
63	疏通旧沟	大保吉巷	24.8.10	24.8.14	承包人天成公司
64	疏通旧沟	炭市街	24.8.11	24.8.12	承包人天成公司
65	疏通旧沟	马神庙北教场莲湖			承包人天成公司
正在进行					
66	全市地形及水准测量	全市三角点及新市区导线已完精测不久可完			此项工作系由全国经济委员会建设委员会建设厅市政工程处四方合组测量队以便将来本市设上水道（自来水）下水道（污水管）等之用
67	平民住所	新市区内	24.6.16		承包人靳锡玉
68	建国公园大门	建国公园	24.7.31		承包人李怀南
69	大小厕所	建国公园	24.8.1		承包人刘瑞庭
70	小厕所	鼓楼			承包人刘瑞庭
71	小厕所	庙门村			承包人刘瑞庭
72	汽车修理厂大门	汽车修理厂			承包人天成公司
73	压路机便门	建国公园东墙			承包人刘瑞庭
预备进行					
74	中正门市场	中正门外			
75	修理全市城墙根及墙上面破	全市城墙			
76	陕西省实业馆				

中华民国二十四年八月十六日第二课制

（西安市档案馆藏，卷宗号：03－628，第25—30页）

二　西安市政工程处征用民工筑路规则
（中华民国二十三年十月三十一日）

　　一、本处现因赶筑西京市各路奉令由长安县征集民工三百名分别加紧工作特订定本规则管理之。

　　二、凡被征工人均需自带工具（铣、镐各一件）其年龄须在十八岁以上五十岁以下并无嗜好者。

　　三、被征筑路各职工均由本处发给证章按区分配并派总监工一人指挥之。

　　四、被征工人为工作指挥便利每二十人编为一班，设班长领班各一人，领班由长安县政府分拨干警担任，专司民工勤惰及工作地点一切扰乱秩序有碍工作事项；班长由护路工警队选拔工警担任，专司工作指挥并会同县警纠察工人怠惰事项，统归总监工分配工作指导。

　　五、被征职工须于每日上午六时半前齐集指定工地听候点名其作息时间规定如左：

　　1. 上午七时至十时作工。十时至十一时早餐及休息。

　　2. 上午十一时至下午三时半作工。三时半至四时半午餐及休息。

　　3. 午后四时半至五时半作工，五时半歇工。

　　在前项作息时间各班工人均需齐集听候班长点名并检查工具。

　　六、征工每日每名由本处发给工资二角二分，由总监工于本日歇工点名后填造工作报告表（表格另定）呈报具领于次日上工前交监工员会同班长按名发给，所有领班县警每月发给津贴洋七元五角，每半月支领一次，但如有不到或溺职情事得酌扣或免发津贴。

七、各民工逐日工资及所有监工员领班及班长等差资添置筑路工具等项费用应随时呈厅垫发，俟工竣后再行核实具领归垫。

八、各职工在工作时间不得喧闹怠工及擅离工地或迟到早退，违者分别罚扣本日薪资，若系职员并由本处函请原管机关惩戒，但事前曾向总监工请假核准者不在此限。

九、各班工人如遇特别工作在自备铣镐外需领用公有器具时由监工员填具领用器具单（单式另定），盖章送总监工查核，向本处领取无故损坏者照价赔偿，工竣后照单交还本处，由总监工注销原领单。

十、工作地点应设停止马车通行红布标识及栏路等物，由班长负责办理，如有疏忽致误工作者酌罚该班长工资。

十一、每区筑路材料如石子、沙石等，须由总监工员先用灰线指定地位并标明"某包工交料处"字样俟筑路工作完竣后，其所余材料杂物等由监工员、班长等负责指导清除转运他处，勿得堆积路旁阻碍交通。

十二、各职工对于筑路工作勤劳特著者俟路工完竣后由本处呈厅酌予奖励。

十三、本规则呈请建设厅核准公布后并分别令行长安县政府函知西京市政建设委员会知照后施行，如有未尽事宜得由本处随时呈请修改之。

（西安市档案馆藏，卷宗号：05 - 117，第5—6页）

三　西京市四关货物转运站暂行办法（中华民国二十四年一月九日）

一、本办法为防止载重大车轧毁路面及适应市民供求之需要订定之。

二、凡进城货物倘由未经改良大车运输者均需交由四关转运站转运之。

三、各关转运站由西安市政工程处（以下简称市工处）管理之。

四、各关转运站由该关过载行及大车店公推代表二人至六人呈由市工处酌其需要指派经理承办之。

五、各关转运站如该关之过载行或大车店不能承办时，由市工处另辟公共场所招商承办之。

六、各关转运站每站设经理一人，协理若干人负责该站转运之责。

七、各站经理由市工处指派后，经理人应将该站站址面积房间及转运工具种类数量详报备查。

八、各站转运工具分自动车、畜力车、人力车三种，均需向市工处分别登记请领牌照。转运工具除自动车外其式样另定之。

九、各站转运规则（包括转运责任货物分等及运费标准）由市工处另定。

十、本办法经西京市政建设委员会通过后由市工处会同省会公安局公布施行。

（西安市档案馆藏，卷宗号：05－211，第 11 页）

四　西安市政府《本府施政报告》道路建设部分摘录

二　建设

1. 工程部分

本府由三十三年度十一月起至本年七月份正进行、已经修成工程摘述如左：

道路工程

兴修崇礼路由北大街至北新街煤渣路面：此项工程经造具预算，呈陈陕西省政府准由本府工程队修筑，面积为 3864 公平方，计需工款为 449990 元，于三十三年十一月一日开工，至三十三年十一月廿日完成。

兴修崇礼路由尚德路至东城根煤渣路面：此项工程经造具预算，呈陈陕西省政府，准由本府工程队修筑，面积为 5748 公平方，计需工款为 600068 元，于三十三年十一月廿一日开工，至三十三年十二月一日完成。

翻修城隍庙后街煤渣路路面：此项工程经造具预算，呈陈陕西省政府准由本府工程队翻修，面积为 3240 公平方，计需款为 485000 元，于三十三年十二月一日开工，至三十三年十二月三十一日完成。

翻修报恩寺街煤渣路面：此项工程经造具预算，呈陈陕西省政府准由同兴建筑公司承筑面积为 1600 公平方，计需款为 694000 元，于本年五月十日开工，至本年七月三日完成。

翻修水窖巷煤渣路面：此项工程经造具预算，呈陈陕西省政府核准准由同兴建筑公司承筑，面积为 1344 公平方，计需款为 537600 元，于本年五月十日开工，至本年七月十一日完成。

兴修北稍门外煤渣路面：查此项工程经造具预算，呈陈陕西省政府核准准由同仁建筑公司承筑，面积为 1120 平公方，计需款为 1784108 元，于本年七月二日开工，刻正在修筑中。

翻修南稍门外碎石路面：此项工程经造具预算，呈陈陕西省政府核准由德来建筑公司承筑，面积为 1265 公平方，计需款为 1814560 元，于本年七月十日开工，刻正在修筑中。

翻修本府大门前碎石路面：此项工程经造具预算，呈陈陕西省政府准由本府工程队修筑，面积为 318.9 公平方，计需款为 122292 元，于本年六月十八日开工，至本年六月二十四日完成。

补修西关正街碎石路面：此项工程经造具预算，呈陈陕西省政府准由本府工程队修筑，面积为 480 公平方，计需款为 356850 元，于本年六月四日开工，至本年六月八日完成。

补修太阳庙门碎石路面：查此项工程经造具预算，呈陈陕西省政府准由本府工程队修筑，面积为 100 公平方，计需款为 113320

元，于本年六月十四日开工，至本年六月十六日完成。

补修崇廉路、尚平路至尚仁路煤渣路面与南稍门外碎石路面：查此数项工程经造具预算，经呈陈陕西省政府准由本府工程队修筑，计崇廉路长 570 公尺，南稍门各路长 200 公尺，共需款为 650000 元，于本年五月十四日开工，至本年五月二十八日完成。本工程队补修崇廉路及南稍门外路面外，尚补修其他各街五十余条路面，共支款为上数。

沟渠工程

修筑粮道巷水沟：查该巷水沟污水聚集，影响居民卫生，经呈陈陕西省政府由同仁建筑公司承修水沟一道，计长 60 公尺，计需款为 124816 元，于三十三年八月六日开工，至三十三年九月十日竣工。

修筑金家巷水沟：此项工程经造预算，呈陈陕西省政府核准由本府工程队承修，筑水沟一道长 25 公尺，计需款为 17116 元，于三十四年二月一日开工，至二月十日竣工。

修理消防蓄水池：本市城隍庙后街二十二处消防蓄水池均破坏露雨，经呈陈陕西省政府核准修理由永义建筑公司承修，业于三十三年十一月二十一日开工至三十四年一月六日竣工，计需款 299440 元。

加修本市窨井盖：查本市各处窨井盖及大井铁链遗失甚多，计补修槐木小井盖 800 个，大井铁链 127 个，造具预算呈陈陕西省政府核准由东华营造厂承修，业于三十四年五月五日开工，至本年六月二十日竣工，计需款 665400 元。

加修东大街阴沟盖：查本市东大街阴沟盖多系破坏遗失，经估价呈陈陕西省政府核准，由同仁建筑公司承办，计共制洋灰阴沟盖 300 个，共需工款 1063850 元，已于三十四年七月二日开工，刻正在修筑中。

（西安市档案馆藏，卷宗号：01-1-87，第 11—13 页）

五　西京市政建设委员会工程处第二课工作计划（中华民国二十八年四月三日）

值兹全面抗日战争努力建国之际，国币开支务求撙节不必要之工程当可缓办，但重要工程势须兴修者亦当设法促其完成，兹就本市需要拟具工作计划如左：

修筑工程

马路——本市各重要街巷多已修成碎石路面，其他辟巷亦加修筑者其土路迭经本处工程队修理，亦称平整，较诸碎石路面不及甚多，值兹经济困难之时，铺筑碎石路面以其费昂兴办不易，本处有鉴及此，乃有修筑煤渣路之计划，预计铺筑者有大车巷、土地庙街、安居巷、尚朴路长巷等二十九处，由警察局征工修筑土路基，所需煤渣向西京电厂、大华纱厂、华丰公司及其他厂商采运，由本处工程队铺筑，如此各方合作促成较易，土路基工作已筑就大车家巷土地庙安居巷尚朴路等处。

水沟——本市各重要街巷之下水道设备造景完成，唯新市区水沟工程业早计划竣事，只以抗日战争关系经费困难，遂形搁置，近以雨季将届，其需要急待修筑之处，虽于经济困难之际亦应设法促其完备，如尚仁路崇耻路口后宰门街及崇孝路东段因无水沟之设备，每值雨后积水无处排泄于马路之养护及市面交通关系至大，本处正在着手计划兴修。

公园——……

养路工程

马路——本市已修成马路须时加修补以保持久，关于养路工作，均由本处工程队负责，其损坏过甚者得加添材料翻修，现计划修理者有各街巷积土破砖之清除等工作。

水沟——关于水沟之养护及清理由本处工程队沟工负责现在整

理修者有东大街尚德路及各街水沟之挖除积泥清理窖井等工作。

防空工程

（一）……

（二）修筑顺城马路——本市顺城马路大部分已筑就通行只余小部分以民房阻碍迄未打通，近以空防关系，实有打通之需要，现由本处测量于最近即可兴工修筑。

（三）……

附修筑工程进展表

地点	工程种类	拟筑日期
大车家巷、安居巷	煤渣马路	二十八年三月
土地庙街、尚朴路	煤渣马路	二十八年四月
长巷、开通巷	煤渣马路	二十八年四月
甜水井街、双仁府	煤渣马路	二十八年四月
柳巷、东仓门街	煤渣马路	二十八年五月
铁塔寺、琉璃庙街	煤渣马路	二十八年五月
太阳庙门、夏家什字	煤渣马路	二十八年五月
水窖巷、柴家什字	煤渣马路	二十八年五月
莲寿坊、郭签士巷	煤渣马路	二十八年六月
许士庙街、教场门街	煤渣马路	二十八年六月
北教场、雷神庙街	煤渣马路	二十八年六月
糖坊街、白鹭湾	煤渣马路	二十八年六月
菜坑岸、曹家巷	煤渣马路	二十八年七月
崇廉路西段、大差市南段	煤渣马路	二十八年七月
孔庙东段	煤渣马路	二十八年七月
崇耻路、后宰门街	水沟	二十八年四月
崇孝路	水沟	二十八年四月
建国公园、南城墙	整理内部顺城马路	二十八年四月
城内各地、本处	防空地下室	二十八年四月

（西安市档案馆藏，卷宗号：03－146，第47—50页）

六　修筑崇廉路煤渣路面施工说明书

甲、总则

1. 本说明仅限本项工程范围以内定名为崇廉路煤渣路面共长2142公尺，路面宽定为6公尺铺压实煤渣为15公分，横坡度为1:25。

2. 承包人须遵照本说明切实办理，如有不明了之处随时陈明本府所派负责工程司工地监工员指示办理。

3. 本工程所需之一切材料运至工地须经负责工程司及监工员验收认为合适方准使用，否则即令搬出工地。

4. 本工程所用之一切工具除压路机由本府借给外，余均归承包人自备。

5. 施工地段之起讫及程序由本府指定各项工作至每一阶段各层铺渣灌浆滚压等须经负责工程司验查后方准推进第二步工作。

6. 施工时如有损坏路旁及附近各项公私建筑物或发生意外损失，盖由承包人负责赔偿。

7. 开工后应先注意交通不得有阻碍情事，于工地两端及交叉路口之间栽置牌示，夜间挂红灯以示注意而免危险。

8. 承包人或负责代表人应常驻工地督工并需服从本府所派之负责工程司及监工员之指示。

9. 路面完竣后应禁止车辆通行至完全结实后为止，经本府许可方准方形。

乙、材料

10. 黄沙须粗粒洁净者为合格。

11. 黄土须富有黏性。

12. 煤渣由包商人接洽并运至工地。

丙、施工

13. 土路路基得依照本府所定水准挖填之路基整理（包括挖槽深 1.5 公寸），完整后用压路机碾压坚实后再铺煤渣，大块煤渣得预先击碎按照体积掺拌十分黄泥洒水拌和至适当程度铺筑之，俟稍干后用压路机碾压坚实光平为止。

14. 路面经碾压如发现不平之处务需随即填平补齐。

15. 煤渣路两边土路定为宽 3 公尺，须挖填平整，横坡与煤渣路面横坡取为一致，用压路机碾压光平不得有波浪式情状。

16. 该街之宽度除路面宽 12 公尺外余为人行道，应随道路之纵坡修整平坦，共横坡为二十五分之一，各向内侧倾斜，道路碾压平坦后铺黄沙 1 公分厚。

17. 碾压土路基及煤渣路面用压路机碾压时先从路边压起，逐渐向路心移动，每次移动宽度不得超过后轮宽度之半，随时洒水撒砂以免沾拥起泡。

18. 路面规定铺黄沙 2 公分厚，除碾压时散铺用 1 公分外，余量待路面压好后尽量铺撒。

19. 本说明如有未尽事项但在工程上所必需时得照本府所派工程司指示办理。

（西安市档案馆藏，卷宗号：01 - 11 - 51，第 9—10 页）

七　西安市政府卫生科关于召开处置本市垃圾及清除公私厕所问题谈话会记录（中华民国三十三年十月二十一日）

时间：十月十九日下午三时

地址：卫生科

出席人：建设科技正杨大金、民政科主任李文珪、卫生科科长薛键、技士种焕章、主任王幼馨、警察局代表朱环颐、清除队队长朱梦明、清洁队队长何振中

主席：薛健　　记录：帅文经

（一）开会如仪

（二）报告事项

1. 主席报告开会意义

2. 各队长报告工作概况

（1）警察局朱代表扼要报告清除清洁两队工作情形（详情另见各该队报告书并请各该队长再详细报告）

（2）清洁队何队长报告：本队现仅有输具手推垃圾车四十八辆，除二十三辆破坏待修外仅余二十五辆，实不敷分配，编制人数分队长四员、班长二十名、清除夫170名，共编为四队依照警区之广狭人烟之繁简分驻各区，每日分别出发，负责运除各街巷之垃圾，唯输具太少，不敷应用，颇感困难，应请增加并改善清除夫待遇。（另附书面报告）

（3）清除队朱队长报告：本队丁413名，共有粪车251辆，均系队丁自备，本市公私厕所，除派定队丁按规定时间每日晨八时前进行清除工作外，唯有难民及乡村与陇海路工人不按规定时间清除，请交涉纠正。关于公厕系按日清除一次，私厕每两日清除一次，并派卫生警察督饬制定考勤表，随时考查。又公厕不敷应用，请增建并开放已成之两公厕等语。（另附书面报告）

（4）主席报告：本市清洁工作关系环境卫生甚大，经考查近日各街巷垃圾仍随处皆有，足证清洁队未尽最大努力。又陋巷空地不应任意便溺，应由警局严饬卫生警察切实取缔。

（5）王主任报告：据西京报十八日报载，近来各街巷时有强拉大车倒运垃圾消息，应请警局查明纠正以免喷言。又据卫生稽查查开通巷垃圾堆积应请速为清运。

（6）警局朱代表报告：关于报载拉车清运垃圾事，已提本局会报，并拟发动组训民众作清运运动等语。

（7）种技士报告：关于建立垃圾坑、箱问题，本府已设计图样，另案由本科会同警局分区召集各保长训导，饬按各该保适当地点，每保暂设垃圾坑两个，至各大通衢商住各户，饬于屋内设置木质活盖无底垃圾箱以便由清洁队负责运除。

（8）杨技正询问：洒水车过去情形，经何队长答复回局后查案报告。

（三）结论

（1）关于清洁工作部分：运除垃圾输具不敷使用，应设法补充，但就现有人力用具，应先督饬每日换班切实工作，毋使队丁闲散，在短期内由警局发动组训民众将各街巷堆积垃圾彻底清理（不得拉用民车或拉夫）。自此清运后由警局严督岗警及卫生警察切实注意环境卫生，至各街巷重要垃圾坑、箱设备一节，本府已设计图式，除另案饬由警局会同本府卫生科派员分区召集各保长训导就各该保择定适当地点外，每保自行暂设两个。各通衢大街之商住各户，务于屋内设置木质活盖无底垃圾箱，以便清洁队负责运除。再关于各保之固定垃圾坑，责成该管保长切实负责，自行管理，如有损坏随时补修完整，并晓谕各保民以自治精神，凡倾倒垃圾务必趋向指定地点，不得任便乱抛，卫生警察随时稽查，嗣后如再发现各街巷垃圾狼藉，即以该管保甲长及值勤警察是问。

至清除队分区情形及配备人数与负责分队长造具花名清册报府备查。

（2）关于清除工作部分，公厕不敷，本府正在进行修建私厕，亦在劝导设法改良，陋巷空地应由警察局警饬各警区切实取缔，清除队应将全体队丁工作区域严格划定，督责切实，清除运具及人力不敷时，可积极补充，晒粪场不合规定者由清除队负责改善，务必达到清洁目的，一面将该队工作划区连同分队长队丁造具花名册报府备查。

又据各该队长所具书面报告本科核拟意见如次：

（一）清洁队：

（1）该队输具固属不敷，但据报告所列弃置旧车应即予以整理，如需修补或改造者，即可设法利用，拟请派员先实际调查详复以凭核办。

（2）警察局现存垃圾汽车两部，在战时汽油管制未便用以运除但长期弃置，亦非所宜，拟请派员查明样式及可能使用之程度，拟呈请省府核准后标售得款作为补充输具及修理费用，并函请省公路局派员协助代为详细检查汽车内部。

（3）该队人力与工具配合应尽求合理，切实裁汰冗弱，加强运除效能，拟请派员同时出发调查具复。

（4）任意倾倒垃圾乃市民卫生观念薄弱，缺乏自治精神，一面饬由警局由各保长传谕保民切实注意，由保甲分负管区清洁之责，另一面由警察局转饬岗警或卫生警察注意环境卫生。

（5）运倒垃圾之坑壕地点，拟令警察局普遍具报以凭查核。

（6）洒水车问题另案办理。

（二）清除队：

（1）据报告第四项报告公私厕所已遵照本府前令规定清除，并有查勤办法，但据本府卫生稽查报告，尚有公厕粪便横溢情事，是该队管督不严所致。拟饬刻日切实清除，务必确合第四项报告，嗣后如再发现清除不净事件该队应负责任。

（2）粪便既由清除队丁自理，且公厕已有值勤撒灰消毒办法，拟责成确实做到，但闻并应自行设置灯光以便公众。

（3）关于公厕应需清除工具应责成主管分队自行设法，唯该队为保持长期清洁计划随时洽商粪便公会妥议办法报由警察局转报本府查考。

（4）该队以外之自由清除路工，拟请由本府转函陇海路局转饬确依规定时期清除至难民及乡农由警察局转饬岗警劝导，违者予以取缔。

（5）该两队应按旬拟具工作报告由警察局转报呈核。

所有以上商谈后所得建议结论及本科审核各该队报告书拟议办法是否可行，理合检附原件，签请鉴核示遵。

谨呈

秘书主任李转呈市长

卫生科科长薛健

中华民国三十三年十月二十一日

（西安市档案馆藏，卷宗号：01－1－2－1，第31—36页）

八　陕西省会警察局清洁队工作报告
（中华民国三十三年十月二十一日）

本队职司西京市清洁工作，为本市环境卫生之重要业务，不容不极图改进，以促进人民之健康市面之清洁，奈本队人与物力之绵薄，不敷应用，殊难分配，以致市面时有不洁之处，兹谨将本队之人与物力作今昔比较，以资参考。

（一）过去办理情形

民国二十七年前杭局长任内以本市人口之突增，市面日渐繁荣，本队大事改编如左：

物力：

胶皮轮垃圾车25辆；木轮骡车5辆；骡子30匹；垃圾汽车两辆；洒水汽车一辆。

胶轮及木轮骡车每日分别出发运除各街巷之垃圾，垃圾汽车除每日运除大量垃圾外，并应各机关之函请，遣运除垃圾、洒水车每日分两次出发洒尘。

人力：

清洁夫一百七十名，每日分区出发扫除各区之垃圾，并由卫生警察每日随时出发督促各商住户就自己门前自行打扫。

上项扩编迨至孙局长任内，因胶轮车之屡修，马车用费较重，全数呈交省府，并为樽节汽油起见，汽车两辆亦随之停驶，复添手推垃圾车六十辆。

（二）现在办理情形

物力：

硬轮骡车 5 辆，自去年因新筑马路不能通行，故停置外，仅有手推垃圾车四十八辆，除二十三辆破坏待修外，余二十五辆以本市面积之辽阔，人烟之稠密，仅二十辆手推车，运除垃圾，分配之困难可想而知。

人力：

分队长四员，班长二十名，清洁夫一百七十名，编为四队，依照警区之广狭，人烟之繁简分驻各区，并受各分局之就近指挥。

（三）今后改进意见

凡工欲善其事必先利其器，本队之物力极应增加，除增添收车垃圾车辆外，拟将本局之垃圾汽车仍拟应用，至需油用费（每日计油 5 加仑）可否由商会补给，则物力之充实，各街僻巷之垃圾当刻运净无遗。

查清洁夫之待遇，每名每月最高饷暨补助费除一百八十六元外，主食面粉仅一袋，折合每餐粉市称十二两，难免枵腹工作，并扣除菜炭费已剩无几，以故不易招募，且时有潜逃影响工作殊非浅显，拟请专案呈请增高待遇并酌加食量以示体恤而利工作。

（西安市档案馆藏，卷宗号：01 - 1 - 2 - 1，第 42—43 页）

九　关于所有车辆一律靠右行驶的宣传标语
中华民国三十四年十二月十九日

1. 自三十五年元月一日零时起车辆马一律改靠右边。
2. 部队及群众通行一律改靠右边走。
3. 汽车、人力车、兽力车、手车、脚踏车一律改靠右边走。
4. 单独行人绝对要在人行道上走。
5. 市区汽车行驶最高速度每小时以二十公里为限。

6. 在市区行驶车辆前后距离不得小于五公尺。

7. 汽车行驶不得超越规定速率（每小时二十公里）。

8. 车辆改靠右边走才能安全。

9. 行人切勿在车辆前面横过道路。

10. 行人穿越道路须看清两面有无来去车辆。

11. 行人遇见车辆即应避路以免危险。

12. 汽车、人力车、兽力车不靠右边行驶者照章处罚。

13. 行人不得在道路中站立张望。

14. 汽车行至转弯时须行驶并多鸣喇叭。

（西安市档案馆藏，卷宗号：01 – 11 – 95，第 19 页）

参考文献

一 方志、舆图

陕西省道路交通管理志西安分志编纂委员会：《陕西省道路交通管理志·西安分志》，陕西人民出版社 2000 年版。

陕西省地方志编纂委员会：《陕西省志·公路志》，陕西人民出版社 2000 年版。

陕西省地方志编纂委员会：《陕西省志·建设志》，三秦出版社 1999 年版。

陕西师范大学地理系：《西安市地理志》，陕西人民出版社 1988 年版。

史念海主编：《西安历史地图集》，西安地图出版社 1996 年版。

翁柽修、宋联奎纂：《咸宁长安两县续志》，1936 年铅印本。

西安市碑林区志编纂委员会：《碑林区志》，三秦出版社 2003 年版。

西安市城建系统方志编纂委员会：《西安市城建系统志》，陕内资图批字 2000（AX）040 号。

西安市地方志编纂委员会：《西安市志·城市基础设施》，西安出版社 2000 年版。

西安市地方志编纂委员会：《西安市志·总类》，西安出版社 1996 年版。

西安市地名委员会、西安市民政局：《陕西省西安市地名志》，内部资料 1987 年版。

西安市地图集编纂委员会：《西安市地图集》，西安地图出版社 1989

年版。

西安市莲湖区志编纂委员会：《莲湖区志》，三秦出版社 2001 年版。

西安市新城区志编纂委员会：《新城区志》，三秦出版社 2000 年版。

西安市政府建设科：《西安市城区道路图》（1：8000），1946 年印制。

西安市政工程处：《西安市平面全图》（1：10000），1934 年印制。

西安市政工程处：《西安市区域全图》（1：10000），1932 年印制。

西京筹备委员会：《唐长安城所在区域图》（1：10000），1932 年测
　　绘，1934 年印制。

西京市政建设委员会工程处：《西京城关平面图》（1：8000），1939
　　年印制。

杨虎城、邵力子修，宋伯鲁、吴廷锡纂：《续修陕西通志稿》，1934
　　年铅印本。

［日］东亚同文会：《支那省别全志》第七卷《陕西省》，东亚同文
　　会 1917—1920 年版。

二　档案文献

（一）陕西省档案馆藏民国档案

《农林部黄河水利委员会有关植树造林函》，1944 年，卷宗号：72 -
　　5 - 167。

《陕西建设月刊》第 3 期，1935 年 3 月，卷宗号：510 - 4 - 80。

《陕西建设月刊》第 2 期，1935 年 2 月，卷宗号：510 - 4 - 79。

《陕西建设月刊》第 1 期，1935 年 1 月，卷宗号：510 - 4 - 78。

《陕西省公路管理局"关于植树造林问题"》，1944 年，卷宗号：
　　93 - 3 - 199。

《陕西省建设厅"西安市政府关于本市钟楼四周马路宽度讨论会议记
　　录"》，1946 年 1 月，卷宗号：72 - 4 - 105。

《陕西省建设厅战前统计资料（1933—1935）》，1936 年，卷宗号：
　　465 - 4 - 25。

《陕西省建设统计报告》第 1 期（十六年至十八年合刊），1920 年，

卷宗号：505 - 4 - 24。

《西安市分区及道路系统计划书》，1947 年，卷宗号：72 - 4 - 166。

　（二）西安市档案馆藏民国档案

1. 西安市政府档案

《本府施政报告》，1945 年 8 月 1 日，卷宗号：01 - 1 - 87。

《本市下水道系统表暨工作报表》，1947 年 3 月 17 日，卷宗号：
　01 - 11 - 342 - 4。

《第一战区司令长官司令部政治部公函》，1945 年 10 月 3 日，卷宗
　号：01 - 11 - 167；《东大街下水道工程的公正书》，1947 年 12 月
　23 日，卷宗号：01 - 11 - 431 - 2。

《东大街下水道工程签呈》，1948 年 6 月 8 日，卷宗号：01 - 11 - 431 -
　3。

《翻修东大街端履门至东门碎石马路合同书》，1944 年 9 月 11 日，
　卷宗号：01 - 11 - 5 - 2。

《关于洒金桥等路面工程的文书》，1946 年 3 月 23 日，卷宗号：
　01 - 11 - 213。

《关于修筑崇新里煤渣路的文书》，1947 年 6 月 28 日，卷宗号：
　01 - 11 - 301。

《关于修筑小南门及西门至西北大学煤渣马路的文书》，1946 年 7 月
　3 日，卷宗号：01 - 11 - 274。

《关于在本市各小巷装置玻璃油灯的文书》，1936 年 2 月 20 日，卷
　宗号：01 - 11 - 143。

《建设科工程队签呈》，1946 年 3 月 6 日，卷宗号：01 - 11 - 164。

《陕西省会警察局清洁队工作报告》，1944 年 10 月 21 日，卷宗号：
　01 - 1 - 2 - 1。

《陕西省企业公司营造厂关于接修小差市南段马路工程的文书》，
　1944 年 10 月 15 日，卷宗号：01 - 11 - 15。

《陕西省企业公司营造厂函送东大街东段马路工程开工完工公函》，
　1945 年 2 月 11 日，卷宗号：01 - 11 - 5 - 2。

《铜川炉山陶瓷工厂呈文》，1947 年 6 月 11 日，卷宗号：01 -
11 - 339。

《王参议员秀青等十一人提请在本市各小巷装置玻璃油灯案》，1936
年 2 月 25 日，卷宗号：01 - 11 - 143。

《为天气和暖呈报开始复工由》，1948 年 3 月 2 日，卷宗号：01 -
11 - 431 - 2。

《卫生科召开处置本市垃圾及清除公私厕所问题谈话记录》，1944 年
10 月 19 日，卷宗号：01 - 1 - 2 - 1。

《西安市分区及道路系统计划书》，1947 年 1 月，卷宗号：01 -
11 - 417。

《西安市路灯管理为运会代电》，1936 年 3 月 6 日，卷宗号：01 -
11 - 143。

《西安市民请求修筑道路及下水道暂行办法》，1946 年 4 月 18 日，
卷宗号：01 - 11 - 142。

《西安市清洁规矩运动初步推行计划》，1945 年 3 月 20 日，卷宗号：
01 - 1 - 2 - 2。

《西安市下水道养护办法》，1947 年 12 月 25 日，卷宗号：01 - 11 -
431 - 2。

《西安市下水道养护办法》，1947 年 4 月 17 日，卷宗号：01 -
11 - 325。

《西安市政府关于复新建筑股份有限公司的代电》，1947 年 9 月 8
日，卷宗号：01 - 1 - 389 - 1。

《西安市政府关于金家巷、建国路、启新巷煤渣马路的报告》，1945
年 7 月 20 日，卷宗号：01 - 11 - 73 - 1。

《西安市政府关于修筑东新街碎石马路送大车公会、各区区长的文
书》，1946 年 10 月 9 日，卷宗号：01 - 11 - 287。

《西安市政府关于修筑西京电厂至大华纱厂煤渣马路的文书》，1945
年 2 月 9 日，卷宗号：01 - 11 - 49。

《西安市政府建设科关于西北大学请修煤渣路的签呈》，1946 年 6 月

25 日，卷宗号：01 – 11 – 274。

《西安市政府 34 年度工作》，1944 年，卷宗号：01 – 1 – 47 – 2。

《西安市政府送警察局训令》，1945 年 8 月 20 日，卷宗号：01 – 11 – 81。

《西安市政府送省政府、审计处呈文》，1945 年 6 月 21 日，卷宗号：01 – 11 – 62。

《西安市政府送总工会指令》，1945 年 4 月，卷宗号：01 – 11 – 35。

《西安市政府为函复成立养路队经常养护马路案》，1945 年 7 月 2 日，卷宗号：01 – 1 – 35 – 1。

《西安市政府卫生科垃圾箱检查记录表》，1945 年 4 月 13 日，卷宗号：01 – 1 – 2 – 2。

《西安市政府整理各街路行道树计划书》，1944 年 10 月 26 日，卷宗号：01 – 11 – 30。

《重新建设西安市下水道工程》，1945 年 9 月 12 日，卷宗号：01 – 1 – 130。

2. 西京筹备委员会档案

《市建会工程处会款购置机械清册》《市建会工程处会款购置财产借出清册》《市建会工程处原属省款财产清册》《市建会工程处会款购置财产清册》，1941 年 12 月，卷宗号：02 – 232。

《市建会工程处三十年七月份工作报告》《市建会工程处三十年八月份工作报告》《市建会工程处三十年九月份工作报告》《市建会工程处三十年十月份工作报告》《市建会工程处三十年十一月份工作报告》《市建会工程处三十年十二月月份工作报告》，1942 年，卷宗号：02 – 4 – 186 – 2。

《市建会工程处委任职员档案表》，1939 年，卷宗号：02 – 33。

3. 西京市政建设委员会档案

《呈报成立下水道工务所已于本月二十日开始办公请备查由》，1935 年 10 月 29 日，卷宗号：03 – 315。

《非常时期路灯管理暂行办法》，1939 年 3 月 25 日，卷宗号：

03－623。

《关于拆除顺城马路阻碍建筑的文书》，1940 年 10 月 11 日，卷宗号：03－66。

《关于下水道用管之参考材料》，1938 年 9 月 12 日，卷宗号：03－109。

《函达勘查本市涝池决议案》，1935 年 6 月 4 日，卷宗号：03－312。

《函达利用私人涝池建筑临时水沟工费额度决议案》，1935 年 8 月 16 日，卷宗号：03－312。

《函达限期查明新市区二三等公地内深坑涝池决议案》，1935 年 6 月 29 日，卷宗号：03－312。

《函达在本市下水道工程未完成前目前疏水计画决议案》，1935 年 7 月 12 日，卷宗号：03－315。

《函请省会警察总局饬属调查西安全城涝池由》，1937 年 10 月 22 日，卷宗号：03－401。

《雷宝华关于分区养护城区马路的提案》，1935 年 4 月 28 日，卷宗号：03－185。

《雷宝华关于花坛植树的报告》，1935 年 12 月 10 日，卷宗号：03－184。

《陕西省会警察局函复西建会关于严禁马路两旁商户将泥土扫向街中文书》，1938 年 5 月 16 日，卷宗号：03－110。

《陕西省会警察局送市政建设委员会公函》，1939 年 4 月 30 日，卷宗号：03－623。

《陕西省会警察局征集市民劳动修筑土路并铺垫煤屑以利交通案》，1938 年 10 月 12 日，卷宗号：03－70。

《陕西省建设厅送西京市政建设委员会公函》，1934 年 10 月 27 日，卷宗号：03－386。

《陕西省林务局函公安局切实责成花坛附近各商户分别负责灌溉及保护之责》，1936 年 5 月 21 日，卷宗号：03－184。

《西安市建筑横沟窨井渗井及疏通旧沟工作地址表》，1935 年 10 月

14 日，卷宗号：03－315。

《西安市路灯装置办法》，1935 年 8 月 6 日，卷宗号：03－607。

《西安市政处整理本市路灯工作计划》，1933 年 4 月 10 日，卷宗号：
　　03－593。

《西安市政工程处关于东关大街碎石马路工程的文书》，1938 年 3 月
　　28 日，卷宗号：03－45。

《西安市政工程处马路养路杂项工程统计表》，1935 年 8 月 16 日，
　　卷宗号：03－628。

《西安市政工程处修筑郭签士巷阴沟工程说明书》，1935 年 10 月 16
　　日，卷宗号：03－288。

《西建会工程处呈订做窨井木盖文书》，1940 年 11 月 26 日，卷宗
　　号：03－642。

《西建会工程处关于招商修筑煤渣马路的文书》，1939 年 9 月 23 日，
　　卷宗号：03－65。

《西建会送陕西省会警察局公函》，1937 年 6 月 11 日，卷宗号：
　　03－314。

《西建会送省会警察局防止本市窨井盖被窃办法公函》，1937 年 5 月
　　8 日，卷宗号：03－314。

《西建会送省建设厅公函》，1937 年 8 月 20 日，卷宗号：03－315。

《西建会为搜罗全市各厂及商户住户保存煤渣归为公家使用公函》，
　　1939 年 11 月 8 日，卷宗号：03－241。

《西京电厂致西京市路灯委员会公函》，1936 年 7 月 24 日，卷宗号：
　　03－593。

《西京电厂装妥岗警 32 盏电灯地址》，1939 年 9 月，卷宗号：
　　03－623。

《西京市道路等级表》，1935 年 5 月 17 日，卷宗号 03－383。

《西京市旧式车轮改良办法》，1935 年 1 月 26 日，卷宗号：03－605。

《西京市路灯委员会成立公函》，1936 年 7 月 6 日，卷宗号：
　　03－607。

《西京市政工程处养路工程队工作预定进行表》,1939 年 2 月 2 日,
    卷宗号:03-146。

《西京市政建设委员会第 39 次会议记录》,1934 年 10 月 9 日,卷宗
    号:03-416。

《西京市政建设委员会第 119 次会议记录》,1939 年 3 月 22 日,卷宗
    号:03-678;《西京市路灯一览表》,1939 年 5 月 12 日,卷宗号:
    03-582。

《西京市政建设委员会二十九年度行政计划》,1939 年 11 月,卷宗
    号:03-164。

《西京市政建设委员会关于栽植行道树的文书》,1935 年 12 月 3 日,
    卷宗号:03-184。

《西京市政建设委员会关于征收养路费的文书》,1937 年 10 月 19
    日,卷宗号:03-185。

《西京市政建设委员会送西京电厂公函》,1939 年 7 月 4 日,卷宗
    号:03-623。

《西京市政建设委员会下水道工务所下水道工程施工说明书》,1937
    年 8 月,卷宗号:03-315。

《下水道工务所送陕西省会警察局函文》,1937 年 5 月 6 日,卷宗
    号:03-314。

《修筑各街巷煤渣路预算表》,1939 年 12 月,卷宗号:03-63。

《增收养路费办法》,1937 年 11 月 16 日,卷宗号:03-182。

4. 西京市政建设委员会工程处档案

《本市接用阴沟取缔办法》,1940 年 1 月 4 日,卷宗号:04-381。

《本市水准测量平板测绘之进行及经过》,1935 年 6 月 26 日,卷宗
    号:04-296。

《本市阴沟受益费收纳办法》,1939 年 11 月 25 日,卷宗号:
    04-381。

《本市应添建公共厕所地点一览表》,1939 年 10 月 4 日,卷宗号:
    04-500-1。

《呈报成立下水道工务所已于本月二十日开始办公请备查由》，1935
　　年 10 月 29 日，卷宗号：03 - 315。

《贰拾陆年度下水道水沟工程设计说明书》，1937 年 4 月 23 日，卷
　　宗号：04 - 295。

《关于洒金桥一带水沟情形的具报文书》，1940 年 2 月 5 日，卷宗
　　号：04 - 31。

《环城建修公共厕所详细地点表》，1941 年 4 月 28 日，卷宗号：
　　04 - 500 - 2。

《环城路征工实施办法》，1940 年 2 月 13 日，卷宗号：04 - 167。

《建委会工程处第二课工作计划》，1939 年 3 月 29 日，卷宗号：04 -
　　282。

《煤渣路修筑方法》，1940 年 8 月 30 日，卷宗号：04 - 310。

《水沟工程报告及用款支付说明》，1937 年 11 月 4 日，卷宗号：
　　04 - 299。

《水准测量之经过情形》，1935 年 6 月 26 日，卷宗号：04 - 296。

《西京市政建设委员会测量队二十三年度工作报告》，1935 年 6 月 26
　　日，卷宗号：04 - 296。

《西京市政建设委员会第 134 次会议记录》，1940 年 5 月 8 日，卷宗
　　号：04 - 51。

《西京市政建设委员会工程处调查本市行道树及花坛内花木成活数量
　　表》，1940 年 12 月 22 日，卷宗号：04 - 147。

《西京市政建设委员会工程处关于招商包修崇礼路等二十八条煤渣路
　　工程的文书》，1940 年 1 月 19 日，卷宗号：04 - 122。

《西京市政建设委员会工程处 30 年度行政计划》，1941 年 3 月 17 日，
　　卷宗号：04 - 185。

《西京市政建设委员会下水道工务所二十五年度水沟工作报告表》，
　　1936 年，卷宗号：04 - 295。

5. 西安市政工程处档案

《本市公共设备计划表》，1936 年 3 月 10 日，卷宗号：05 - 770。

《二十五年度市政计划》，1936 年 3 月，卷宗号：05 - 629。

《关于设置城关货物转运站的报告》，1935 年 1 月 6 日，卷宗号：05 - 211。

《建委会呈报改正马路等级》，1935 年 7 月 12 日，卷宗号：05 - 287。

《禁止向阴沟内倾倒秽水垃圾布告》，1935 年 8 月 28 日，卷宗号：05 - 233。

雷宝华：《陕西省建设统计序》，1935 年 1 月 1 日，卷宗号：05 - 109。

《陕西省会公安局送西安市政工程处公函》，1936 年 9 月 8 日，卷宗号：05 - 770。

《陕西省会公安局送西安市政工程处关于设置公共设备指示牌的文书》，1936 年 2 月 29 日，卷宗号：05 - 770。

《陕西省会公安局、西安市政工程处布告》，1935 年 4 月 3 日，卷宗号：05 - 200。

《陕西省建设厅关于四期碎石马路工程送西安市政工程处训令》，1934 年 11 月 2 日，卷宗号：05 - 337。

《陕西省建设厅关于修筑道路流程指令》，1932 年 3 月 25 日，卷宗号：05 - 39。

《陕西省建设厅民国二十年一月份工作报告》，1931 年 2 月，卷宗号：05 - 16。

《陕西省建设厅送市政工程处关于第一期碎石马路的训令》，1934 年 7 月 23 日，卷宗号：05 - 98。

《陕西省建设厅送西安市政工程处关于省会警察局提请增筑 18 处公共厕所训令》，1938 年 4 月 14 日，卷宗号：05 - 1067。

《陕西省政府训令西安市政工程处第 4256 号》，1935 年 7 月 11 日，卷宗号：05 - 200。

《西安市车辆交通规则》，1931 年 2 月 27 日，卷宗号 05 - 30。

《西安市各类公共设备安放地点表》，1936 年 2 月 28 日，卷宗号：05 - 770。

《西安市三年行政计划》，1932 年 3 月 11 日，卷宗号：05 - 29。

《西安市政工程处布告西安市商民人等》，1931 年 2 月 24 日，卷宗号：05 - 8。

《西安市政工程处呈建设厅修理西大街马路拆卸房屋办法》，1931 年 2 月 28 日，卷宗号：05 - 8。

《西安市政工程处呈陕西省建设厅关于包工修筑第三段马路动工日期》，1931 年 8 月 26 日，卷宗号：05 - 11。

《西安市政工程处呈陕西省建设厅关于西大街第二段马路的开工日期》，1931 年 5 月 21 日，卷宗号：05 - 3。

《西安市政工程处呈陕西省建设厅拟第四段马路变通修筑办法》，1931 年 11 月 14 日，卷宗号：05 - 4。

《西安市政工程处呈陕西省建设厅西安市道路等级表》，1932 年 1 月 4 日，卷宗号：05 - 29。

《西安市政工程处呈陕西省建设厅西大街桥梓口至西门根一段马路竣工日期》，1932 年 1 月 26 日，卷宗号：05 - 4。

《西安市政工程处呈陕西省建设厅修筑第四段马路动工日期》，1931 年 12 月 9 日，卷宗号：05 - 4。

《西安市政工程处档案》，1934 年 2 月 6 日，卷宗号：05 - 126。

《西安市政工程处关于开辟马坊门街送建设厅呈文》，1931 年 6 月 25 日，卷宗号：05 - 9。

《西安市政工程处 26 年 6—10 月份马路进程表》，1937 年 6—10 月，卷宗号：05 - 331。

《西安市政工程处 26 年 11—12 月份马路进程表》，1937 年 11 月—1938 年 1 月，卷宗号：05 - 328。

《西安市政工程处送电话局、省会公安局关于迁移电话杆、路灯杆的公函》，1931 年 9 月 15 日，卷宗号：05 - 11。

《西安市政工程处送陕西省会公安局公函》，1931 年 9 月 1 日，卷宗号：05 - 11。

《西安市政工程处送陕西省建设厅关于大车通行路线变更的呈文》，

1935 年 6 月 29 日，卷宗号：05 - 205。

《西安市政工程处送陕西省建设厅关于马坊门碎石马路合同的文书》，
　　1931 年 10 月 19 日，卷宗号：05 - 9。

《西安市政工程处送陕西省建设厅关于验收马坊门碎石马路的文书》，
　　1931 年 12 月 5 日，卷宗号：05 - 9。

《西安市政工程处特种马路限制车辆条规》，1931 年 2 月 27 日，卷
　　宗号 05 - 30。

《西安市政工程处为翻修各期碎石马路送建设厅呈文》，1935 年 11
　　月 30 日，卷宗号：05 - 335。

《西安市政工程处修复碎石路面章则》，1937 年 6 月 19 日，卷宗号：
　　05 - 335。

《西安市政工程处养路队组织大纲》，1935 年 3 月 6 日，卷宗号：
　　05 - 209。

《西安市政工程处养路杂项工程统计表》，1937 年 4 月，卷宗号：
　　05 - 328。

《西安市政工程处暂定特种马路限制车辆通行规则》，1931 年 4 月 9
　　日，卷宗号：05 - 30。

《西安市政工程处整顿人行道规则》，1931 年 5 月 2 日，卷宗号
　　05 - 30。

《西大街钟楼至鼓楼碎石马路包工合同》，1931 年 2 月 27 日，卷宗
　　号：05 - 3。

《西大街钟楼至鼓楼一段改筑碎石路施工细则》，1931 年 2 月，卷宗
　　号：05 - 3。

《西京市道路等级表》，1935 年 7 月 12 日，卷宗号：05 - 287。

《西京市四关货物转运站暂行办法》，1935 年 1 月 9 日，卷宗号：
　　05 - 211。

《西京市政建设委员会关于注意街道勿让灰尘飞扬文书》，1936 年 10
　　月 2 日，卷宗号：05 - 507。

《下水道工务所关于井盖遗失的报告》，1936 年 9 月 26 日，卷宗号：

05 – 599。

《暂定载重大车出入城内所经路线说明书》，1934 年 7 月 25 日，卷宗号：05 – 114。

《暂拟西安市城关各马路宽度等级及估筑工料费简明表》，1932 年 1 月，卷宗号：05 – 29。

6. 西京市总工会档案

《本会常务第八次会议决议》，1938 年 12 月 11 日，卷宗号：011 – 1 – 4。

《呈为呈请转肯国民兵团协同警局予车业工友颁发徽章以资鉴别事》，1941 年 2 月 3 日，卷宗号：011 – 1 – 35。

《奉令调处人力车夫工人怠工事件报告》，1942 年 4 月 15 日，卷宗号：011 – 1 – 44。

《工人复工后情形报告》，1941 年 9 月，卷宗号：011 – 1 – 35。

《经济科、总务科三十年五月至八月份工作报告书》，1941 年 9 月，卷宗号：011 – 1 – 27。

《经济科、总务科三十年五月至八月份工作报告书》，1941 年 9 月，卷宗号：011 – 1 – 2。

《陕西省物价管制委员会训令》，1944 年 5 月 7 日，卷宗号：011 – 1 – 56。

《陕西省物价及工资评定委员会第十五次例会》，1943 年 5 月 3 日，卷宗号：011 – 1 – 48。

《陕西省物价及工资评定委员会例会档案》，1943 年 1—5 月，卷宗号：011 – 1 – 48。

《陕西省西京市各级职业团体概况表》，1944 年 3 月，卷宗号：011 – 2 – 15。

《西安市人力车业职业工会会员入会志愿书》，1947 年 8 月，卷宗号：011 – 1 – 87、011 – 1 – 88 – 2。

《西京市各有关机关详解人力车业工会与人力车夫工会纠纷会议记录》，1941 年 9 月，卷宗号：011 – 1 – 35。

《西京市工人福利社三十三年度业务报告书》，1944 年 8 月，卷宗号：011 - 2 - 4。

《西京市工人福利社三十三年业务报告书》，1945 年 1 月，卷宗号：
　011 - 2 - 4。

《西京市人力车夫职业工会三十年度工作计划》，1941 年 3 月 31 日，
　卷宗号：011 - 1 - 30。

《西京市人力车夫职业工会三十一年度职业团体中心工作成绩报表》，
　1942 年 10 月 11 日，卷宗号：011 - 1 - 42。

《西京市人力车夫职业工会章程》，1940 年，卷宗号：011 - 1 - 19。

《西京市人力车业同业公会函西京市总工会为呈请西京市党部招集有
　关机关开评价会议决定车辆赁价知照由》，1941 年 9 月 7 日，卷宗
　号：011 - 1 - 35。

《中国劳动协会西京市总工会合办西京工人福利计划书》，1944 年 8
　月，卷宗号：011 - 2 - 4。

（三）其他档案资料

西安市档案局、西安市档案馆编：《筹建西京陪都档案史料选辑》，
　西北大学出版社 1994 年版。

西安市档案局、西安市档案馆编：《西京市工业调查》，内部资料，
　1997 年。

西安市档案局、西安市档案馆编：《西安市政统计报告（1947—
　1948）》，内部资料，1997 年。

西安市档案局、西安市档案馆编：《陕西经济十年（1931—1941）》，
　内部资料，1997 年。

中国第二历史档案馆：《中华民国史档案资料汇编》第 5 辑《第一
　编·政治（二）》，江苏古籍出版社 1998 年版。

中国社会科学院近代史研究所《近代史资料》编辑部、中国第二历
　史档案馆合编：《抗日战争时期西北开发档案史料选编》，中国社
　会科学出版社 2009 年版。

［日］青岛守备军民政部铁道部：《调查资料》第 9 辑，1918 年。

三　著作论文

（一）著作

鲍成志：《近代中国交通变迁与城市兴衰研究》，四川大学出版社
　　2017 年版。

范长江：《中国的西北角》，兰州古籍书店 1990 年版。

何一民：《近代中国城市发展与社会变迁》，科学出版社 2004 年版。

何一民：《中国城市史纲》，四川大学出版社 1994 年版。

胡时渊：《西北导游》，兰州古籍书店 1990 年版。

李孤帆：《西行杂记》，中国青年出版社 2012 年版。

李云峰、王民权主编：《民国西安词典》，陕西出版集团、陕西人民
　　出版社 2012 年版。

李振民：《陕西通史·民国卷》，陕西师范大学出版社 1997 年版。

林鹏侠：《西北行》，兰州古籍书店 1990 年版。

刘国安编著：《陕西交通挈要》，中华书局 1928 版。

马正林：《丰镐—长安—西安》，陕西人民出版社 1978 年版。

史红帅：《近代西方人视野中的西安城乡景观研究（1840—1949）》，
　　科学出版社 2014 年版。

史红帅：《明清时期西安城市地理研究》，中国社会科学出版社 2008
　　年版。

史红帅、吴宏岐：《西北重镇西安》，西安出版社 2007 年版。

孙志亮、马林安等：《陕西近代史稿》，西北大学出版社 1992 年版。

王笛：《茶馆：成都的公共生活和微观世界（1900—1950）》，社会
　　科学文献出版社 2010 年版。

王笛：《街头文化：成都公共空间、下层民众与地方政治（1870—
　　1930）》，商务印书馆 2013 年版。

王桐龄：《陕西旅行记》，辽宁教育出版社 2013 年版。

王荫樵：《西京游览指南》，天津大公报西安分馆 1936 年印行。

吴宏岐：《西安历史地理研究》，西安地图出版社 2006 年版。

武伯纶:《西安历史述略》,陕西人民出版社 1959 年版。

西安百科全书编委会:《西安百科全书》,陕西人民教育出版社 1993
　年版。

西安市档案馆编:《西安:辛亥记忆》,陕西出版集团、三秦出版社
　2011 年版。

西安市档案局、西安市档案馆:《西安市古今大事记》,西安出版社
　1993 年版。

西安市地方志馆:《西安古今》,陕西人民出版社 1989 年版。

西安市地方志馆、西安市档案局:《西安通览》,陕西人民出版社
　1993 年版。

张鸿雁、胡小武主编:《城市角落与记忆 II:社会更替视角》,东南
　大学出版社 2008 年版。

赵良宇:《环境·经济·社会:近代徐州城市社会变迁研究 (1882—
　1948)》,中国社会科学出版社 2015 年版。

赵运林、邹冬生:《城市生态学》,科学出版社 2005 年版。

中共陕西省委党史研究室、中共西安市委党史研究室:《解放西安》,
　陕西人民出版社 1999 年版。

庄泽宣:《陇蜀之游》,兰州古籍书店 1990 年版。

宗鸣安:《西安旧事》,陕西人民美术出版社 2002 年版。

[丹] 柯乐模:《我为景教碑在中国的历险》,史红帅译,上海科学
　技术文献出版社 2011 年版。

[德] 福克:《西行琐录》,载 (清) 王锡祺《小方壶斋舆地丛抄》
　第六帙,杭州古籍出版社 1985 年版。

[捷克] 雅罗斯拉夫·普实克:《中国我的姐妹》,丛林、陈平陵、
　李梅译,外语教学与研究出版社 2005 年版。

[美] R. E. 帕克、E. N. 伯吉斯、R. D. 麦肯齐:《城市社会学——
　芝加哥学派城市研究》,宋俊岭、郑也夫译,商务印书馆 2012
　年版。

[美] 鲍德威:《中国的城市变迁:1890—1949 年山东济南的政治与

发展》，张汉等译，北京大学出版社 2010 年版。

［美］弗朗西斯·亨利·尼克尔斯：《穿越神秘的陕西》，史红帅译，三秦出版社 2009 年版。

［美］罗威廉：《汉口：一个中国城市的冲突和社区（1796—1895）》，鲁西奇等译，中国人民大学出版社 2008 年版。

［美］罗威廉：《汉口：一个中国城市的商业与社会（1796—1889）》，江溶等译，中国人民大学出版社 2016 年版。

［美］罗兹·墨菲：《上海——现代中国的钥匙》，上海社会科学院历史研究所编译，上海人民出版社 1986 年版。

［美］施坚雅主编：《中华帝国晚期的城市》，叶光庭等译，中华书局 2000 年版。

［英］斯蒂芬·马歇尔：《街道与形态》，苑思楠译，中国建筑工业出版社 2011 年版。

［英］台克满：《领事官在中国西北的旅行》，史红帅译，上海科学技术文献出版社 2013 年版。

Meyer F. B. , *Memorials of Cecil Robertson of Sian fu*：*Medical Missionary*, London：The Carey Press, 1913.

（二）期刊论文

陈珂：《上海城市生态的近代转型——以晚清上海道路为中心》，《中国历史地理论丛》2007 年第 3 辑。

陈旭麓：《关于中国近代史线索的思考》，《历史研究》1988 年第 3 期。

董佳：《缔造新都：民国首都南京的城市设计与规划政治——以 1928—1929 年的首都规划为中心》，《南京社会科学》2012 年第 5 期。

傅崇兰：《关于中国城市史研究的几个问题》，《中国史研究》1989 年第 3 期。

龚贤明：《二十九年一年间之西京建设》，《西北研究》1940 年第 3 卷第 5 期。

郭世强:《1934—1941年西安城区道路工程建设的初步研究》,《中国历史地理论丛》2013年第3辑。

郭世强、武颖华:《民国西安城区新修道路及其空间分布特征初探——以西京市政建设委员会时期为主(1934—1941)》,《西安文理学院学报》(社会科学版)2013年第3期。

郭世强、武颖华:《陪都西京时期西安人力车夫救济研究》,《历史教学问题》2017年第2期。

郭世强:《西安城市排水生态系统的近代转型——以民国西安下水道为中心》,《中国历史地理论丛》2016年第4辑。

郭文毅、吴宏岐:《抗战时期陪都西京三种规划方案的比较》,《西北大学学报》(自然科学版)2002年第5期。

何一民、曾进:《中国近代城市史研究的进展、存在问题与展望》,《中华文化论坛》2001年第2期。

何一民:《中国近代城市史研究评述》,《中华文化论坛》2000年第1期。

霍慧新:《电话通讯与民国城市灾害治理探析——以上海火灾为例》,《兰州学刊》2015年第3期。

乐正:《城市功能结构的近代变迁》,《中山大学学报》1993年第1期。

乐正:《近代城市发展的主题与中国模式》,《天津社会科学》1992年第2期。

李淑蘋、江芬:《民国时期底层职业妇女探析——以广州茶楼女招待为个案》,《安徽史学》2016年第5期。

李云峰、曹敏:《抗日时期的国民政府与西北开发》,《抗日战争研究》2003年第3期。

李运华:《中国城市近代化与近代中国城市化之命脉》,《城市史研究》1992年第7辑。

刘海岩:《近代中国城市史研究的回顾与展望》,《历史研究》1992年第3期。

刘祝君：《本市沟渠工程概况》，《西安市工月刊》1936 年第 5 期。

龙天贵：《民国城市灾害及官方应对机制探析——以 1928—1937 年的南京火灾为例》，《兰州学刊》2013 年第 8 期。

任云英：《近代西安城乡居住空间结构及其形态特征初探》，《西北大学学报》（自然科学版）2005 年第 2 期。

史红帅：《民国西安城市水利建设及其规划——以陪都西京时期为主》，《长安大学学报》（社会科学版）2012 年第 5 期。

孙毅：《西安市柏油马路之研究》，《西安市工季刊》1936 年第 1 卷第 1 期。

王建伟：《民国北京的双面叙事》，《学术月刊》2016 年第 12 期。

吴宏岐：《抗战时期的西京筹备委员会及其对西安城市建设的贡献》，《中国历史地理论丛》2001 年第 4 辑。

吴宏岐、史红帅：《关于清代西安城市满城和南城的若干问题》，《中国历史地理论丛》2000 年第 3 辑。

吴宏岐、肖爱玲、严艳：《抗战时期西京筹备委员会的城市绿化实践及其启示》，《中国历史地理论丛》2002 年第 3 辑。

吴宏岐、严艳：《古都西安历史上的城市更新模式与新世纪城市更新战略》，《中国历史地理论丛》2003 年第 4 辑。

西安市政工程处：《西安市政工程处最近工作概况》，《陕西建设月刊》1935 年第 2 期。

西安市政工程处：《西安市政工程处经办杂项工程统计表（1934.9—1936.12）》，《西安市工季刊》1936 年第 1 卷第 1 期。

西安市政工程处：《西安市政工程处廿五年十一月、十二月养路工程统计表》，《西安市工季刊》1936 年第 1 卷第 1 期。

西安市政工程处：《西安市政工程处廿五年十月份养路工程统计表》，《西安市工季刊》1936 年第 1 卷第 1 期。

西京市政建设委员会：《市建会二十五年十一月二十五日谈话会记录》，《西安市工季刊》1936 年第 1 卷第 1 期。

习五一：《民国时期北京的城市功能与城市空间》，《北京行政学院学报》2002 年第 5 期。

谢本书：《中国近代城市的发展与近代化历程》，《城市史研究》
　　1990 年第 3 辑。

严昌洪：《从弱势群体特征看民国时期人力车夫救济制度》，《江汉
　　论坛》2008 年第 8 期。

严济宽：《西安地方印象记》，《浙江青年》1934 年第 2 期。

阎希娟：《民国时期西安交通运输状况初探》，《中国历史地理论丛》
　　2002 年第 1 辑。

阎希娟、吴宏岐：《民国时期西安新市区的发展》，《陕西师范大学
　　学报》（哲学社会科学版）2002 年第 5 期。

邹东、肖大威：《民国初期（1912—1937）广州城市建设理念初探》，
　　《南方建筑》2014 年第 6 期。

（三）学位论文

陈青化：《民国时期西安园林初探》，硕士学位论文，陕西师范大学，
　　2012 年。

任云英：《近代西安城市空间结构演变研究（1840—1949）》，博士
　　学位论文，陕西师范大学，2005 年。

吴俊范：《从水乡到都市：近代上海道路系统演变与环境》，博士学
　　位论文，复旦大学，2008 年。

阎希娟：《民国西安城市地理初步研究》，硕士学位论文，陕西师范
　　大学，2002 年。

杨帅：《近代西安城市医疗地理初步研究》，硕士学位论文，陕西师
　　范大学，2016 年。

郑发展：《近代河南人口问题研究（1912—1953）》，博士学位论文，
　　复旦大学，2010 年。

四　报纸文献

《本报特写：本市洋车夫生活素描》，《工商日报》（西安）1937 年 3
　　月 1 日第 3 版。

《本市共设茶缸三十八处》，《西京日报》1936 年 8 月 16 日第 7 版。

《本市交通工具调查》，《西京日报》1933 年 4 月 13 日第 7 版。

《本市人力车合作社昨成立》，《西京日报》1935 年 12 月 24 日第 7 版。

《本市人力车辆增加，乘客反较以前减少》，《西京日报》1934 年 4 月 21 日第 7 版。

《本市人力车限价，物管会核定每站廿元》，《西京日报》1945 年 6 月 28 日第 3 版。

《本市人力车营业萧条，车夫生活异常艰苦，省会警察局拟准如所请豁免附加车捐以示体恤》，《西京日报》1937 年 3 月 27 日第 7 版。

《本市人力车增加六百辆济难民苦力》，《西京日报》1937 年 11 月 21 日第 3 版。

《本市人力车增加，昨抽签增发牌照》，《西京日报》1935 年 9 月 8 日第 7 版。

《长安县总工会筹组人力车夫工会》，《工商日报》（西安）1938 年 10 月 1 日第 3 版。

《公安局检阅人力车办法》，《西京日报》1935 年 5 月 31 日第 7 版。

《公安局拟定取缔人力车办法》，《西京日报》1936 年 10 月 16 日第 7 版。

《公共汽车恢复在市内行驶》，《西京日报》1942 年 4 月 13 日第 2 版。

《公共汽车拟停止驶行》，《工商日报》（西安）1937 年 9 月 15 日第 3 版。

《公共汽车月底停开，省公路局负责人对记者谈》，《西京日报》1943 年 12 月 28 日第 3 版。

《供给行人饮料，各机关门前设施茶缸》，《西京日报》1936 年 8 月 20 日第 7 版。

《警局规定人力车价额》，《西京日报》1939 年 9 月 23 日第 2 版。

《马局长昨召集本市人力车夫训话，纠正行动自由妨碍交通》，《西京日报》1936 年 10 月 12 日第 7 版。

《汽车洋车交相驰驱，轿车马车每况愈下》，《工商日报》（西安）
　　1937 年 5 月 18 日第 3 版。

《取缔人力车安置车夫就业委员会在市府成立》，《西京日报》1946
　　年 8 月 17 日，第 4 版。

《取缔人力车明年度开始》，《西京日报》1946 年 11 月 28 日第 4 版。

《取缔人力车市府正拟办法》，《西京日报》1946 年 8 月 11 日第 4 版。

《人力车夫罢工，反对车厂任意加价》，《西京日报》1941 年 7 月 25
　　日第 3 版。

《人力车夫工会被选为示范工会》，《工商日报》（西安）1941 年 11
　　月 19 日第 2 版。

《人力车夫利用合作社组织简章业批准》，《新秦日报》1936 年 4 月 4
　　日第 6 版。

《人力车公会拟定洋车标准价》，《工商日报》（西安）1937 年 6 月
　　23 日第 3 版。

《人力车评定新价，今后由岗警监督遵守》，《西京日报》1941 年 9
　　月 14 日第 3 版。

《人力车饮茶处，下月一日成立》，《工商日报》（西安）1940 年 6 月
　　28 日第 2 版。

《人力车增加车价，每站改为六分》，《西京日报》1940 年 10 月 28
　　日第 3 版。

《市内公共汽车将增辟新线》，《西京日报》1942 年 4 月 17 日第
　　2 版。

《市内公共汽车营业畅旺，每日收入达四百元》，《西京日报》1937
　　年 3 月 19 日第 7 版。

《西安街景》，《西京日报》1933 年 6 月 18 日第 8 版。

《西安警备司令部保障行人安全，警局取缔人力车夫办法拟妥》，
　　《西京日报》1937 年 7 月 6 日第 7 版。

《西安市地面形势图》，《西京日报》1935 年 6 月 14 日第 9 版。

《西安市整理市容办法》，《西京日报》1936 年 5 月 29、30 日第

7 版。

《洋车夫——社会写真之一》,《西京日报》1933 年 4 月 17 日第 7 版。

《中农银行救济人力车夫,筹组人力车合作社》,《西京日报》1935
　　年 6 月 12 日第 7 版。

索　引

A

北大街　21,22,28,29,32—35,39,
43,44,50,51,74,76—80,82,85,
88,103,114,118,119,121,137—
139,141,143,144,148,149,166,
169,171,172,175,211,232,233,
247,252

北院门　24,28,32,33,36,47,52,53,
73—75,77,80,82,85,88,104,118,
119,141,143,148,149,166,172,
173,194,244,247

C

城市治理　4,17,196,199,208,227,
229—232,236,237

D

道路养护　16,17,103,133,186,187,
189,196,244

东大街　21—23,27,29,32—37,39,
43,44,50,51,76—78,82,85,88,

89,92,114,117,119—121,123,
128,129,137,146,148,165,171,
172,183,185,192,193,232—234,
237,239,246,254,256

东关　15,23,27,30,32,36,44—46,
52—55,58,59,79,80,82,84—86,
97,98,101,103,110,119—121,
137,167

F

冯玉祥　23,34,38,39

G

公共汽车　17,193,194,196,201—
206,208—211,227,230,231

K

开发西北　2,37,68,179,232

L

李仪祉　68,179,180

陇海铁路　3,24,25,42,47,53,59,

88—92, 103, 114—116, 119, 124,
130—132, 136, 139, 150, 164, 174,
201, 209, 222, 227, 228, 232, 234,
235,238—240

M

满城 21, 22, 24, 25, 29, 30, 34—39,
44, 53, 58, 59, 114—116, 119, 232,
233

煤渣马路 95, 100, 101, 103, 120,
121, 124, 125, 127, 130—132, 234,
235,238—240,256

N

南大街 29, 32, 33, 37, 43, 44, 46, 50,
51, 54, 55, 72—76, 82, 85, 97, 98,
101, 105, 114, 117, 118, 142, 148,
149,166,172,193,244,245

南院门 23, 33, 36, 43, 52, 66, 67, 76,
77, 80, 82, 84, 88, 89, 118, 138, 141,
143, 148—150, 157, 166, 172, 173,
193,194,202,211,239

P

陪都 2—4, 9, 14, 15, 22, 24—27, 39,
41, 42, 48, 60, 68—72, 90, 91, 93—
95, 98, 99, 101, 104, 105, 107, 110,
120, 127, 129, 130, 134, 135, 139,
151, 155, 165, 171, 174, 177, 179—
182, 188, 208, 210, 213, 217, 219,
222, 227, 229, 230, 232, 234, 235,

238—240,243

Q

全国经济委员会西北办事处 25,48,
136,180

R

人力车 17, 65, 187, 193, 194, 196,
200—231,236,237,252,263,264

人力车夫职业工会 205,211,213—
215,219—221,224,226,228,230

人力车业同业公会 205,211,216,
219,224

S

陕西省建设厅 18, 21, 37, 41, 43, 48,
61, 63, 64, 66, 67, 73, 74, 81, 103,
119, 120, 139, 140, 164, 165, 172,
175, 176, 178—180, 182, 183, 197,
198,236

尚仁路 28, 37, 38, 43, 44, 49—51,
75—78, 82, 84, 88, 89, 92, 114, 116,
118, 121, 123, 137—139, 144, 165,
172, 173, 204, 234, 238, 239, 245,
246,254,255

市党部 191,205,211—217,228,229

碎石马路 14, 15, 22, 37, 41, 42, 59—
70, 72—86, 88—92, 94, 103—105,
112, 113, 115, 118, 120, 121, 123—
125, 130—133, 155, 171, 174, 178—
180,183,185—189,195—198,202,

232—235,238—240

W

围城之役　3,21,23,24,36

X

西安市分区及道路系统计划书　28,
　120,127—129
西安市政府　15,20,22—24,27,28,
　37,39,95,116,120,121,123—125,
　127—129,131—133,140,145,150,
　157,158,161,163,170,173,174,
　177,182—185,188,190—192,195,
　199,205,233,234,236,252,258
西安市政工程处　14,18,26,38,41—
　43,47,48,59—67,69—72,74—76,
　78—81,83,86,91,103,104,119,
　133,134,136,141,157,158,171,
　172,174—176,179—182,186—
　188,193,194,196—199,233,244,
　250,252
西大街　23,27,29,32—34,36,37,
　43,49—51,59—67,70,74—77,
　79—82,85,88,89,105,114,119,
　138,141,148,149,166,171,172,
　179,193,194,196,204,211,212,
　239,245
西京　3,4,9,14,15,18,22,24—27,
　34,41,48—58,60,68—72,78,83,
　90—92,94,95,98,99,101,104,
　105,107,108,110—112,115,120,

127,129,130,134,135,137,139,
　151,155,165,167,171,174,177,
　180—182,187,188,191,194,197,
　198,201,202,204,205,207—217,
　219,220,222—227,229,230,232,
　234,236,238—240,243,250,251,
　259,262
西京筹备委员会　2,9,15,20,24,25,
　27,41,48,68,71,95,104,105,179,
　180,200,203,228
西京电厂　77,96,125,132,164,165,
　167—169,235,236,255
西京市政建设委员会　2,15,20,22,
　25,27,41,47—50,52—54,56—59,
　67—73,79,81,91—97,99—101,
　103—109,　111—113,　115—118,
　120,127—129,131—133,135,136,
　139—141,　143—146,　150—152,
　155—158,160—162,164,165,168,
　171,172,174,176,180—183,186—
　189,191,192,195,197,198,228,
　230,233—235,251,252,254
西京市总工会　204,208,214,216,
　221,226
下水道　16,93,127,133,134,136—
　141,143—163,177,178,181,185,
　186,235,236,249,255
下水道工务所　136,138—141,143—
　146,150—152,157,162,180
新城　24,26,34,36,37,39,77,78,
　104,116,120,121,132,137,172,

176，233，235

新市区　9，24，25，28，34，37—40，47，
　49，53，58，59，70，71，96，103，111，
　114—116，119，135，137，144，150，
　155，187，228，233，249，255

Z

张凤翔　22，34，128，129

钟楼　21，22，29，32—36，39，51，60—
　64，74，77，82，84，85，104，114，137，
　166，167，169，173，193，194，202，
　205，211，223，233，246，248

后　　记

　　本书是在我博士学位论文的基础上修改而成，并获国家社会科学基金博士论文出版项目（项目号：19FZSY001）资助。为了完成这部书稿，我倾注了大量心血，但最后成稿之时，因为受新冠肺炎疫情的影响，没能进一步查阅充实相关史料，故感觉和自己的预期仍有一定的差距。饶是如此，依然非常感谢这一路走来陪伴在我身边的老师、亲人和朋友，正是他们的扶持与鼓励，才让我走到今天。

　　首先，我要感谢我的两位导师李令福研究员和史红帅研究员。在本书的选题、开题、资料收集、撰写、修改、定稿的繁杂过程中，李令福师随时放下自己的工作，耐心地听取我的疑问并积极给予我富有参考性价值的意见。在平时的学习和生活中，李老师对我要求严格，定期的例会制度和学期及年度学习情况总结都会给我们提出具体的要求，正是在这样的要求之下，我才能取得一定的研究成果。虽然李老师在学术研究上对我严格要求，但在生活中却是一位仁爱的长者，对我呵护备至，让我这个多年在外的游子，少却许多思乡之情。感谢李老师这些年的指导和关爱！

　　史红帅师作为我的硕士导师，是我学术的启蒙导师，因为我不是历史学本科专业出身，考虑到我的实际情况，史老师建议我选择民国西安城市地理作为研究的方向。在跟随史老师学习的两年时间里，史老师鼓励我从不同学科角度开展民国西安城市地理的研究工作，拓展了我的学术思维，正是史老师的言传身教奠定了我学术研究的根基。

　　除此之外，我还要衷心地感谢西北大学徐卫民教授。徐卫民教授是我走上历史地理学研究的引路人，2009 年当我还是西北大学经济管理学院一名管理学本科生的时候，我有幸选择了徐卫民教授开设的《中国历史地理》这门公共课。一直以来就对历史有着浓厚兴趣的我，深深地被徐卫民教授讲授的历史地理学这门可以"有用于世"的学问所吸引，从此义无反顾地走上了历史地理学的求学之路，在此感谢徐卫民老师对我当年的教导和指引！

　　学术之路是艰辛和孤寂的，但我又是那么的幸运，在本科阶段、硕士研究生阶段和博士研究生阶段都遇上了学术研究的领路人！没有他们的鼓励、支持和引导，我是不可能顺利完成作为这一研究任务的！再一次向我的三位导师说声感谢！

　　其次，在陕西师范大学西北研究院的六年时间里，我也得到了研究院领导和各位老师的支持与帮助，侯甬坚教授、王社教研究员、张萍教授、刘景纯教授、周宏伟教授、张莉副研究员、肖爱玲副研究员、潘威副研究员等诸位老师都在学习及学术上给予我启迪与帮助。正是他们孜孜不倦的教诲，才能让我这个历史的门外汉，成为一名合格的历史地理学的研习者！而研究院办公室的上官娥老师、孙建国老师、廖全义老师、王向辉老师也给我提供了诸多无私帮助。在此对研究院的各位领导和老师深表感谢！

　　在查阅资料的过程中，西安市档案馆的刘一力老师、赵勇处长、曹阳老师及档案馆的其他工作人员给予我支持与帮助，尤其是刘一力老师多次和我探讨民国西安城市档案的研究和使用情况，并无私地向我提供他所掌握的有关民国西安城市道路建设的资料线索。我的同门师兄郝鹏展、王建国和师姐喻曦也为我的论文写作献计献策。此外，杨扶虎、殷永生、魏欣宝、刘兆等诸同门也在日常的学习生活中给予我诸多帮助。在此深表谢意！

　　博士毕业后我有幸来到暨南大学文学院历史学系工作，感谢院、系、中心的各位领导、师友对我入职以来工作、科研与生活的诸多关心与帮助！感谢中国社会科学出版社刘芳老师为本书出版所付出的辛勤汗水!

　　最后，回首自己一路走来的学术求索之路，真的要深深感谢一直以来支持我、陪伴我、鼓励我、鞭策我的家人！是你们这些年的默默奉献支撑了我的成长之路！尤其是要感谢我的爱人武颖华，在我博士毕业后毅然放弃西安的工作，跟随我来到广州，在这陌生的城市，不惧困难，和我奋力前行！谢谢你！

郭世强

2020 年 2 月 20 日于暨南大学